幼儿语言教育活动设计与指导

主编 陈虹利
副主编 王静 张丽莎

高 等 职 业 教 育

"岗课赛证"融通

新 形 态 一 体 化 教 材

中国教育出版传媒集团
高等教育出版社·北京

内容提要

本书是高等职业教育"岗课赛证"融通新形态一体化教材。内容分为五个单元，具体包括：幼儿语言教育概述、幼儿谈话活动、幼儿讲述活动、幼儿文学作品活动和幼儿早期阅读活动。

本书从教材使用者出发，尊重使用者的学习特点，融入课程思政，着眼于岗（职业岗位）、课（专业课程内容）、赛（职业技能大赛）、证（幼儿园教师资格考证）有机融合。

与本书配套的在线课程已经在"智慧职教MOOC学院"上线，学习者可登录网站进行学习，也可通过扫描书中二维码学习微课、连线幼儿园、教学活动现场等资源。

本书可作为高职专科、职教本科、五年制高职学前教育、早期教育、婴幼儿托育服务与管理等专业教材，也可供幼儿教育工作者学习和参考。

图书在版编目（CIP）数据

幼儿语言教育活动设计与指导 / 陈虹利主编. -- 北京 ：高等教育出版社，2023.4（2024.5重印）
ISBN 978-7-04-059439-3

Ⅰ. ①幼… Ⅱ. ①陈… Ⅲ. ①语言教学－学前教育－教学参考资料 Ⅳ. ①G613.2

中国版本图书馆CIP数据核字（2022）第173720号

YOU'ER YUYAN JIAOYU HUODONG SHEJI YU ZHIDAO

| 策划编辑 | 赵清梅 | 责任编辑 | 赵清梅 | 封面设计 | 张志奇 | 版式设计 | 王艳红 |
| 责任绘图 | 邓 超 | 责任校对 | 马鑫蕊 | 责任印制 | 朱 琦 | | |

出版发行	高等教育出版社	网　址	http://www.hep.edu.cn
社　址	北京市西城区德外大街4号		http://www.hep.com.cn
邮政编码	100120	网上订购	http://www.hepmall.com.cn
印　刷	大厂益利印刷有限公司		http://www.hepmall.com
开　本	787mm×1092mm　1/16		http://www.hepmall.cn
印　张	17.25		
字　数	330千字	版　次	2023年4月第1版
购书热线	010-58581118	印　次	2024年5月第3次印刷
咨询电话	400-810-0598	定　价	43.00元

前　言

2021年1月，教育部、国家发展改革委、财政部等九部门印发的《"十四五"学前教育发展提升行动计划》指出，学前教育实现了基本普及目标，开始迈入全面提高质量的新阶段。而"提高教师专业素质和实践能力"则是"十四五"期间学前教育改革发展的主要任务之一，"针对培养与实践脱节的问题，要求深化高等师范院校学前教育专业课程改革""强化教育实践能力培养，提高师范生培养质量和水平"。

为落实全国职业教育大会精神，深化职业教育"三教"改革，高职学前教育专业需要进行课程及教材建设改革，努力培养高素质强技能的应用型人才。正是在此背景下，我们以党的二十大精神为指引，开始了本教材的编写工作。

语言是幼儿园教育内容的五大领域之一，《幼儿语言教育活动设计与指导》主要研究幼儿语言发展的特点及其教育。本教材是根据《幼儿园教育指导纲要（试行）》和《3—6岁儿童学习与发展指南》的精神和要求，结合高校教学与幼儿园工作的实际，在长期的教学实践和课题研究的基础上编写而成的。这是一本"岗课赛证"融通新形态教材，主要特色如下。

一、在教材编写体例上，从教材使用者出发，尊重使用者的学习特点，实现"岗课赛证"融通。学习者在各单元"职场体验"中激起学习兴趣，通过"学习目标"和"知识导图"了解本单元的学习目标和主要内容，通过"知识探究"学习专业的知识，通过"案例分析"了解幼儿园语言教育活动开展的真实情况，最后通过"岗位对接""国考链接""赛场直击""单元测试"进行训练和拓展，对学习内容进行巩固和测评。教材内容全面，以赛促教，以岗促学，为幼儿园教师资格考试做好准备，为走向幼儿园教师工作岗位奠定基础。

二、理论知识以阐述基本问题为主，够用为度，通俗易懂，便于学习者理解和掌握。专业技能内容以能力为本，以幼儿园的实际需要和真实案例为依托，做到内容全面，指导具体，具有较强的实用性和可操作性。

三、教材内容与时俱进，融入课程思政。在每单元的学习目标上关注素质目标，力求促进学生的全面发展；在"职场体验"中设置问题，激发学生的学习意愿；在案例的选择与应用上，着重选择了中华文明（糖画等）、祖国伟大建设成就（港珠澳大桥等）、教书育人楷模（应彩云等）、红色经典（鸡毛信等）、传统节日（冬至等）等相关内容；在任务的布置上，立德树人，培养学生的工匠精神，对语言活动的设计和实践精益求精，将社会主义核心价值观融入课程教材。

四、教材资源丰富。教材配套建设有微课、连线幼儿园、教学活动现场、知识链接、活动素材、配套课件等。微课涵盖教材中的所有知识点；连线幼儿园来自一线幼儿园的真实场景，与教材内容配套；教学活动现场实录与案例分析配套；知识链接拓展学习范围；活动素材、课件等资源与教材内容融为一体，为学习者提供全方位的服务，为课程的有效学习奠定基础。

本教材将传统教材中的语言游戏、语言区角活动与各类型的语言活动整合为五个单元：幼儿语言教育概述、幼儿谈话活动、幼儿讲述活动、幼儿文学作品活动、幼儿早期阅读活动。单元一是理论部分，旨在阐明幼儿语言教育的基本问题。单元二至单元五侧重于实践，旨在引导和帮助学习者掌握不同类型幼儿语言教育活动的设计和实施。两个部分相得益彰、条理清晰。本教材力求图文并茂，让学习者赏心悦目。

根据教材内容结构，建议本课程教学安排 30～36 学时，每单元至少 6 学时。当学时充足时，各实践单元可适当增加学时；当教材用于整合教育活动课程教学时，可根据实际情况适当减少学时。

本教材是团队合作的结晶，编者均有多年的课程教学经验、教师教学能力参赛的获奖经验、精品课程建设及课题研究的经验。中山职业技术学院陈虹利和中山市机关第一幼儿园李文华园长对教材进行了总体设计，天津师范大学学前教育学院王静和广东江门幼儿师范高等专科学校张丽莎参与了统稿工作。各单元编写分工如下：单元一由陈虹利（知识点 2、知识点 3、知识点 4）和王静（知识点 1 和知识点 5）共同编写，单元二由内蒙古民族幼儿师范高等专科学校郭小燕编写，单元三由陈虹利编写，单元四由张丽莎编写，单元五由王静编写。中山市机关第一幼儿园杨兴敏、鄂尔多斯市东胜区康和丽舍幼儿园韩敏、江门市第一幼儿园孙仰珊、天津幼师附属幼儿园周蕾等参与了活动案例的编写。

在本教材的编写过程中，参考并借鉴了国内外许多专家、学者及同行的研究成果、观点和资料。特别感谢西南大学教育学部学前教育学院院长李静教授在百忙之中以崇高的敬业精神和严谨的治学态度拨冗审稿，感谢其为本教材的编写提出的建设性意见和宝贵建议。

在教材资源的建设中，得到了广东省李文华名园长工作室、中山市机关第三幼儿园、佛山市禅城区明珠幼儿园、中山市火炬开发区启思顿幼儿园、中山市小榄镇明德中心幼儿园等多家幼儿园领导和教师的大力支持，在此表示衷心的感谢。我们由衷地欢迎各位专家、作者与我们联系，共同探讨幼儿语言教育的问题。

由于编者水平和能力有限，本教材中难免有不妥之处，恳请各位同仁与读者多加批评指正。本教材主编的邮箱是 5585200@qq.com。

编者

2022 年 12 月

目　　录

2 单元二
幼儿谈话活动

5

单元五
幼儿早期阅读活动 195

二维码资源目录

2 单元二
幼儿谈话活动 …………………………………… **59**

3 单元三
幼儿讲述活动 …………………………………… **99**

4 单元四
幼儿文学作品活动 ………………………………… **147**

5　单元五
幼儿早期阅读活动 …………………………195

单元一

1

幼儿语言教育概述

学 习 目 标

知识目标

☐ 明确幼儿语言教育的目标。

☐ 了解3—6岁幼儿语言发展特点。

☐ 掌握幼儿语言教育的途径和方法。

☐ 理解幼儿语言教育评价的原则和方法。

能力目标

☐ 能根据实际情况选择合适的幼儿语言教育方法。

☐ 能为幼儿语言的发展提供多样化的途径。

☐ 能运用理论对幼儿语言发展和语言教育活动进行评价。

素养目标

☐ 树立科学的幼儿语言教育观和以幼儿为本的教育理念。

☐ 在设计和实施语言活动时尊重幼儿的语言发展特点，遵循幼儿教育规律。

☐ 端正学习态度，爱岗敬业，树立潜心培幼育人的理念。

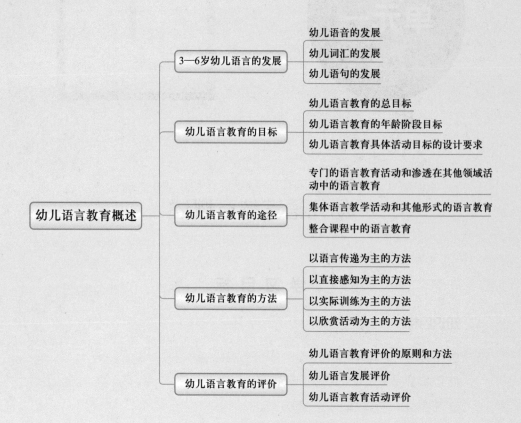

幼儿语言教育概述
- 3—6岁幼儿语言的发展
  - 幼儿语音的发展
  - 幼儿词汇的发展
  - 幼儿语句的发展
- 幼儿语言教育的目标
  - 幼儿语言教育的总目标
  - 幼儿语言教育的年龄阶段目标
  - 幼儿语言教育具体活动目标的设计要求
- 幼儿语言教育的途径
  - 专门的语言教育活动和渗透在其他领域活动中的语言教育
  - 集体语言教学活动和其他形式的语言教育
  - 整合课程中的语言教育
- 幼儿语言教育的方法
  - 以语言传递为主的方法
  - 以直接感知为主的方法
  - 以实际训练为主的方法
  - 以欣赏活动为主的方法
- 幼儿语言教育的评价
  - 幼儿语言教育评价的原则和方法
  - 幼儿语言发展评价
  - 幼儿语言教育活动评价

　　梓涵是一个"慢慢"的幼儿，与同龄幼儿相比，她的语言发展水平较低，语言表达能力也比较弱。我见到中班的她时，她能够说出五个字左右的句子，尚不能够清晰地表达自己的想法。很多时候，她都会出现鹦鹉学舌的情况。你问她"梓涵你吃早餐了没有？"时，"梓涵吃早餐"她就会将你的话语重复说出来。

　　与梓涵相处了一段时间后，我发现她能够听懂我的话，但是不知道如何表达，这就导致她所说的和她所想的不一致，所以她总是需要较长的时间来反应和回应。为了帮助梓涵，我决定创设一个让她敢说、愿意说的语言环境，帮助她理解对话的含义，让她在模仿中学习。早上来园时，我对她说："梓涵，早上好！"刚开始，她没有直接回应我，而是用模仿的语气回答："梓涵，早上好！"我问她："我是谁？""崔老师。"她回答道。我又问："那你在跟崔老师问好时，你应该说……""早上好。"很显然，她还是没能准确地回答。我想了想之后，把另一个幼儿叫了过来："诗谕，早上好！"诗谕轻松地回应道："崔老师，早上好。"这个过程中我让梓涵从观察、模仿开始，再将谈话对象进行转移。"崔老师在跟诗谕打招呼'诗谕，早上好！'，这时诗谕是怎么回答的？""崔老师，早上好。""对了，那如果崔老师跟梓涵打招呼'梓涵，早上好！'时梓涵应该怎样回答？"在引导她的过程中，我放慢了语速、放低了语调，给了她充分思考和回想的时间。"崔老师，早上好！""真棒，梓涵学会跟崔老师打招呼了，我们再来试一次！""梓涵，早上好！"这个时候她能够自然顺畅地回答出来"崔老师，早上好！"持续一段时间后，我发现，每到早晨问候时，梓涵都能够准确无误地跟老师打招呼了。除此之外，我也会利用日常生活中的每个环节，提供各种各样的语言刺激，给她创造自由、宽松的语言环境，鼓励她主动说、大胆说。

　　渐渐地，梓涵不但能够较顺畅地跟同伴和老师进行交流，还能根据简单的语言指令完成一些任务，此外，她也逐渐融入了集体生活中，有了自己的好朋友，生活自理能力和认知水平也进步了不少。

　　[资料来源：中山市机关第一幼儿园，崔继萍]

　　你如何看待案例中的崔老师呢？你对幼儿的语言发展和教育有怎样的思考呢？

知识
探究

连线幼儿园:
幼儿语言教育的意义

　　语言是人类社会最重要的交际工具,是以语音为物质外壳,由词汇和语法两部分组成的符号系统。幼儿语言教育是研究3—6岁幼儿语言发展特点及其教育的一门学科,具有突出的应用性和实践性。3—6岁幼儿处于语言发展尤其是口语发展的关键期。通过教育幼儿可以获得语言能力的巨大进步,为将来学习书面语言打好基础。《3—6岁儿童学习与发展指南》指出"幼儿语言的发展贯穿于各个领域,也对其他领域的学习和发展有着重要的影响:幼儿在运用语言进行交流的同时,也在发展着人际交往能力、理解他人和判断交往情境的能力、组织自己思想的能力。通过语言获取信息,幼儿的学习逐步超越个体的直接感知"。因此,幼儿语言教育不仅在幼儿期有着重要意义,而且对个体一生的发展都有着深远的影响。每个家庭、幼儿教育工作者、幼教机构都必须重视幼儿语言教育工作,积极创造条件科学地发展幼儿的语言;幼儿园教师,更应该研究如何科学地指导幼儿语言教育活动的开展。

拓展阅读

　　儿童语言发展关键期的概念,在埃里克·勒纳伯格(Eric Lenneberg)等所著的《语言的生物学基础》中正式提出,得到20世纪儿童语言学研究者的普遍认定。语言发展关键期的主要观点是:早期阶段是人的一生中比其他任何时期都更容易习得语言的时期。语言发展关键期的证据,一方面来自当时神经生理学的发现,认为人类进化的结果决定了儿童一出生就具备了语言学习机制,而人类大脑中掌管语言学习的布罗卡区、韦尼克区在4—12岁处于灵敏时期,此时被存储的语言会被大脑认为是"母语",因而可以被很快掌握并灵活运用。另一方面,语言发展关键期学说还建立在对一系列语言发展不利儿童的研究基础上。例如,对脑损伤儿童与语言恢复关系的研究发现,过了某个时间点,儿童的语言康复效果非常差;对语言环境受到剥夺的儿童语言行为的研究发现,儿童长期处于无语言环境,错过了童年时期,后来的语言发展会受到严重影响;还有对来自移民家庭儿童第二语言学习的研究,也证实学龄前是儿童语言发展的关键期。

　　[资料来源:周兢,李传江,张义宾.早期儿童语言发展与脑发育研究的进展[J].教育生物学杂志,2016(4):159—168.]

知识点1　3—6岁幼儿语言的发展

　　幼儿语言的发展是一个连续的、有规律的过程。在正确的引导和教育之下，幼儿1岁左右逐渐能听懂成人讲话，开口说单个词，到1.5岁左右能说出双词句，3岁左右基本上能用完整的句子表达自己的愿望。

　　随着发音器官、听觉系统、大脑机能的日渐成熟，认知范围的不断扩展，生活经验的丰富，3—6岁的幼儿语言进一步发展。幼儿一般在3岁进入幼儿园，教育工作者尤其应该抓住这一时期幼儿语言发展的特点，科学施教，让幼儿能够接受科学、系统、有针对性的语言教育，为幼儿一生的语言能力发展打下坚实的基础。3—6岁幼儿语言的发展主要体现在语音、语法和词汇三个方面。

一、幼儿语音的发展

　　3岁前后幼儿基本能听懂成人的话语，发音正确率、语音辨别能力等在不断提高，逐渐能够用简单的句子表达自己的意思。其发展特点如下。

微课：
幼儿语音的
发展

（一）基本掌握母语的全部语音

　　3—6岁幼儿语音正确率不断提高，6岁以前基本能掌握母语的全部语音。在语音发展过程中，韵母发音的正确率要高于声母。

　　3—4岁是幼儿掌握语音的关键期。3岁左右的幼儿听觉分辨能力和发音器官发育还不够完善，因此不少幼儿会出现发音不准的现象。如舌音发音不准（俗称"大舌头"），n、l、zh、ch、sh、r作声母的字有时说不清楚，把"猪"说成"zu"，把"老师"说成"laoxi"。

　　4岁左右的幼儿发音器官发育趋于完善，学习语音速度非常快。只要处于正常的语言环境中，多进行语音实践，4—5岁的幼儿基本能够掌握本地语言的全部发音。个别非常相似的发音可能仍有困难。

　　5—6岁幼儿已经具备了健全的听音和发音器官，能够做到发音正确、吐字清楚，能清晰地发出四个声调。

（二）语音辨别能力提高

　　语音感知作为语言学习的最初阶段，对婴幼儿的词汇学习和日后的语言产出具有重要的影响。3—4岁幼儿对语音的敏感度很高，经过长时间的社会生活和语言积累，他们基本能分清正确的语音和错误的语音。5—6岁幼儿能够有意识地感受到自己所发出语音的错误，并且加以调整。他们有时会刻意地挑剔周围人的发音，喜欢评价别人的发音。当其他幼儿读错音时，他们会知道那是"大舌头"，当自己读错音时，他们会感到脸红并急于纠正。

（三）易受方言影响

3—4岁是幼儿语音发展的关键期，这一时期他们的模仿欲望和学习能力很强。如果幼儿家庭中主要使用方言进行交流，那么他们语言的发展极易受到方言的影响。普通话掌握速度会相对较慢，有部分地区会出现小班幼儿入园近半年仍以方言与老师和同伴交流的现象。刘兆吉等人曾以《汉语拼音方案》中规定的声母、韵母来调查3—6岁幼儿语音的正确率，发现4岁幼儿在声母发音的正确率方面，城市幼儿已达97%，农村幼儿仅为74%。这与农村家庭习惯说方言有关。

史慧中等人在对十省市3—6岁幼儿的语音调查中发现，幼儿跟读成人发音的正确率高于幼儿自动发音的正确率。该研究比较了幼儿跟读和背绕口令的情况，发现背绕口令的发音正确率远远低于跟读的发音正确率（表1-1），这种差异主要是由于当地方言对幼儿的正确发音产生了一定的负面影响。

表1-1 跟读和背绕口令发音正确率

项目	舌尖中音	舌尖后音	后鼻音	舌根音	唇齿阻音	平均
跟读	84.3%	55%	75%	91.2%	91.4%	84.7%
背绕口令	63%	33.6%	44.8%	67.5%	23%	49.5%

［资料来源：张明红.学前儿童语言教育与活动指导［M］.4版.上海：华东师范大学出版社，2021：107.］

在语言教育活动中，教育者可以从以下几个方面开展对幼儿语音的教育。

第一，提供良好的语言环境。教育者应注意发音的准确、规范，给幼儿提供良好的语言范式。家庭生活中的潜移默化对幼儿语言发展至关重要，家长最好使用普通话与幼儿进行日常交流。幼儿园教师在入园、用餐、教育活动指导中更要注意规范发音。

第二，科学纠错。幼儿语音的发展不是一蹴而就的，面对幼儿发音不规范的现象，教育者应及时加以纠正。纠正时不宜操之过急，更不应严厉批评，而应该反复示范正确的发音，耐心讲解发音的方式，幼儿慢慢掌握方法，自会发出正确的语音。幼儿园语言教育要注意纠正方言影响，从声母、韵母、声调等方面找到方言与普通话的差别，帮助幼儿掌握标准的普通话。

第三，开展多样化的语音练习活动。儿歌、绕口令、短篇文学作品朗诵是锻炼口语发音的好方法。特别是针对方言地区某些发音容易出错的情况，可有针对性地选取语言片段指导幼儿反复练习。谈话、讲述、游戏活动中也要注意语音方面的指导。

第四，培养幼儿的言语表情。语音、语调、停顿决定了言语的表情。不同场合、不同语言内容、不同心情和目的，反映在言语表情上都会有所差别（图1-1）。通过得体的示范和恰当的指导引导幼儿注意说话的语气，是语音教育的重要方面。

图1-1 丰富的言语表情

二、幼儿词汇的发展

（一）词汇量不断增加

3—6岁是幼儿词汇量增加最为迅速的时期，基本上每年增加一倍。一般来说，3岁幼儿的词汇量可达1 000个，4—5岁可达2 500个左右，5—6岁可达3 000～4 000个。时代的发展，幼儿生活范围的扩大，生活内容的丰富，使幼儿直接接触的具体事物增多，也刺激了幼儿词汇量的增加。

（二）词类范围不断扩大

3—6岁幼儿掌握的词类范围不断扩大，总体来说，以名词和动词为主，并逐渐掌握形容词、量词、代词、副词等类别的词。

根据我国幼儿词类习得方面的研究，幼儿实词的习得要早于虚词。3—6岁幼儿掌握的实词中，名词的比例最高，达50%左右。其次是动词，比例占20%～25%，尤其是幼儿自己能做出动作的词，如"跑""跳"等。再次是形容词，比例约占10%。幼儿掌握词类的范围最早是以生活中常见的日常用品等名词为主，4岁以后会逐步扩展到社会现象等，这是伴随着幼儿的生活环境和思维的变化而变化的。随着年龄的增加，副词、量词、介词等占比逐渐增加，但在幼儿所掌握的词汇当中，仍只占少数。

微课：
幼儿词汇的
发展

（三）对词义的理解能力逐渐增强

幼儿对词义的理解是从具体到抽象的，实词和描述性状的词理解起来最容易。

随着词汇量的增加和词类的扩大，幼儿对词义的理解逐渐确切和深化。当然，受认知和实践水平的限制，3—6岁幼儿对词义的理解仍然时有错误。比如，对量词的理解，小班幼儿在角色游戏中常常会出现"我买一个菜"等错误表述；中班幼儿对表示抽象概念的词的理解会有误，如"前""后""左""右"等方位词，"昨天""今天""明天"等表示时间概念的词；到了大班，幼儿的理解能力已非常全面，能理解相对复杂的关联词，有一些引申义也能够理解，但比较隐晦的意义理解起来仍有难度，如听到妈妈对爸爸做的某件事情很不满意，说了句"我对你可真是刮目相看"，幼儿可能听不出其中的反讽义，会以为是表扬的话语。

幼儿期是掌握词汇最迅速的时期，教师可通过科学的语言教育活动帮助幼儿在词汇发展方面取得长足进步。教育要点如下。

第一，丰富幼儿词汇。在日常生活和语言教育活动中尽量多地为幼儿提供新词，鼓励幼儿开口说话，引导幼儿在谈话中接触、理解新词。定期更换阅读区的图书，播放优美的诗歌、散文、幼儿故事音频，带幼儿进行室外游戏，参观博物馆、科技馆等，在超市、餐馆等处指出不同事物的名称和用途，不断扩大幼儿的词汇量。

第二，指导幼儿正确运用词汇。正确运用词汇的前提是正确理解词义，理解词义要结合幼儿具体形象的思维特点，用举例、呈现图像等形式帮助幼儿加深理解。引导幼儿对自己看到的事物、所做的事情进行描述，如室外散步时可以问"看看树上这只小鸟是什么颜色的"，谈话时可以聊"周末去哪里玩啦"等。幼儿容易在量词、连词等使用上出现错误，教师可把幼儿说错的语句用正确的形式再表述一遍，并让幼儿复述，以此强化正确的用词方式。

三、幼儿语句的发展

微课：
幼儿语句的
发展

语言是由语音、词汇和语法构成的一套系统，幼儿成长到一定的年龄阶段以后，能够在掌握了语音和一定词汇的基础上，将这些词汇按照一定的句法结构组成语句表达出来。语句的发展，是幼儿语言发展的直观表现。幼儿期语句发展特点如下。

（一）句型从简单到复杂

1. 从简单句到复合句

简单句主要指主谓结构、动宾结构、主谓宾结构的句子。复合句由两个或两个以上结构上互不包含的单句组成。幼儿期主要使用简单句，随着年龄的增长，复合句所占比例逐渐增加，关联词也运用得越来越多。但幼儿在刚开始使用复合句时，容易出现语法结构错误、话语顺序颠倒等问题。

2. 从陈述句到非陈述句

陈述句是幼儿期最主要使用的句型，也是幼儿最初能掌握的句型，之后逐渐出现疑问句、祈使句、否定句、感叹句等。幼儿期对双重否定句、被动句、反问句理解较为困难。

3. 从无修饰句到修饰句

幼儿最初使用的简单句是没有修饰语的，随着年龄的增长，句子中使用修饰语的频率迅速增加，这种变化在很大程度上是基于词类的扩充，尤其是在熟悉了形容词、名词的用法之后。如不再将"小白兔"理解为一个整体，能意识到"小"和"白"是对兔子的描述。

（二）句子结构日益分化、严谨、完整、灵活

幼儿期句子中的语法层次逐渐分明，电报句等不完整的表述逐渐消失。他们能从成人的言谈中发现语法关系（语言习惯而不是专门的语法知识），修正自己的语法错误，使口语表达越来越流畅。在良好的生活环境和语言教育之下，幼儿说出的话语也越来越丰富生动。

幼儿从说单词句开始，逐渐过渡到双词句，直到说出句法结构严谨并且完整的句子。幼儿说的单词句，句子结构是混沌一体的，如单词句"花园"可能代表"我想去花园玩"。到了双词句时，句子中有了主谓结构或是动宾结构，如双词句"妈妈吃饭"代表着"妈妈，我饿了，想吃饭"。4岁前后，幼儿说出的句子结构越来越复杂，成分也开始分化，主、谓、宾、定、状、补等逐渐完整，如"老师，我想和平平一起玩小汽车"。

（三）句子的长度不断增加

随着年龄的增长，幼儿说出句子的长度在不断增加。研究表明，3—4岁幼儿说的句子以4~6个词为主，4—5岁幼儿说的句子以7~10个词为主，5—6岁幼儿能够说出11个词以上的句子。句子的长度不断增加即代表着句子结构的逐渐完整。在早期，幼儿的话语结构中一个词会代表多种含义，句子简单。到了后期，每个词都有自己独特的功用，幼儿也不再用个别词相互替代，自然句子的长度就不断增加了。

幼儿园教师对幼儿的语句教育可遵循以下要点。

第一，在日常交流中培养幼儿说完整句。幼儿说出的句子，语法结构有时是不完整的，如"下楼"，他们可能是想表述"老师，我想下楼去玩"。虽然与幼儿长期相处的教养者往往通过一个眼神、一个动作就能领会幼儿的意愿，但此时尽量不要立刻满足或拒绝幼儿的要求，而是鼓励幼儿说出完整的句子。"云云，你想下楼玩

是吗？""是。""下楼想玩什么？""大滑梯。""那你说'老师，我想下楼去玩大滑梯'。"让幼儿将完整的句子重复一遍，使用完整的句子清楚地表述自己的意愿，这样能够逐渐摆脱语言惰性，养成说完整句的习惯。

图1-2 阅读区角游戏

第二，通过各种教育形式提高幼儿的表述能力。幼儿文学作品活动、幼儿谈话活动、幼儿讲述活动等，都伴随着大量的语言交流，教师可以鼓励幼儿在区角阅读时通过游戏来互相交流（图1-2）；可以在各类语言教育活动中积极引导、及时纠正幼儿的语言表达，鼓励幼儿把话说得生动、形象、得体。教师在与幼儿沟通时要保持语调轻柔、语气温和，当察觉到幼儿试图与自己沟通时，要主动引导和鼓励幼儿，用提问、造句、比赛等方式激发幼儿开口说话的意愿。

第三，做好语言示范。幼儿喜爱模仿，这一时期接触的语言环境对幼儿的语言发展影响极大。教师应在日常的语言交流中注意使用规范的语句，不要受方言影响说一些不符合语法规范的句子。

知识点2　幼儿语言教育的目标

微课：
幼儿语言教
育的目标

幼儿语言教育目标是幼儿教育总目标在语言领域的具体化，是根据社会的要求、语言的学科性质、幼儿语言发展的规律和语言学习的特点而制定的，是幼儿园实施语言教育的方向。从目标层级结构看，幼儿语言教育目标包括总目标、年龄阶段目标和具体活动目标。

一、幼儿语言教育的总目标

幼儿语言教育的总目标是第一层级的目标，是国家的教育方针、教育目的在幼儿教育阶段语言领域的具体体现，是幼儿语言教育任务的总和，是其他层级目标的基础。我国教育部于2001年颁布的《幼儿园教育指导纲要（试行）》（以下简称《纲要》）提出了幼儿语言教育的总目标。

- 乐意与人交谈，讲话礼貌；
- 注意倾听对方讲话，能理解日常用语；
- 能清楚地说出自己想说的事；
- 喜欢听故事、看图书；
- 能听懂并会说普通话。

《纲要》是我国学前教育重要的政策性、指导性文件，从宏观的角度提出了幼儿语言教育的总目标，体现了我国幼儿园语言教育改革和发展的趋势，是对幼儿语言教育目标最为概括的陈述。

我国教育部于2012年颁布的《3—6岁儿童学习与发展指南》（以下简称《指南》）里对语言领域的学习目标也进行了相应的阐述，从幼儿语言运用能力的角度，提出幼儿园阶段幼儿语言学习和发展必须形成和获得的能力。从整体来看，《指南》中幼儿语言学习与发展目标涉及两个方面：其一是口头语言"倾听与表达"的学习与发展目标，包括"认真听并能听懂常用语言""愿意讲话并能清楚地表达"以及"具有文明的语言习惯"三条目标；其二是书面语言"阅读与书写准备"的学习与发展目标，包括"喜欢听故事，看图书""具有初步的阅读理解能力"和"具有书面表达的愿望和初步技能"三条目标。《指南》清楚地指出了幼儿期语言学习和发展需要具备的经验基础。

连线幼儿园:
对《指南》
语言教育目
标的学习感
悟

《指南》和《纲要》有着共同的目标，指向相同的理念，都从国家政策层面来尊重和保障幼儿的学习与发展权利，指出了幼儿语言发展的总目标。不同的是，《纲要》的使用对象主要是专业的幼儿教育工作者，《指南》的使用对象更为广泛，包括家长和幼儿教育工作者，而且对幼儿教育的目标和要求进行了细化，有助于深入贯彻《纲要》。

二、幼儿语言教育的年龄阶段目标

年龄阶段目标属于第二层级的目标，是总目标在幼儿各年龄阶段上的具体体现，也是对不同年龄阶段幼儿语言发展提出的具体要求。《指南》在对幼儿年龄阶段特点和领域特点的细致研究基础上，在每个条块下从相对微观的层面提出了对不同年龄阶段幼儿发展的合理期望（表1-2～表1-7）。

1. 倾听与表达

表1-2　目标1 认真听并能听懂常用语言

3—4岁	4—5岁	5—6岁
1. 别人对自己说话时能注意听并做出回应。 2. 能听懂日常会话	1. 在群体中能有意识地听与自己有关的信息。 2. 能结合情境感受到不同语气、语调所表达的不同意思。 3. 方言地区和少数民族幼儿能基本听懂普通话	1. 在集体中能注意听老师或其他人讲话。 2. 听不懂或有疑问时能主动提问。 3. 能结合情境理解一些表示因果、假设等相对复杂的句子

表1-3　目标2 愿意讲话并能清楚地表达

3—4岁	4—5岁	5—6岁
1. 愿意在熟悉的人面前说话，能大方地与人打招呼。 2. 基本会说本民族或本地区的语言。 3. 愿意表达自己的需要和想法，必要时能配以手势动作。 4. 能口齿清晰地说儿歌、童谣或复述简短的故事	1. 愿意与他人交谈，喜欢谈论自己感兴趣的话题。 2. 会说本民族或本地区的语言，基本会说普通话。少数民族聚居地区幼儿会用普通话进行日常会话。 3. 能基本完整地讲述自己的所见所闻和经历的事情。 4. 讲述比较连贯	1. 愿意与他人讨论问题，敢在众人面前说话。 2. 会说本民族或本地区的语言和普通话，发音正确清晰。少数民族聚居地区幼儿基本会说普通话。 3. 能有序、连贯、清楚地讲述一件事情。 4. 讲述时能使用常见的形容词、同义词等，语言比较生动

表1-4　目标3 具有文明的语言习惯

3—4岁	4—5岁	5—6岁
1. 与别人讲话时知道眼睛要看着对方。 2. 说话自然，声音大小适中。 3. 能在成人的提醒下使用恰当的礼貌用语	1. 别人对自己讲话时能回应。 2. 能根据场合调节自己说话声音的大小。 3. 能主动使用礼貌用语，不说脏话、粗话	1. 别人讲话时能积极主动地回应。 2. 能根据谈话对象和需要，调整说话的语气。 3. 懂得按次序轮流讲话，不随意打断别人。 4. 能依据所处情境使用恰当的语言。如在别人难过时会用恰当的语言表示安慰

2. 阅读与书写准备

表1-5　目标1 喜欢听故事，看图书

3—4岁	4—5岁	5—6岁
1. 主动要求成人讲故事、读图书。 2. 喜欢跟读韵律感强的儿歌、童谣。 3. 爱护图书，不乱撕、乱扔	1. 反复看自己喜欢的图书。 2. 喜欢把听过的故事或看过的图书讲给别人听。 3. 对生活中常见的标识、符号感兴趣，知道它们表示一定的意义	1. 专注地阅读图书。 2. 喜欢与他人一起谈论图书和故事的有关内容。 3. 对图书和生活情境中的文字符号感兴趣，知道文字表示一定的意义

表1-6　目标2 具有初步的阅读理解能力

3—4岁	4—5岁	5—6岁
1. 能听懂短小的儿歌或故事。 2. 会看画面，能根据画面说出图中有什么，发生了什么事等。 3. 能理解图书上的文字是和画面对应的，是用来表达画面意义的	1. 能大体讲出所听故事的主要内容。 2. 能根据连续画面提供的信息，大致说出故事的情节。 3. 能随着作品的展开产生喜悦、担忧等相应的情绪反应，体会作品所表达的情绪情感	1. 能说出所阅读的幼儿文学作品的主要内容。 2. 能根据故事的部分情节或图书画面的线索猜想故事情节的发展，或续编、创编故事。 3. 对看过的图书、听过的故事能说出自己的看法。 4. 能初步感受文学语言的美

表1-7　目标3 具有书面表达的愿望和初步技能

3—4岁	4—5岁	5—6岁
喜欢用涂涂画画表达一定的意思	1. 愿意用图画和符号表达自己的愿望和想法。 2. 在成人提醒下，写写画画时姿势正确	1. 愿意用图画和符号表现事物或故事。 2. 会正确书写自己的名字。 3. 写画时姿势正确

[资料来源：中华人民共和国教育部.《3—6岁儿童学习与发展指南》. 2012年10月]

　　《指南》将语言教育目标分解为每一个年龄阶段幼儿需要掌握的具体目标，一方面有助于幼儿园教师更加准确地把握幼儿语言发展的水平和状况，帮助幼儿在上一阶段语言发展的基础上获得新的发展。另一方面，幼儿所要达到的语言培养总目标也需要逐步落实到不同年龄阶段的幼儿身上，所以总目标的内容，在不同年龄的幼儿身上应有不同的体现。幼儿园教师需要认识、理解有关幼儿语言学习与发展的目标，将之细化为日常开展教育工作的具体要求。

三、幼儿语言教育具体活动目标的设计要求

幼儿语言教育的具体活动目标属于第三层级的目标，是语言教育总目标和年龄阶段目标的最终分解和具体化，具有较强的可操作性，由幼儿园教师自己制定，并通过具体活动落实到每个幼儿身上。这里的目标包括幼儿园内各项活动所指向的幼儿语言教育发展目标，如生活活动、游戏活动中的语言发展目标；更特指语言教育教学活动目标，如幼儿谈话活动、幼儿讲述活动的目标等。

为了使幼儿语言教育活动达到预期的目标，产生良好的效果，幼儿园教师应对目标进行科学设计、恰当表述。具体来说，幼儿园语言教育教学活动目标设计时应遵循以下基本要求。

第一，符合《纲要》和《指南》的要求，符合语言领域的目标要求和幼儿年龄阶段特点，切合幼儿语言发展水平和发展需要。

教师在制定语言教育活动目标时，应尊重幼儿的语言水平和发展需要，以班级幼儿语言发展特点为基础，根据《指南》和《纲要》中提出的对幼儿语言发展的目标要求，找出幼儿语言的"最近发展区"，制定能促进幼儿语言核心经验发展的目标。目标的定位要适宜，既不能超出幼儿的能力范围，导致幼儿因能力不足达不到目标难以获得成就感，从而失去参与活动的兴趣；也不能低于幼儿的实际水平，导致幼儿觉得枯燥乏味，失去参与活动的积极性。

第二，目标全面，难度适当，充分体现语言领域的特点，并能考虑各领域间相互渗透。

幼儿在语言教育活动中应当获得全面的发展。这里的全面发展有两层含义，一是指能获得语音、词汇、语法等多方面语言核心经验的发展，二是指在语言领域中渗透健康、科学等其他领域的发展目标。根据美国心理学家布卢姆目标分类思想的指导，教师可以从认知、情感和动作技能三个维度进行具体目标的设计。认知目标关注幼儿知识与智力的发展，情感目标关注幼儿在活动中的意愿和感受，动作技能目标关注幼儿掌握的能力与实际操作情况。结合幼儿语言教育的特点，幼儿园教师在撰写目标所使用的行为动词上，可以参考"幼儿语言活动目标分类及行为动词使用表"（表1-8）。

表1-8 幼儿语言活动目标分类及行为动词使用表

目标	行为动词
认知目标	理解、听懂、明白、列举、说明、总结、区别、对比、解释、举例说明、猜测、猜想、预估、发现、解答、指出、分析、细列、关联、比较、结论、归纳、细述理由等

目标	行为动词
情感目标	乐意、愿意、欣赏、体会、感受、分享、萌发、形成、树立、接受、表明、注意、表现、呈现、显现、保持、关注、给予、把握、遵守、支持、帮助、坚持、比较、服务等
动作技能目标	倾听、表达、描述、讲述、谈论、说出、口述、复述、朗诵、回应、命名、调整、书写、评价、扮演、续编、仿编、创编、找出、选择、演示、示范、使用、连线、分类等

这种目标分类将学习结果转换为可以直接观察、能度量的外显行为，便于教师的操作运用，也便于教学效果的检查与评定，有利于目标的层层落实。但教师在运用时要注意避免过于关注细小目标而影响了对整体目标的把握，同时也应注意关注幼儿的内部心理活动。

第三，陈述简洁明了，主体统一，针对性强，具体可操作。

语言教育活动目标制定时，主体要统一。可以统一从教师的角度出发，表述教师期望幼儿通过语言活动能获得的学习结果；也可以统一从幼儿的角度出发，指出幼儿通过活动后语言发展可以达到的程度。

为了更关注幼儿的学习与表现，贯彻以幼儿为本的教育理念，语言教育活动目标的表述应尽量以幼儿为主体，以幼儿的语言学习为出发点，关注幼儿的学习过程，指出幼儿在活动后能达到的程度。如使用幼儿主体的"喜欢""乐意""学会"等词，而不是教师主体的"激发""鼓励""指导"等词。

完整的教育活动目标表述应包含三个基本要素，即条件、行为和标准。条件是说明幼儿的行为在什么条件或什么情境中产生，行为是说明幼儿做什么、怎么做，标准是幼儿参加活动后达到什么程度。如"幼儿在符号标记的提示下，尝试完整讲述'大象救小兔'的故事内容"的目标中，"在符号标记的提示下"是条件，"讲述'大象救小兔'的故事内容"是行为，"尝试完整讲述……"是标准。此外，教师在制定具体语言教育活动的目标时，应详细具体，如"使用'首先……然后……'的句式来创编故事""理解'绿油油''白茫茫'词语的含义"，避免使用"相关""大约""一定""大概"等词，以免目标形同虚设，难以操作和评价。

幼儿语言教育总目标、年龄阶段目标、具体活动目标构成了一个有机的语言教育目标体系，不断促进幼儿语言的发展。

案例1 中班语言活动：春雨

活动目标

1．进一步理解诗歌内容，学习表演诗歌。

2．教育幼儿懂礼貌，知道要尊敬老人。

案例评析

本案例中活动目标的描述比较宽泛，不够详细具体，针对性不强；第2条目标的表述未能体现以幼儿为主体的理念；目标偏重认知和情感目标，忽视了幼儿在活动中的表达、交流的语言能力目标，容易使教师在实践中出现偏差。

案例2 小班语言活动：有趣的点点点

活动目标

1．在"点点变变变"的游戏情境中初步学习观察画面，说出图中有什么、发生了什么事等；能按照画面的要求逐页翻阅整本图画书。

2．大胆表述和交流自己对画面的理解和想象，能根据画面中的暗示性图案进行有序阅读，强化逐页翻书阅读的行为。

3．喜爱阅读，感受阅读、讲述与表演的乐趣，有爱护图书的意识。

［资料来源：杨新亚．小班语言活动：有趣的点点点［J］．教育导刊，2017，（4）：28-30．］

案例评析

本案例中活动目标的设计符合小班幼儿的年龄特点，体现了以幼儿为本的理念，突出幼儿阅读的重点目标，并能从认知、能力、情感多方面考虑幼儿的全面发展需求，描述清晰完整，可操作性强，是很好的学习范例。

知识点3 幼儿语言教育的途径

微课：
幼儿语言教
育的途径

幼儿语言教育可以通过多种途径进行，凡是有语言参与的活动都可以成为幼儿语言教育的途径。《纲要》中指出"语言能力是在运用的过程中发展起来的，发展幼儿语言的关键是创设一个能使他们想说、敢说、喜欢说、有机会说并能得到积极应答的环境。""幼儿语言的发展与其情感、经验、思维、社会交往能力等其他方面的发展密切相关，因此，发展幼儿语言的重要途径是通过互相渗透的各领域的教育，在丰富多彩的活动中去扩展幼儿的经验，提供促进语言发展的条件"。下面将从三个角度来探讨幼儿语言教育的途径。

一、专门的语言教育活动和渗透在其他领域活动中的语言教育

（一）专门的语言教育活动

专门的语言教育活动指有目的、有计划地组织幼儿系统学习与发展语言的教育活动。根据幼儿需要掌握的语言核心经验，我们将语言教育活动主要分为幼儿谈话活动、幼儿讲述活动、幼儿文学作品活动和幼儿早期阅读活动四种类型。这些活动以促进幼儿的语言发展为直接目标，帮助幼儿系统地理解和掌握语言规则，是幼儿语言教育的基本途径。

1. 幼儿谈话活动

谈话活动是以问答或对话的形式进行的语言交往，包括个别交谈和集体交谈。幼儿谈话活动是指幼儿围绕一定的话题，以交谈为主要形式展开的语言教育活动（图1-3）。活动旨在创设一个良好的语言环境，引导幼儿倾听并乐意与人交谈，让幼儿想说、敢说、喜欢说，习得与别人交流的方式、规则，培养与人交往的能力。

2. 幼儿讲述活动

讲述是独白言语的形式之一。幼儿讲述活动是一种有目的和有计划地组织幼儿运用完整的句子、连贯的语言，围绕一定的凭借物描述事物、表达思想的语言活动，旨在提高幼儿独立构思与完整连贯表达的能力（图1-4）。

图1-3　幼儿谈话活动：祖国妈妈我爱你　　　　图1-4　幼儿讲述活动：运动会小故事分享

3. 幼儿文学作品活动

幼儿文学作品活动指以幼儿文学作品为主要内容而展开设计、组织的语言教育活动，旨在引导幼儿感受文学作品优美的语言和生动的情节等，从而产生欣赏文学

作品的兴趣，提升幼儿的语言感受能力和审美能力（图1-5）。

图1-5 幼儿文学作品活动

4. 幼儿早期阅读活动

幼儿早期阅读活动指幼儿凭借变换的色彩、简单的文字、图画、标记等书面信息，或通过成人形象地读、讲来理解读物的活动（图1-6）。活动提供前阅读、前识字、前书写技能的经验，可以为他们进入小学后正式学习书面语言奠定良好的基础。

图1-6 幼儿早期阅读活动

（二）渗透在其他领域活动中的语言教育

语言是重要的交流工具，其他领域的活动虽然不以幼儿语言的发展为直接目的，但这些活动为幼儿语言的发展提供了拓展经验和巩固练习的机会，是幼儿语言教育的重要途径。如健康活动中幼儿对指令的倾听、社会活动中幼儿之间的合作交流、科学活动中对实验的说明、艺术活动后的作品展示等都是语言发展的重要契机（图1-7）。幼儿在活动中运用语言技能与他人进行交流、表达，提高了语言发展的水平。

图1-7 幼儿在科学活动中的讲述

二、集体语言教学活动和其他形式的语言教育

1. 集体语言教学活动

集体语言教学活动指幼儿园教师根据幼儿语言教育的要求，有目的和有计划地组织全体幼儿在同一时间、同一空间共同学习语言的教育活动，是语言教育的主要形式，是促进幼儿语言发展的重要途径。活动为个体幼儿创造了集体交流、相互倾听等机会，同时，教师也可以充分利用幼儿不同的智力特点和学习风格，促进幼儿语言的发展。

集体语言教学活动一般要求教师提前进行教学活动方案的设计，选择恰当的内容、制定科学的目标、做好充分的活动准备、采用有效的教学方法、精心设计活动过程，并付诸实践，有目的和有计划地促进幼儿语言能力的发展。教师在设计活动过程时应注意以下要求。

（1）过程设计结构严谨，层次清晰，各环节之间过渡自然流畅，循序渐进，有层次感。

（2）教学方法和活动组织形式选择适宜，能体现幼儿的主体性，为幼儿提供感知与练习的机会，安排充分的思考时间。

（3）设计的提问应具有思考性、启发性和开放性特点。

（4）能预测教学活动过程中可能出现的问题并能设计出相应的教学活动策略。

（5）活动详略得当，时间充分，能较好地突出重点，突破难点。

（6）教学手段设计针对性强，既适合于幼儿的认知特点，支持幼儿的学习，又有利于语言活动目标的达成。

在此基础上，可力求活动设计新颖，教学方法巧妙独特，有一定创新和突破。

拓展阅读

成功的教学活动是怎样"炼"成的

在我们的教育生态中，教学活动依然是教师有效实施课程的重要途径。所以，它值得我们倾力研究。如何让孩子享受愉快的学习之旅成了我的教育教学宗旨。在我的理念里，"儿童视角"与生命同行。于是，我的教育在追求"有意义"的同时，更追求"有趣"。

我的感悟是，一个好的教学活动的设计与实施需要抓住以下几个关键要素：一是对课程内容纵向和横向的了解与理解，二是对孩子原有经验的了解与建立联系，三是对孩子学习方式的了解与运用。在我们的教研活动中，"好玩"是高频词，也是评价一个教学活动质量的核心词。因为我们知道，若孩子不喜欢你组织的活动，你将连教学的"机会"都没有，更不用谈教学效率了。

在我的理想中，一个好的教学活动应该是教师引导幼儿对一个事件的发生发展产生兴趣和探究的过程，孩子"深陷"其中，"教"与"学"浑然天成。这需要一个教师全方位的专业素养与人文素养的修炼。

［资料节选自：夏赛元. 静静的水 长长地流——全国教书育人楷模、上海杨浦区本溪路幼儿园应彩云老师访谈录［J］. 幼儿教育（教育教学），2019（3）：4-9.］

拓展阅读：
全国教书育
人楷模、上
海杨浦区本
溪路幼儿园
应彩云老师
访谈录

2. 其他形式的语言教育

幼儿语言的发展除了通过集体教学途径外，还可以渗透在日常生活、游戏活动、区角活动等活动中，让幼儿在各种活动和交往中更好地运用和习得语言。

日常生活中的语言交往具有随机性，没有固定的组织形式，不受时间、地点和人数的限制，内容丰富多变，因此幼儿进行语言实践的机会很多，而且幼儿在日常生活中进行语言交往时处于自然、轻松的状态，思维比在集体语言教育活动中更为活跃，是幼儿积累语言经验的重要途径（图1-8）。成人要及时把握日常生活中的语言交往机会，促进幼儿的语言学习及社会化进程。

图1-8 幼儿起床后的交流

　　幼儿园以游戏为基本活动。语言游戏是将游戏的形式和语言教育的内容以恰当的方式融为一体，符合幼儿的年龄特点和心理发展水平，是一种有趣的语言教育形式，能让幼儿在轻松、愉悦的氛围中有效地发挥语言教育的功能（图1-9）。

　　活动区为幼儿的个性化学习提供了条件，也增加了幼儿交往的机会，蕴含着语言教育的机会。在区角活动中，幼儿需要遵守区角活动的规则，需要运用语言和区角中的其他幼儿进行交流。语言区、图书角以及表演区更是为幼儿表达和阅读等语言能力的发展提供了重要的学习和实践场所，让幼儿在自由、轻松的情境下有效发展语言能力（图1-10）。

图1-9　幼儿开展语言游戏

图1-10　幼儿在表演区活动

三、整合课程中的语言教育

　　整合课程是一种将课程的各个部分、要素有机地组织在一起，形成一个整体的课程，培养的是身心和谐发展的"完整的人"，把幼儿需要学习的内容、需要获得的关键经验回归到幼儿生活之中，按照生活的逻辑组织和展开课程，鼓励幼儿反思、预期、质疑和假设，让幼儿逐步成为主动积极的、有效的学习者。

　　整合课程通常以单元主题的形式出现，将幼儿的语言教育和其他领域的教育融为一体，将集体教学活动和其他活动形式融合，打破了领域和形式的界限，符合幼儿的整体发展特点，为幼儿语言学习创造了积极有效的学习环境，促进他们完整和谐地发展。

拓展阅读

语言整合活动对幼儿关键经验发展的价值

　　将语言与其他领域的教学活动进行整合，既是为了拓展幼儿的语言经验范畴，也是为了借助语言的认知与思维功能来增进其他领域关键经验发展的目的性以及经验之间的融合性。

首先,语言整合活动更为关注幼儿经验的整体提升,有助于将幼儿培养成为一个完整的人。对于幼儿来说,其身体、认知、情感、思维、能力、人格等的发展是不可割裂的,而这种整体性的发展又基于活动对象的综合性。经过整合的语言活动不仅融合了不同领域的知识与经验,同时也更为注重不同经验之间的有机联系。语言整合活动不仅关注学科经验的协同发展,同时也关注生活经验、社会交往经验等经验的综合发展,它是通过经验的统合发展来提升幼儿在认知、行为、情感、思维等方面的全面有效发展,因此它有助于将幼儿培养成为一个完整的人。

其次,语言整合活动更为注重语言学习的生活性,有助于幼儿在真实情境中发展关键经验。语言是人类进行自我表达与人际交往的工具,它必须基于真实的情境才能更好地实现自身的目标以及使自身获得更高水平的发展。幼儿的语言学习不是单纯的知识学习,它更为强调语境以及意义的生成,充分的语言实践对于语言经验和语言能力的发展至关重要。生活在一定程度上是混沌的和内容交织不清的,但正是这种状态彰显了生活的多面性以及为幼儿的语言学习与发展提供了良好的情境。通过生活实践中的语言活动,幼儿一方面发展了运用语言进行表达与交流的能力,另一方面则从混沌的生活体验中分析和发展出具体的经验。语言整合活动基于幼儿生活,它在为幼儿提供具象生活经验和语言实践情境的基础上进一步强化了教学的目的性、结构性和逻辑性,让幼儿能够更好地发展不同领域中的关键经验并获得经验水平的整体提升。

最后,语言整合活动关注幼儿学习的生成性,能够促进幼儿关键经验的自主发展。区别于传统课程以教师和书本为中心的教学组织模式,语言整合活动以领域整合为对象,以幼儿的自主学习和主动探究为基本手段,注重课程目标与课程内容的生成性。整合理念下的语言活动也不再是一个静态、孤立的实体,而是由一系列要素相互作用、共同生成的事件。在语言整合学习活动中,幼儿有充分的空间去探究和鉴别哪些经验是重要的,教师也鼓励并支持幼儿通过亲身探究去发展关键经验。

[资料来源:施晓梅. 语言整合活动:提升幼儿关键经验的有效途径 [J]. 学前教育研究,2021(11):91-94.]

微课:幼儿语言教育的方法

知识点4 幼儿语言教育的方法

教学方法是为实现教学目标、提高教学效果而采用的方法。幼儿语言教育方法是根据幼儿语言发展的理论和幼儿学习语言的规律，为引导幼儿发展语言并获得语言核心经验而使用的方法。参考李秉德教授的关于教学方法的分类，按照教学方法的外部形态和幼儿认知活动的特点，幼儿语言教育的主要教学方法包括以下三类。

一、以语言传递为主的方法

以语言传递为主的方法，主要是通过教师运用口语向幼儿教授知识、技能，以及幼儿独立阅读书面语言为主的教学方法。教师和幼儿之间教与学的信息传递，主要是靠口头语言的表述和图符等简单的书面语言来实现的。这类教学方法在语言教育中运用较为广泛，具体主要包括讲解法、谈话法等。

l. 讲解法

讲解法指教师运用符合幼儿年龄特点的方式，通过口头语言系统连贯地向幼儿解释说明的语言教育方法，是一种常用的教学方法（图1-11）。幼儿无论是听说能力与听说习惯的培养，还是前阅读与前书写技能的学习，都需要教师的讲解指导。同时，幼儿年龄小，生活经验不够丰富，加之听音器官和发音器官还不够完善，教师运用讲解法可以让幼儿更加准确地掌握要领。

图1-11 教师运用讲解法

教师在运用讲解法时，首先要注意内容应具有科学性、系统性和思想性。既要讲解科学正确，坚决避免知识性错误，又要能让幼儿听懂理解，避免过多使用成人化的语言和学术用语；既要突出重点、难点，又要系统全面地帮助幼儿提高语言水平；既要帮助幼儿获得准确的语言知识，又能在语言教育中渗透情感的升华。

其次，使用讲解法要遵循启发式的原则，"不愤不启，不悱不发"。教师在讲解中要尊重幼儿的主体地位，根据幼儿的语言发展实际情况进行讲解，并善于提问，尽量启发幼儿自己去思考和理解，做幼儿学习的支持者、合作者和引导者。

此外，教师的讲解还应注意语言艺术，力图使语言清晰、准确、简练、形象、条理清楚、通俗易懂，讲解的音量、速度要适当，注意音调的抑扬顿挫，并以肢体语言辅助口头语言的讲解，增加语言的感染力。

2. 谈话法

谈话法也称问答法，是教师按一定的语言活动目标要求向幼儿提问，要求幼儿回答，并通过问答的形式来引导幼儿获取或巩固语言知识和能力的方法。谈话法特别有助于激发幼儿的思维，调动幼儿学习的积极性，培养他们独立思考和语言表述的能力。

在运用谈话法时，教师要在活动前根据活动内容和幼儿已有的经验、知识，准备好谈话的问题和顺序，思考问题间的过渡和层次的提高。

在谈话活动中的提问要明确，富有挑战性和启发性。面向全体幼儿提出问题，引起幼儿思维兴奋，同时问题的难度要因人而异。

问题提出后，教师要善于启发诱导，启发幼儿利用已有的知识、经验或在观察模仿的基础上进行分析和思考，研究问题或矛盾所在，因势利导，让幼儿一步步去获取新知（图1-12）。

图1-12 教师运用谈话法

谈话结束后要做好归纳和小结，使幼儿获得的语言经验系统化、科学化。教师要注意发现并纠正一些不正确的语言错误，但同时也不要过于挑剔，频频纠正，以免降低幼儿语言模仿和学习的积极性。

二、以直接感知为主的方法

以直接感知为主的方法是指教师通过对实物或直观教具的演示、组织幼儿现场参观等方式，让幼儿利用自己的各种感官，直接感知客观事物和现象而获得知识信息的方法，其突出特点是形象性、直观性、具体性和真实性。这类方法在教学中与以语言传递为主的方法结合运用，会使教学效果更佳。这类方法主要有示范模仿法、参观法等，这里主要介绍示范模仿法。

示范模仿法是指教师通过为幼儿提供规范的语言范例，引导幼儿在良好的语言环境中自然地模仿学习的语言教育方法。教师的语言是幼儿直接学习的榜样，教师的语言质量直接决定着幼儿语言发展的水平，因此，在语言教育活动中，一般由教师亲自示范，也可以适当采用录音示范，或是由语言发展水平较高、理解能力强的幼儿进行正确和生动的示范。

教师在使用此方法时应注意以下四个方面。

第一，应注意示范的规范性，做好示范的准备。教师示范语言表达的基本要求是：面向全体、发音准确、表意清晰、用词恰当、语法规范、音量适中。同时，力求语言生动、声情并茂、体态文明、表演逼真等，以突出显示所示范内容的主要特征。

第二，教师的示范应具有针对性，让幼儿明确模仿的要求与过程，主动、积极、自觉地投入观察和模仿中，让他们知道要模仿什么、怎么模仿以及需要思考的问题。

第三，教师的示范应和讲解相结合。为帮助幼儿更好地模仿教师的范例，教师应边示范边讲解，帮助幼儿掌握发音、语法等要领，尤其是像一些难发的音、新词句的朗读、讲述的逻辑顺序、新的语法规则等，教师更要加强讲解。比如，教师在示范发音时可以略带夸张地进行演示，并浅显清晰地讲解发音的要求，让幼儿能清晰地感知到发音的细微差异并掌握发音要领。

第四，教师要恰当运用显性示范和隐性示范的结合。教师在幼儿语言教育过程中的显性示范能让幼儿明确模仿的标准和范例，但是单纯的显性示范会使活动显得过于枯燥、单调和死板。因此，教师可以在活动中灵活采用隐性示范，如以参与者的身份与幼儿进行平等交流对话、经验分享等方式，向幼儿提供隐性示范的案例（图1-13）。

图1-13　教师为幼儿隐性示范角色对话

三、以实际训练为主的方法

以实际训练为主的方法是指通过幼儿的实践活动，使幼儿的认识向深层次发展，巩固和完善幼儿的语言知识、技能和技巧的方法。这类方法主要有游戏法、练习法、表演法等。

1. 游戏法

游戏是幼儿园的基本活动形式，幼儿语言教育也不例外。游戏法是指幼儿在教师的带领下，在有规则的语言游戏中练习语言的一种教学方法。其趣味性强，符合幼儿的年龄特点，能让幼儿在轻松愉悦的氛围中准确发音、丰富词汇、练习句型、学习讲述及形成良好的早期阅读习惯。

　　教师在幼儿语言教育中使用游戏法前，要先明确游戏的语言目标，选择或精心设计好合适的语言游戏，将幼儿的语言发展目标渗透到游戏规则中，准备好充分的游戏材料和道具（图1-14），进行必要的游戏场景布置。在游戏过程中，既要让幼儿感受到游戏的趣味性和参与语言游戏的快乐，同时也要注意引导幼儿遵守规则，在愉快的游戏中得到语言的训练。

　　2. 练习法

　　练习法是指幼儿在教师的指导下有意识地多次使用同一个语言因素，或训练幼儿某方面语言技能技巧的方法（图1-15）。

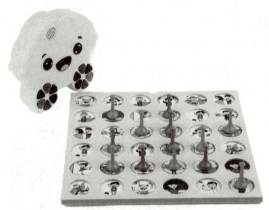

图1-14　语言游戏道具"大耳朵棋"

图1-15　幼儿操作练习排图讲述

　　技能技巧的形成要以一定的知识为基础，幼儿的发音、词汇、句子等只有经过多次反复才能巩固，最终才能牢固掌握有关的语言知识，熟练运用语言技能。

　　根据幼儿的年龄特点，教师在使用练习法时目标要明确具体，练习材料要精挑细选，练习的难度、次数要科学合理，练习方式要多样化、生动活泼，结合日常的生活活动，让幼儿在与同伴和成人的交往过程中循序渐进，逐步提高。

　　3. 表演法

　　表演法是指幼儿在教师的指导下，根据幼儿文学作品或创编情节进行角色扮演，通过对话、表情、动作等方式再现文学作品或生活情境，以提高口语表达能力的方法。参与表演或观看表演能让幼儿在快乐的情绪中加深对语言的印象，有效提高幼儿的口语表达能力（图1-16）。

　　教师在语言教育中运用表演法前，应注意选择或创编具有一定情节的作品，这类作品既要适合表演，也应有助于发展幼儿的语言能力。教师和幼儿一起做好表演的准备工作，准备充足的表演道具，认真布置好表演场景，让幼儿能感受到表演的乐趣。在表演过程中，教师要注意为全体幼儿提供参与表演的机会，引导幼儿在扮演角色的过程中掌握优美的语言，加深对作品的理解。为了让幼儿的表演更加流畅

连线幼儿园：幼儿语言教育方法的选择运用

图1-16　教师运用表演法

生动，教师可以让幼儿在表演之前通过小组或集体等多种形式练习角色语言，再分批进行表演，有效提高幼儿的语言能力。

四、以欣赏活动为主的方法

以欣赏活动为主的方法是指在教师指导下，幼儿通过以情感为主的体验，提升审美感、道德感等高级情感的教学方法（图1-17）。在幼儿语言教育活动中主要包括对语言活动内容的欣赏和道德的欣赏。语言活动内容的欣赏包括对谈话对象、讲述凭借物、文学作品以及早期阅读材料的欣赏。这些内容可以陶冶情操，提高审美能力，丰富精神生活。道德的欣赏包括对材料中人物的高尚道德品格及社会良好道德风尚的欣赏，可以培养崇高理想和完善人格。

教师运用欣赏法时一般应注意以下要求。第一，要引起幼儿欣赏的兴趣。教师在指导幼儿欣赏之前，先讲述或讲解某种文学作品或其他作品的创作背景、故事、

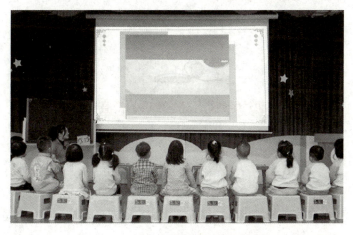

图1-17　教师组织幼儿欣赏"糖画"

轶事等，联系幼儿已有的经验和当前的情境，引起幼儿欣赏的意愿。第二，激发幼儿强烈的情感反应。教师在欣赏活动中要善于利用各种情境，激发幼儿的惊讶、赞叹、欣羡、钦佩、景仰等情感反应，以取得良好的效果。第三，指导幼儿的实践活动。当幼儿对欣赏的对象发生强烈情感的时候，教师要指导幼儿参与阅读、讲述、表演等实践活动，进一步发展幼儿的审美情感、道德情感和理智情感。第四，在欣赏活动中培养幼儿的欣赏和鉴别能力。教师不仅要通过语言素材使幼儿热爱真善美，同时要培养幼儿鉴别真与假、善与恶、美与丑的能力。

除了以上的教学方法外，在幼儿语言教育中可以采用的方法还有很多，如讨论法、读书指导法、戏剧教育法、环境陶冶法（图1-18）、视听讲做结合法等。"教学有法，但无定法，贵在得法"，教师在幼儿语言教育实际中，应根据教学活动的目的和任务要求、讲述的内容和特点，结合本班幼儿语言发展水平和语言学习特点，同时考虑活动的时间、设备、条件，以及教师个人的专业水平和个性特点等实际情况，选择和创造性地运用各种教学方法，促进幼儿语言的发展，以起到事半功倍的效果。

图1-18 阅读区的环境陶冶

拓展阅读

幼儿园戏剧活动对促进幼儿语言发展的价值

（一）有利于丰富幼儿语言学习的形式

戏剧活动可以改变原本"黑板＋粉笔"的传统教学模式，可以让幼儿在语言学习中感受到新鲜感，幼儿的语言学习形式由单一化变得多样化，让幼儿能够在轻松、愉快的氛围下学习语言，提升语言能力。戏剧活动的组织能够充分体现幼儿的主体地位，改变以教师为主导的教学形式，幼儿可以参与到戏剧活动中，包括戏剧活动的创作、改编、表演等，让幼儿在寓教于乐的氛围下、在潜移默化中体会和感受语言的魅力，学习语言技巧。在戏剧活动的参与中幼儿可以通过读台词来巩固语言基础，让幼儿掌握清晰表达戏剧含义的语言能力，并且逐渐学会在读台词中表达不同的情绪，进一步提升幼儿的语言能力。

（二）有利于推进幼儿身心健康成长

在幼儿语言发展中应用戏剧活动，有利于推进幼儿身心的健康成长与全面发展。当前随着我国文化建设质量的不断提升，出现了很多优秀的儿童戏剧，这些儿童戏剧的内容和形式能够很好地符合幼儿的性格特征和学习需求，从而有效激发幼儿的参与兴趣，让幼儿在主动参与和亲身实践中学习语言、体会语言。另外，儿童戏剧中有很多积极向上的正面形象，这些形象能够对幼儿的人生观和价值观产生积极的影响。而且幼儿能够通过儿童戏剧对世界产生初步的认知，对世间万物的形象进行感知，让幼儿能够以全新的视角来看待生活。由此可见，戏剧活动能够对幼儿的情感、道德、心理、语言等方面产生良好的教育效果。

（三）有利于培养幼儿的戏剧爱好，推动传统文化的发展

中华民族在漫长的历史发展进程中衍生出无数优秀的传统文化。这些优秀传统文化是幼儿学习和成长过程中宝贵的资源。因此，针对戏剧活动在幼儿语言发展中的应用，虽然提升幼儿的语言能力是首要的教学目标，但与此同时也要渗透优秀传统文化的教育，能够让幼儿在提升语言能力的同时学习和感受传统文化，让幼儿对中华优秀传统文化有所了解，培养幼儿的戏剧兴趣和戏剧素养，努力为我国戏剧文化的发展培养更多的人才。在戏剧活动的应用中，幼儿可以从中感受传统文化的魅力，将戏剧活动作为突破口向外拓展延伸，让幼儿对更多的优秀传统文化产生兴趣，在探究中推进幼儿语言能力的提升。

[资料来源：聂晶卉. 关于幼儿园戏剧活动促进幼儿语言发展的思考 [J]. 新课程，2020（50）：42-43.]

知识点5 幼儿语言教育的评价

从国际学前教育发展的宏观背景来看，质量评价与提升已成为全球化趋势。教育评价事关教育发展方向，有什么样的评价指挥棒，就有什么样的办学导向。不少研究都表明，监测幼儿发展和成果对完善教育教学和服务有积极作用，并能改善幼

儿的发展。《纲要》明确指出，教育评价能够了解教育是否适宜、有效，能够帮助教师调整和改进工作方法，促进每一个幼儿的发展，因此教育评价是教育的重要组成部分。在教育评价过程中，教师运用专业知识检视教育实践，发现、分析、研究并解决问题，对于教师的自我成长也有裨益。

幼儿语言教育评价是依据一定的标准和程序，收集幼儿语言教育系统中各方面的信息，对幼儿语言发展状况和幼儿语言教育活动的过程、内容、方法、效果等做出客观衡量和科学判断的过程。

幼儿语言教育评价是语言教育实施过程中不可缺少的环节，是教师、幼儿、家长及管理部门共同参与的过程。其实施可以建立一种有效的反馈机制，引导教育者及时对语言教育过程进行调节和改进，提高幼儿语言教育的效果和质量。

一、幼儿语言教育评价的原则和方法

（一）幼儿语言教育评价的原则

微课：
幼儿语言教
育评价的原
则和方法

1. 客观性原则

客观性原则是进行教育评价的最基本原则，也是幼儿语言教育活动评价的最基础原则。它是指实施评价时必须采取客观公正、实事求是的态度，使用科学客观的评价方法和工具，从实际出发，科学判定，避免主观臆断和减少情感因素的影响，客观公正地对待评价对象，保证评价结果真实、有效。在评价过程中，使用的标准要适用于所有教育对象，并且不能随意更改。

2. 全面性原则

全面性原则是指在评价过程中，应对幼儿语言教育系统各部分和各要素进行全面充分的评价。幼儿语言教育评价的全面性，首先体现在评价对象的全面上，既要对幼儿语言发展情况进行评价，又要对教师的教育教学情况进行评价，还要对幼儿和教师的互动进行评价；其次体现在评价体系的全面上，既要对教育结果进行评价，还要注重对教育过程的评价；最后体现在评价内容的全面上，既要对语言教育目标进行评价，还要关注语言教育的内容、方法、形式等。

3. 发展性原则

《纲要》指出："教育评价是幼儿园教育工作的重要组成部分，是了解教育的适宜性、有效性，调整和改进工作，促进每一个幼儿发展，提高教育质量的必要手段。"幼儿语言教育评价的最终目的除了了解幼儿语言发展水平之外，更重要的是促进幼儿语言能力的发展，促进幼儿未来的全面发展，而非将幼儿甄别出三六九等。

因此，发展性原则在评价过程中应该以幼儿语言发展为根本目的。幼儿语言发展是在运用过程中不断发展起来的，是一个连续不断的过程。在进行语言教育评价时，不能太过随意，如"他说话晚，语言能力发展缓慢"等；不要只着眼于某一阶段的语言发展目标，要看到幼儿未来的发展；要注意幼儿之间的能力差异，因材施教；要用发展的眼光看待幼儿，注重动态评价。

4. 参照性原则

参照性原则是指进行语言教育评价时要有一定的客观依据。首先要参照幼儿身心发展的基本规律，熟悉每个年龄阶段的幼儿不同的语言发展水平；其次要参照《指南》《纲要》的总目标，依据总目标对语言教育的各个环节进行评定和考核。

5. 指导性原则

指导性原则是指在语言教育评价过程中，应将评价与指导相结合。语言教育评价的最终目的是指导实际教学，在实施过程中，要注意指导性原则的运用。善于发现优点，肯定并加以推广；及时指出不足，提出改进措施，对幼儿的活动和教师的教育进行有针对性的指导，促进幼儿语言教育的良性循环。

当今，幼儿教育评价正在经历空前的变革。传统的目标评价、静态评价、领导评价等模式，正在向过程评价、动态评价、多主体评价等多元方向转变。我们不断认识到关注幼儿的学习变化与成长比目标更加重要；评价对象不仅是幼儿的认知结果，还应涉及社会情感等方面；量化评价逐渐被质性评价取代；评价主体也变得多元化，家长、幼儿都可以参与到教育评价中来。

拓展阅读

幼儿语言多元化发展的价值取向

21世纪，家庭、社会及国家都非常重视孩子的教育问题，特别是学前教育，谁也不愿自家孩子落后于别人家孩子。在不断的教改中形成了幼儿语言多元化发展的价值取向，它包括了以下三点内容。

第一，教育评价要从单一的评价者评价转为多方参与的评价。让家长和社区也能够了解评价对象的优势和不足，更加关心幼儿的教育情况，实现教育评价多方共同参与、相互支持与合作。所以，要改变传统单一的以教师为主导的教育评价体系，建立以幼儿为主体、教师为指导，采用全新的教育观念和思维方式的教育评价新体系。

第二，教育评价要从对幼儿的静态评价转变为了解幼儿、促进幼儿发展的动态评价。在进行幼儿语言多元化发展的评价时，要注意内容上的多样化、个性化和综合化的特点，也就是从德智体美劳方面进行评价，促进幼儿身心健康全面发展。并且，不断完善评价的内容，使其具有完整性和系统化，促进幼儿综合素质的形成与发展。

第三，将定量评价结果和定性评价整合应用，有利于更清晰、更准确地描述幼儿的发展状况。

［资料来源：吴志煌. 多元化的幼儿语言发展评价［J］. 教育教学论坛，2018（39）：241-242，有改动.］

（二）幼儿语言教育评价的方法

幼儿语言教育评价的方法，是指通过一定的手段收集幼儿语言教育系统中各方面的信息，依据事先制定的标准对幼儿语言发展、幼儿语言教育活动等做出客观的评定。幼儿语言教育评价有多种方法，常用的有观察法、问卷调查法、谈话法、综合等级评定法、自由叙述法、档案评估法等。

1. 观察法

观察法是语言教育评价中最常用的方法，是指有目的、有计划地对幼儿语言教育活动情况进行观察，获取信息，并做出科学评价的一种方法。《指南》指出，幼儿教师的专业核心素养之一是善于观察了解幼儿，这是教师完成教育工作和促进幼儿全面发展的前提，是教师获取幼儿真实活动状态和学习需求的关键手段。观察法应用广泛，使用方便，不受地点的过多限制，家长和教师都可以通过对幼儿语言交往的观察记录来评定幼儿语言发展的实际水平。一般来说，自然状态下的观察最真实，参考价值最高，此时用自然观察法即可。但对于自然状态下很难观察到的项目，教师也可以根据观察目的，设置相关情境，观察在特定情境下的幼儿语言发展状况或教育组织情况，此为情境观察法。

根据刘华（2017）的研究，可以按照观察时空条件、目的、角度等不同，将观察法进行分类（图1-19）。

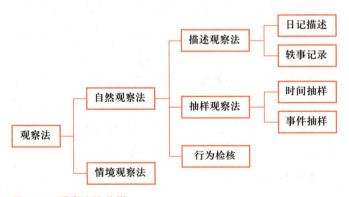

图1-19　观察法的分类

教师采用的观察法比较多样，常采用的观察记录方式为文字描述记录和表格记录（表1-9），可以直接用文字将观察到的幼儿语言现象记录下来，还可以事先设计观察量表，再找准合适的时机进行观察记录。还有一种非常重要的记录方法是现场实录法，这种方法一般利用现代化的录音录像方式，拍摄记录幼儿的语言信息，真实可靠，可以多次再现。自然观察法和情境观察法都是重要的记录方式，不管采用哪种观察法，都要进行有效评估和总结。

表1-9　游戏中的幼儿词汇发展观察记录

观察对象1	观察对象2	观察对象3
性别：	性别：	性别：
出生年月：	出生年月：	出生年月：
对象1所说词汇：	对象2所说词汇：	对象3所说词汇：
词汇现象分析：	词汇现象分析：	词汇现象分析：
结论：	结论：	结论：

案例　幼儿园中班语言教学观察记录

观察目的

最近，班级活动室阅读区的秩序很乱，而且到阅读区活动的幼儿越来越少。

观察实录

区域活动开始了，佳佳搬着小椅子选择阅读区坐下，有几个幼儿同时进入阅读区，有的拿起书架上的绘本开始阅读，有的拿着桌子上的字卡翻看。可是过了两三分钟，他们翻了翻其他图书和卡片后，似乎觉得无聊就放下了，然后看了看别的区角人已经满了，就凑在一起开始说笑，还有的幼儿开始在区角里乱跑。

评价与分析

案例中的幼儿尚未养成良好的阅读习惯，阅读能力有待提高，协调能力有待加强。阅读区该准备哪些材料，提供的阅读内容是否适宜，是否有适宜的语言对象，是否能引起幼儿的阅读兴趣，是阅读区材料准备时需考虑的问题。

改进措施

提供丰富的游戏材料。可以在阅读区为幼儿准备丰富的语言游戏材料及玩具，如故事盒，在一个盒子里准备多种动植物立体插图，幼儿可以结伴自编自导，边插边讲。

鼓励幼儿自己制作图书。在阅读区准备一些装订好的空白册子，并提供画报、糨糊、剪刀等，幼儿可以通过剪贴创编图书。

在阅读区中投入毛绒玩具、木偶，让幼儿能通过角色扮演，进行口语表达的锻炼。

2. 问卷调查法

问卷调查法是由评价者根据评价目的向调查对象发放问卷，以广泛收集幼儿语言发展信息的一种方法，一般用于评估幼儿语言发展状况。评价者设计相关的问题，向教师、家长或幼儿的其他监护人发放问卷，了解幼儿语言能力各个方面的具体发展情况，分析问卷的结果，从而开展具体有指导性的语言教育。

在使用问卷调查法时，要注意以下事项：首先，要向调查对象说明调查问卷的目的，取得调查对象的信任，保证调查结果的真实可靠；其次，问题设计要合理，简洁易懂，选项设置要明确，便于调查对象作答；再次，问卷设计应注意封闭性问题和开放性问题相结合，为便于作答，封闭性问题可占大多数；最后，要统筹做好问卷的分发、回收、统计工作，保证分析结果真实有效。

3. 谈话法

谈话法是谈话者通过与谈话对象面对面交谈来收集信息，并对信息进行记录、整理、分析，然后做出评价的方法，适用于评价幼儿语言发展状况。谈话者可以事先设计好问题，与幼儿进行一对一或一对多的谈话，在谈话过程中重点关注幼儿在词汇、语法等方面的具体发展情况。

在使用谈话法时要注意以下事项：首先，谈话者与谈话对象尽量是熟悉的师幼关系，如果是陌生教师，幼儿可能会因为性格等原因不能很充分地表现自己的语言能力；其次，谈话内容要围绕幼儿熟悉的生活、学习来进行；再次，问题尽量具体化，尽量少提开放性问题；最后，谈话应在温馨和谐的氛围下进行，谈话者要有耐心地启发幼儿，避免急躁、不耐烦等情绪。

4. 综合等级评定法

综合等级评定法是评价者通过分析幼儿语言教育活动中的各种因素，把每一项目标分为若干等级，分项评出不同等级，最后综合评级的方法。

综合等级评定法的评价指标一般分为纵向和横向两个维度。纵向维度中包含幼儿语言教育活动中的各种因素，如目标、内容、方法、过程、师幼互动等；横向维度中包含幼儿语言教育活动中各因素在活动过程中的状态和等级，如表1-10所示。

表1-10　阅读区活动实施评价

参与程度	主动参与	一般参与	未参与
环境创设	非常适宜	一般适宜	不适宜
材料利用	充分利用	一般利用	未利用
师幼互动	积极互动	一般互动	消极被动

综合等级评定法的优点是操作方便，只需在对应的栏目做标志即可，缺点是只有现象的描述，缺少原因的深层分析和探究。

5. 自由叙述法

自由叙述法是评价者将教学过程中对幼儿和教育活动的建议、判断和感想自由记录下来，用文字叙述方式对评价对象进行评价的方法。这种评价方法既适用于评价者自我评价，如听课记录、教学反思等，也适用于对他人的评价，如听课记录、观摩活动记录等。

6. 档案评估法

档案评估法是一种综合性的评价方法，它将过程与结果融为一体，综合使用观察法、谈话法、作品分析法、自由叙述法、综合等级评定法等多种具体评价方法。当前很多幼儿园使用幼儿档案袋，档案袋里包含幼儿各种活动的作品、参加活动的照片、教师对幼儿的观察记录等，它代表了幼儿学习的过程，体现了教师对幼儿的多方面评价。有的档案袋里还包含了家长的某些观察记录，体现了评价主体的多元化。

连线幼儿园：幼儿园档案评估图片展示

美国课程评价专家约翰逊说："如果要求5个不同的教师给档案袋评价下定义，很可能会得到5个不同的答案，其中每个都没有错。"反映出了档案评估法最重要的特征是评价内容和方法的多元化。

二、幼儿语言发展评价

《指南》开篇提出，语言是人类交流和思维的工具，幼儿语言学习与发展与其他

微课：幼儿语言发展评价

领域发展紧密联系，语言发展对认知、思维、逻辑等发展非常重要。幼儿的语言发展存在很大的个体差异，有的幼儿话语多，有的幼儿话语少；有的喜欢用语言来表达感情和愿望，有的比较内敛，语言表达相对少一些。不同的家庭环境、风俗习惯等对幼儿语言发展也会产生很大影响。幼儿是否处在一个温馨开放的语言氛围之中，对其语言发展影响相当大。

幼儿园中的语言教育开展效果如何，我们可以从幼儿语言的智能要求和语言交往的社会要求两个方面展开对幼儿语言发展水平的评价。

（一）语言的智能要求评价

语言的智能要求就是语言这种符号系统内部结构各要素的发展，包括语音、词汇、语法三个指标。蔡淑兰（1999）认为，语音发展包括发音能力和语音知觉能力两个指标；词汇发展包括词汇量和词义理解能力两个指标；语法发展方面包括句子长度和句子结构发展两个指标。

语音是语言的物质外壳，能够听得懂、发得准是听说读写能力的基础。词汇是语言的基本单位，是幼儿语言发展的最重要标志之一。在划分婴幼儿语言发展阶段时，我们通常会将词汇量作为一个非常重要的衡量标准。幼儿只有掌握足够的词汇量，按照一定的语法规则进行组织，说出有意义的句子，才能够实现语言的社会交往功能。

习得词汇必然伴随着语音的获得，所以语音和词汇可以一起评价。评价幼儿词汇发展情况的一个常用方法是让幼儿说出对这个词的理解，或者给词下定义，通过这些描述来判断其词汇掌握情况。有的幼儿能够理解词汇，但是发音可能还不太标准；有的幼儿能够很准确地说出一个词，对于意义却不能清楚地表述，这就属于发音和词汇没有同步掌握。评价者也可以通过录音，将幼儿日常说话录下来整理评价，来判断其语音、词汇发展情况。评价之后，要分析出现情况的原因，如发音不准，是发音器官发育未完善，还是受方言影响？总结之后可以通过有针对性的训练加以改善。

语法发展情况的评价通常通过句子来进行测量。可以通过看图说话、开展对话访谈等形式将幼儿所说的句子记录下来，然后整理、分析、评价幼儿能否表达出恰当的语句。如果有错误，要分析错误的类型，是句子不完整，还是用词不够准确，或是不符合逻辑等。根据错误的具体类型设计相应的语言教育活动进行练习和巩固。

语音、词汇和语法一般通过标准化测验来进行评价。标准化测验中较为经典的有伊利诺斯心理语言能力测验（ITPA）、皮博迪图片词汇测验（PPVT）和韦氏儿童智力量表（WISC）言语分测验中的词汇部分，著名的斯坦福-比奈智力量表中也包括语言能力的测量，其中含有词汇、理解、语言关系等。

韦氏儿童智力量表（WISC）采用的测验方法是通过向被试展示或说出一个词语，让被试来解释每一个词语的意思，例如，"美丽是什么意思？"国内学者林传鼎、张厚粲等人对韦氏幼儿智力量表（WPPSI）进行了修订，用以测查4—6.5岁儿童的语言功能，并已制定全国常模。其中，语言理解项目会选择一些常见的词汇来让幼儿解释，如"鞋""自行车""帽子""伞""参加"等，要求幼儿用不同的方式加以解释，如说出主要用途，伞——可以遮雨；说出特征，自行车——有两个轮子、车把等；同义词替代，参加——加入。主要测试幼儿对词的理解程度以及语言表达能力。量表具有较高信度，但词语测验的评分困难，带有主观性，不太容易掌握。

拓展阅读

美国心理学家韦克斯勒（Wechsler）编制的韦克斯勒智力量表是一组采用个别施测的方法来鉴别被试智力水平的智力测验工具。

其中，韦氏幼儿智力量表第四版（WPPSI-Ⅳ）是评估2.5—6岁幼儿及学龄前儿童智力水平的智力测验工具，于2012年10月正式发布。WPPSI-Ⅳ延续了韦氏儿童智力量表第四版（WISC-Ⅳ）和韦氏成人智力量表第四版（WAIS-Ⅳ）的结构变动，从人类认知的角度对幼儿认知能力进行测量。WPPSI-Ⅳ分为两个部分，测验A用于2.5—4岁幼儿，测验B用于4—7.5岁幼儿，分别采用不同结构测量幼儿认知能力。测验A和B项目下都有语言理解的内容。

（二）语言交往的社会要求评价

语言交往是幼儿运用语言与社会进行交流、掌握语言交际规则的过程。评价幼儿这方面的能力，就是检验幼儿语言交际能力的高低和语言规则运用掌握的程度。语言交往的社会要求评价主要包含以下两个方面。

1. 倾听和理解

婴幼儿最初认识世界的方式主要靠倾听，在学会阅读之前，听是幼儿获得语言信息的重要渠道。他们通过倾听来感知语言的功能、韵律、节奏，通过倾听进行语音、语调的模仿，一步步发展起自己的语言，可以说倾听是学习语言的根本。听到别人的信息，在大脑中储存记忆，进行加工，产生理解，幼儿对语言的最初学习就是这样完成的。

在整个幼儿期，倾听和理解对于幼儿学习语言都非常重要。其评价可以通过回答问题的方式来测量。回答问题可以是谈话，一问一答，也可以给幼儿呈现一个情境（绘本、动画片等），记录幼儿回答的准确性和及时性，观察幼儿在情境中的具体表现，评价其倾听和理解能力。

2. 口语表达和语言习惯

口语表达是语言最外在的表现形式。幼儿在倾听、理解他人语言之后，大多数情况下要通过口语表达来展现自己对问题的看法、诉说愿望等。口语表达包括独自讲述和对话。讲述是幼儿认知、思维发展到一定阶段具有的一种高级语言能力，是幼儿将信息进行加工处理，然后筛选输出的过程。在对话过程中，要学会使用得体的语言，能够借助手势等肢体语言来表达情感，此外，还包含文明的语言习惯，如能否倾听他人讲话，不插话，不抢话，能否使用礼貌用语等。

在幼儿语言发展评价中，除了以上两个方面以外，早期阅读也越来越受到重视。幼儿对早期阅读的兴趣、对图画书的阅读理解能力等也可以纳入评价的范围。如表1-11，就是对幼儿倾听、理解、阅读、表达等语言智能多方面的测评。

表1-11　语言智能测评

项目	评价内容	评价标准	测评手段	现有水平				
				很好	较好	一般	较差	很差
语言智能	1. 说普通话	能模仿普通话发音	1. 让幼儿到图书室自由选择自己喜欢看的书籍，进行翻阅。 2. 幼儿可以根据图画内容准确地表述故事，并体现出强烈的交流和表达欲望。 3. 给幼儿讲故事，幼儿认真倾听，并可以把卡片书籍按故事情节排列。 4. 文字游戏：找相同字；成语接龙；组词游戏等。 5. 清楚地表述自己身上发生的事情					
	2. 掌握较多的名词、动词	用词恰当，会用一些形容词和代词						
	3. 用一句一句较完整的单句表达自己的意思	可以用几个分句表达自己的意思。准确使用连接词						
	4. 听懂并列式指令	能按成人的系列要求执行						
	5. 能看懂连环画的大意	能按图画的顺序阅读，并看懂连环画的大意						
	6. 能讲出故事、儿歌的主要情节	能讲出故事的主要情节						

三、幼儿语言教育活动评价

微课：
幼儿语言教育活动评价（上）

幼儿语言教育评价中，除了要对幼儿语言发展做出评价，还要注重语言教育过程评价。这个过程评价绝大部分体现在日常语言教育活动之中。幼儿语言教育活动，是有目的、有计划地对幼儿进行语言教育的过程。幼儿语言发展是在语言教育活动中实现的，语言教育活动是教师实施幼儿语言教育的重要载体。对幼儿语言教育活动的评价主要从以下三个方面来进行：一是对幼儿在活动中表现的评价，二是对活动本身的评价，三是对活动实施主体教师的评价。

微课：
幼儿语言教育活动评价（下）

（一）对幼儿在活动中表现的评价

在幼儿教育活动中，首先应对活动的主体进行评价。活动中幼儿是否感兴趣？幼儿的能力是否提高？可从活动目标是否达成和活动中幼儿的行为状态两方面来评价。

1. 目标达成

幼儿语言教育目标达成体现在三个方面：一是对照《纲要》《指南》，活动目标是否符合总目标的要求；二是对照具体活动类型的目标，评价是否符合这一方面的要求，如讲述活动中是否达到独白能力的提升；三是对照具体活动目标，从情感、认知、能力三方面——评价是否达成。如果有渗透到其他领域，还要评价其目标是否达成。所有目标达成情况评价表可设计如下（表1-12）。

表1-12 语言教育活动目标达成情况评价

程度	《纲要》总目标	《指南》年龄目标	三维活动目标			渗透其他领域目标
			情感目标	认知目标	能力目标	
完全达标						
基本达标						
未达目标						

2. 幼儿行为状态

对幼儿在活动中表现是否积极主动的评价，是活动评价不可缺少的部分。通过观察即可看出幼儿对活动是否感兴趣，参与状态是否积极，是否从中感受到喜悦、新奇等情绪。

如教师可以观察幼儿在阅读区阅读时的行为，可以借助《指南》和量表（表1-13）对幼儿的语言学习行为进行评价，水平数值越大，表明幼儿图书阅读能力越强。

表1-13 幼儿图书阅读能力发展观察和评价

水平	指标	观察记录
水平1	经常主动翻阅图书	
水平2	能按照从前到后的顺序看书，每次只翻一页	
水平3	能使用短语或句子谈论书中画的人、动物、物体和事件	
水平4	能解释喜欢某本特别的书或者某一系列书的原因	

续表

水平	指标	观察记录
水平5	能按照顺序复述一个故事或一本书中的四件事或者更多	
水平6	能根据故事的角色、背景以及事件（情节）等要素总结书的内容	

（二）对语言教育活动本身的评价

语言教育活动是教师对幼儿实施语言教育的重要载体。对幼儿语言教育活动本身的评价主要从活动设计、活动实施和活动效果几方面来进行。

1. 语言教育活动的设计

幼儿语言教育活动的设计是否恰当，关系到幼儿能否积极参与，活动预期的效果能否达到。每一位幼儿教师都是教育活动的设计师，从活动目标制定、活动准备到内容的选取、活动延伸等的设计都会影响活动预期目标的实现。以下从目标和内容两方面进行评价。

（1）目标制定的合理性

活动目标是活动开展的指南，幼儿语言教育活动的评价最先要关注目标设置的合理性。评价活动目标时，首先要考察活动目标是否符合幼儿语言发展的年龄特点和心理发展特点，是否符合《纲要》和《指南》对于幼儿语言学习与发展的总要求。

其次，要确认目标制定是否全面，情感、认知、能力三方面是否都涉及。虽然，一个具体的活动里不一定要包含这三个维度的目标，但从长远来看，还是应该要包含的。如果缺少，教育可能不全面，幼儿发展也可能有缺陷。

最后，不同类型目标是否有对应实现的途径。有的教师在设计目标时考虑得非常全面，但是在设计具体的活动过程时，会有所遗漏，或是没有与目标对应的活动，或是活动不能达到目标。如情感方面的目标，需要幼儿有相关情绪的体验，这种体验应该注明实现的途径。

（2）内容设置的适应性

语言教育内容是实现活动目标的必由之路。目标制定得再全面再完美，没有合理的内容与之搭配就是空中楼阁。在评价内容设置时，首先要考察活动内容与活动目标是否一致。要坚持目标导向，设计内容时始终贯彻目标、围绕目标，不脱离目标。

其次，要判定内容是否适宜幼儿的发展，要做到不脱离幼儿的生活经验和知识背景，还要有一定的挑战性，能引起幼儿兴趣。一定要关注幼儿的未来发展，不能只着眼于当下，要注重开拓幼儿的视野。

最后，内容组织是否科学，是否符合逻辑。活动内容是为目标服务的，可以有适当的加工和想象，但不能太过于天马行空，不合逻辑。幼儿语言活动也承担着培养思维能力的责任，不能只为了语言发展，还要关注到社会、健康、科学等各领域的发展。

2. 语言教育活动的实施

完成科学合理的教学设计之后，教师就应按照计划实施教育活动。但是，计划的实施，往往存在很多变数。教学设计做得再完美，实施过程中也会遇到各种问题。因此，活动的实施评价尤为重要，我们可以从以下几个方面来进行评价。

首先，活动设计是否科学恰当。虽然这一点在上面活动设计时已经提及，但真正是否恰当适宜，仅看教学设计是不够的，还要看在教师的组织过程中，实施是否得心应手。如通过观察幼儿在活动中的具体表现，来评价教师的活动设计是否建立在幼儿已有经验的基础之上。活动过程是否流畅，过渡是否合理；活动能否做到动静交替，张弛有度等。

其次，实施过程中是否能将计划与实际情况灵活有机地结合起来，当预设好的计划遇到突发情况时，教师是否能够灵活地处理。要处理好预设与生成的关系，预设是基础，生成是在预设的前提之下水到渠成的结果，不能一味地追求生成活动。

最后，师幼互动是否积极有效。教师在实施活动过程中，要能够调动幼儿的主动性和积极性，创设自由宽松的氛围，引导幼儿想说、敢说，积极与教师、与幼儿互动，创造和谐温馨的活动空间。在幼儿遇到困难时，教师能够充当好观察者和合作者的角色，能关注到个别能力发展有局限的幼儿，并及时提供帮助。

3. 语言教育活动的效果

活动效果体现在预设目标达成的程度、幼儿在活动中参与的积极性、活动氛围等方面。可以通过考察各维度目标实现的程度来评价语言教育活动的效果，同时还要关注幼儿的心理因素，如幼儿积极参与，在活动中体验到快乐、健康、积极等正面的情绪，也是评价应该看重的部分。

教师也可以通过说课来展示自己的幼儿语言教育活动。说课是教师面对同行或教研人员，口头表述其教育教学活动的设计及其理论依据，然后由听者评说，达到互相交流、共同提高目的的一种活动。说课内容包含说教材，说目标，说教法，说学法，说教学过程及教学反思。概括地说，说课就是教师说一说为什么教、教什么和怎么教。教师还可以通过无生试讲的方式，在没有幼儿参与的情况下展示自己的教学活动过程。

在幼儿园教师资格考试笔试科目"保教知识与能力"项目中的"教育活动的组织与实施"模块，采取活动设计的题型要求考生根据给定主题，设计教育活动方案；在面试中的"展示"环节要求考生进行现场活动展示。笔试和面试均有对应的评分标准和细则（见教材附录3~附录5）。在全国职业院校技能大赛（高职组）"学前教育专业教育技能"中设置了"幼儿园教育活动设计"和"片段教学"赛项，各赛项均有详细的评分标准（见教材附录6~附录7）。学前教育专业学生和幼儿园教师在语言教育活动设计和实施时，可以参照评价标准进行练习和实践。

（三）对活动实施主体教师的评价

2020年10月，中共中央 国务院印发了《深化新时代教育评价改革总体方案》，这是中华人民共和国成立以来第一份教育评价改革的系统性文件，也是指导当前和今后深化教育评价改革的纲领性文件。该方案在幼儿园教师评价方面指出，要突出保教实践，把以游戏为基本活动促进幼儿主动学习和全面发展的能力作为关键指标，纳入学前教育专业人才培养标准、幼儿教师职后培训重要内容。

教师作为教育活动实施的主体，教师评价对于提高教育质量具有重要作用。在幼儿园教育工作评价时，教师是评价主体，管理人员、家长和幼儿是共同评价者。对教师的评价主要从以下三个方面进行。

1. 师德修养评价

根据中华人民共和国教育部2012年颁发的《幼儿园教师专业标准（试行）》要求，幼儿园教师要以师德为先：热爱学前教育事业，具有职业理想，践行社会主义核心价值观，履行教师职业道德规范，依法执教；关爱幼儿，尊重幼儿人格，富有爱心、责任心、耐心和细心；为人师表，教书育人，自尊自律，做幼儿健康成长的启蒙者和引路人。

根据中华人民共和国教育部颁发的《新时代幼儿园教师职业行为十项准则》(教师〔2018〕16号)，幼儿园教师应坚定政治方向、自觉爱国守法、传播优秀文化、潜心培幼育人、加强安全防范、关心爱护幼儿、遵循幼教规律、秉持公平诚信、坚守廉洁自律、规范保教行为，努力成为有理想信念、有道德情操、有扎实学识、有仁爱之心的好老师，着力培养德智体美劳全面发展的社会主义建设者和接班人。

2019年11月，教育部等七部门印发《关于加强和改进新时代师德师风建设的意见》的通知，指出要深入学习贯彻习近平总书记教育重要论述和全国教育大会精神，把立德树人的成效作为检验学校一切工作的根本标准，把师德师风作为评价教师队伍素质的第一标准，将社会主义核心价值观贯穿师德师风建设全过程。

热爱幼儿、尊重幼儿，是幼儿教师最基本的师德素养。其评价标准是：全面了解幼儿，关心爱护幼儿；对待幼儿一视同仁；对幼儿严格要求，循循善诱；尊重幼儿的人格和尊严，不讽刺、挖苦幼儿，不体罚或变相体罚。只有热爱幼儿，才能热爱幼儿教育事业，才能无微不至地关心幼儿的健康成长，爱岗敬业，乐于奉献。

爱岗敬业、依法执教，是幼儿教师的立身之本。其评价标准是：对教育事业有极强的责任感和事业心，尽职尽责，保教并重，注重培养幼儿良好的思想品德，促进幼儿全面发展。

师德考核要坚持多主体多元评价，以事实为依据，定性与定量相结合，提高评价的科学性和实效性，全面客观评价教师的师德表现。师德考核的作用在于对教师行为的约束和提醒，幼儿园以及相关评价部门应及时向教师反馈考核发现的问题，并采取针对性举措帮助教师提高认识、加强整改。

2. 语言素质评价

幼儿教师在活动组织中以发展幼儿语言、培养幼儿对语言的兴趣为目的。幼儿年龄小，处于语言发展的关键期，外界语言环境对其影响很大，因此教师语言素质应该突出幼儿教师职业口语的特点。对幼儿教师语言素质的评价，可从以下几个方面来考察。

语言表达的规范性。幼儿教师要求做到普通话标准，表达流畅，词汇丰富，表达符合文明的语言习惯。

语言表达的科学性。教师与幼儿交谈时用语要符合幼儿的心理发展特点，组织活动时语言要符合客观实际。

语言表达的生动性。根据幼儿特有的年龄特点，幼儿教师语言应尽量生动形象，避免刻板无趣。讲故事时注意抑扬顿挫，语调活泼，吸引幼儿兴趣。

3. 师幼互动评价

在语言教育活动中，教师与幼儿互动质量能够直接反映教学效果。评价师幼互动时，首先评价教育活动的氛围是否宽松、自由，幼儿在活动中能否尽情投入，体验语言教育活动的乐趣，发展语言能力；其次评价教师与幼儿互动是否高效，高效的师幼互动既能满足幼儿的个体需要，还能够有效促进幼儿语言能力的发展。

活动案例

大班语言活动：彩虹色的花

如皋市如城光华幼儿园　鲍爱丽

设计思路

在一日生活的多个环节如游戏、午睡、盥洗中，我经常捕捉到班上一些幼儿的闪光点，比如，他们会主动帮助有困难的同伴。为了让"乐于助人"这种传统美德在更多幼儿的心中生根、发芽，我借助"彩虹色的花"这个充满温暖气息的绘本故事设计了语言活动，让幼儿通过玩花瓣游戏、看图片、猜测、想象等多种方式体会绘本所蕴藏的教育意义，感受彩虹色的花与他人分享的快乐、帮助他人脱离困境的愉悦。在此过程中，巩固幼儿色彩、数量等方面的经验。

活动目标

1. 在游戏情境中运用多色花瓣等材料进行操作并主动与他人交流，灵活使用绘本中的句式"……把……花瓣当成……"等表达自己的理解和感受。

2. 能根据绘本中的故事情节自选角色展开合作表演。

3. 感受故事中彩虹色的花与人分享的快乐，强化在生活中主动关心帮助他人的意识和行为。

活动准备

1. 经验准备：幼儿参与过阅读活动"彩虹色的花"，对同名绘本较为熟悉。

2. 材料准备：自制大绘本《彩虹色的花》；课件（内容包括彩虹色的花在春天开放的情景及背景音乐）；钢琴曲"清晨"；竹篮，红、橙、黄、绿、青、蓝、紫七色自制花瓣；表演道具（彩虹色的花或各色花瓣头饰，小蚂蚁、小刺猬、小蜥蜴等5种小动物头饰）；彩色画笔和白纸。

3. 场地创设："下花瓣雨"的游戏情境（天花板和墙面有大量教师和家长拍摄的有关开满鲜花的公园等摄影作品，也有幼儿自制的多色花瓣）。

活动过程

1. 在"下花瓣雨"的游戏情境中和花瓣玩游戏，产生参与活动、与他人互动的愿望

（1）第一次和花瓣互动。

① 幼儿在背景音乐"清晨"中进入活动室。

教师一边撒花瓣，一边说："春天到了，花儿开了，风儿吹来，看，花瓣落了，孩子们，下花瓣雨啦！"

幼儿与花瓣自由展开游戏。

② 提出操作要求："一起来捡花瓣吧！你最喜欢什么颜色的花瓣呢？你想把这些花瓣当成什么呢？"

鼓励幼儿与同伴互动，包括：告诉同伴你捡到几片什么颜色的花瓣；向同伴说出花瓣数字并互相验证数量的正确性；同伴间相互说一说，用"我把×色（或×片）花瓣当成……"的句式进行表达。

指导重点：关注幼儿是否点数花瓣，是否主动与同伴交往，表述的花瓣颜色、数量是否正确。

（2）第二次和花瓣互动。

提出新的操作任务："风儿又吹来了，又要下花瓣雨了。这一次，你会把捡到的花瓣放在哪个好朋友身上、给他当成什么呢？"

鼓励幼儿尝试用绘本中的句式"我会把……花瓣放在……好朋友身上给他当成……"进行完整表述。

教师继续撒花瓣；幼儿继续捡花瓣，然后把花瓣放在好朋友身上，尝试表达。

指导重点：关注那些在上个环节交流不太顺利的幼儿进行个别指导；表扬行为和语言上有创意的幼儿。

（3）启发与小结："刚才你捡到的或看到的花瓣共有几种颜色？如果把它们拼起来，可以拼成什么图案？"

根据幼儿的回答，帮助其巩固对彩虹有七种颜色的认识，引发幼儿对"彩虹色的花"主题的进一步关注。

（评析：这一环节，幼儿在情境中兴致勃勃地进入游戏角色，在教师营造的氛围中，通过与花瓣的游戏，在科学、艺术、语言等领域均得到发展，比如，一一点数花瓣的数量，巩固了数概念，辨别花瓣的颜色，巩固对色彩的认识；运用句式"我把……当成……"（借用了绘本《彩虹色的花》中的表述方式）进行交流，丰富了相关的语言表达经验等。在第二次与花瓣互动时，幼儿与好朋友一起玩，参与活动兴趣更浓，表达欲望更强烈，对于教师提出的稍稍提高难度的表达要求，他们基本能达成。）

2．回顾绘本故事内容，大胆表达对作品情感的理解，巩固句式运用

（1）出示自制教具绘本："花瓣故事在哪本书出现过呢？（幼儿回忆）还记得我们一起读过的绘本故事《彩虹色的花》吗？今天老师把这本书带来了，我们一起再来讲一讲这个温暖的故事，好吗？"

师幼共同回顾绘本故事的大致内容。

（2）让幼儿自由选择一幅自己喜欢的绘本图片，讲述该幅图中的故事内容。

师："选择一幅你喜欢的绘本图片，然后看着图片把这幅图的故事讲出来，最好用'……遇到了……困难，彩虹色的花用……的花瓣帮助了谁，小动物们又把……当成……'这些句式来讲故事。"

鼓励幼儿一对一合作讲述，教师巡回倾听并给予帮助和引导。

（3）幼儿完整讲述整个绘本的故事内容。

师："哪组小朋友能看着图把彩虹色的花帮助小动物的故事完整讲出来？"

（4）评价：请小组推选一个代表，在集体面前复述，师幼共同欣赏其讲述的生动情节，如"小蚂蚁要去看奶奶，可是有一个大水坑挡住了小蚂蚁的去路。彩虹色的花用一片橙色的花瓣帮助了小蚂蚁，小蚂蚁把橙色花瓣当成小船开心地渡过了小水坑。"

（5）尝试仿编故事，丰富想象力。

① 帮助幼儿回顾绘本的基本故事情节，丰富幼儿的讲述技巧。

② 鼓励幼儿运用刚学到的句式表达自己想象的内容。

师："彩虹色的花用自己的花瓣帮助了小蚂蚁，帮助了蜥蜴，帮助了小老鼠，帮助

了小刺猬。最后，它只剩下了几片花瓣呀？"

"这最后的一片花瓣，它还会去帮助哪些小动物呢？"

"小动物们又会把花瓣当成什么？请你想一想，并用我们刚刚学到的句式来说一说。"

幼儿根据上述问题展开想象和表达。

（评析：教师先通过组织单幅图讲述和多幅图讲述环节，帮助幼儿熟悉并复述绘本故事内容；再通过评价和开放式提问，让幼儿在已有经验的基础上大胆想象，遨游在仿编故事的世界中，巩固运用了刚刚学到的句式，语言表达能力和想象力均得到了充分发展。比如，兴兴说："小白兔在草地上玩，腿不小心被划破了，彩虹色的花用最后一片蓝色花瓣帮助了小白兔，小白兔把蓝色花瓣当成纱布止血，再也不流血了！"可见，幼儿的想象力很丰富。）

3. 角色表演，深度理解故事内容，拓展对故事情感的理解

师："彩虹色的花用自己的花瓣帮助了小蚂蚁、蜥蜴、小老鼠、小刺猬，我们和它一起感受到了帮助别人的快乐，小动物们也感受到获得别人帮助后的温暖。想一想，我们可以怎样把彩虹色的花帮助小动物的故事表演出来呢？下面每个小朋友选一个自己喜欢的角色来表演这个故事吧！"

（1）全班幼儿分成4组，幼儿自由选择表演同伴，每组4~6个幼儿。

鼓励幼儿互相协商自己所扮演的彩虹色的花、小蚂蚁、小老鼠、小鸟等故事角色。

（2）出示彩虹色的花、小动物等丰富多样的表演道具，组内幼儿相互帮忙戴上头饰，自选道具后，试着对一对"台词"。

（3）播放故事背景音乐，幼儿分组自由表演故事"彩虹色的花"。

教师巡回指导，指导重点：鼓励幼儿运用前几个环节学习的完整句进行表演；观察幼儿的表演是否有创意；关注幼儿与同伴的互动是否顺利。

（4）集体欣赏与评价。启发幼儿互相欣赏其他小组的表演，尝试说说自己欣赏后的感受或表演的感受。

（评析：大班幼儿喜欢模仿或扮演各种角色，所以本次活动增加了角色表演环节。这不仅帮助幼儿深度理解绘本故事内容，而且还帮助幼儿在故事表演场景中通过亲身讲述角色语言和操作道具，体验彩虹色的花帮助小动物及小动物得到帮助后的快乐，从而生发出在生活中多关心帮助他人的美好情感。）

4. 欣赏课件中的故事，绘制自己心中的彩虹花，实现情感升华

（1）幼儿欣赏课件，感知彩虹色的花用最后一片花瓣帮助别人后慢慢变黄、变枯，在第二年春天又重新开放的情景。

师幼互动："这朵彩虹色的花帮助了别人后，随着秋天的到来，它怎么了？"

幼儿通过课件感受花慢慢枯萎最后融入大地逐渐变成滋养更多花的泥的过程。

师："新年过后，春天又来了，鲜花又盛开了。你看到彩虹色的花在哪里？"

幼儿在课件中寻找，发现有一些与彩虹色的花很相似的花。

（2）为幼儿提供多色画笔和白纸，让幼儿画出各自心中的"彩虹花"。

结束语："是呀，有很多和彩虹色的花一样美丽的花在美化着环境。我们也学着彩虹色的花，去帮助更多的人，把生活变得更美好吧！"

绘画环节结束，幼儿自主选择将自己的作品放到语言区或美术区。

活动延伸

1. 美术区：同伴间相互欣赏对方的图画作品"我心中的彩虹花"，根据作品尝试讲述一个新的彩虹花的故事。

2. 角色区：投放"彩虹色的花"的表演道具，让幼儿自由展开角色游戏；也可以根据绘本故事"彩虹色的花"仿编或创编一个新的故事，体验表演和交流带来的乐趣。

［资料来源：鲍爱丽. 大班语言活动：彩虹色的花［J］. 教育导刊（下半月），2018（06）：40-42.］

案例评析

活动内容与目标评价：教师从一日生活环节中捕捉幼儿的闪光点，借助绘本《彩虹色的花》开展幼儿早期阅读活动。活动目标设计符合大班幼儿的年龄特点，体现了幼儿为本的理念，以早期阅读核心经验为重点，并在活动中渗透了社会、科学领域的目标，从情感、认知、能力多方面考虑幼儿的全面发展需求，描述清晰完整，可操作性强。

活动准备评价：教师从经验准备、材料准备、场地创设三个方面进行了准备，提供了绘本、课件、游戏材料、表演道具、绘画材料，材料丰富有趣，给幼儿营造了自由、宽松的语言交往环境，能让幼儿在与材料的互动中实现活动目标。

活动方法与过程评价：教师运用游戏法、操作练习法、讨论法、角色扮演法等方法，借助信息化教学手段，通过游戏导入—讲述绘本—角色扮演—绘制作品四个环节，让幼儿在轻松愉快的过程中获得语言的发展和情感的升华。

岗位
对接

一、阅读活动方案，并回答问题

1."小兔家的窗"属于哪种类型的语言活动？

2. 请运用语言教育活动评价理论对该语言活动方案进行评价。

岗位对接参考答案

中班语言活动：小兔家的窗

中山市机关第一幼儿园　梁雪华

设计意图

前段时间我们班进行了一次科学活动"什么东西溶解了"，组织幼儿探讨盐和糖的溶解过程，利用冷水和热水溶解盐和糖。通过实验、观察、分析，幼儿发现热水会让盐、糖溶解得更快。我们后来又做了"结冰"的实验，帮助幼儿了解冰的特征，激发他们的探索欲望。幼儿对这类科学活动非常感兴趣。基于以上原因，我选择了"小兔家的窗"这个活动。

活动目标

1．学习自主观察画面，较完整连贯地讲述小兔用冰块做的窗户在不同季节的变化，丰富相应的词语。

2．能有序地观察画面，理解故事的情节发展。

3．能安静地倾听同伴的发言，并积极思考，体验参与讲述活动的乐趣。

活动准备

1．小兔手偶1个。

2．教学课件"小兔家的窗"。

活动过程

1．教师出示小兔手偶，引发幼儿的兴趣。

师：小朋友们好！今天，小兔遇到了一个难题，你们能帮忙想想办法吗？

师：小兔的难题是什么呢？我们一起来看故事《小兔家的窗》。

2．教师出示课件，引导幼儿观察并尝试讲述画面的主要内容。

（1）让幼儿明确看图的方法与要求。

师：这里有四幅图，我们应该怎么看？看图时应该注意些什么？（仔细看看图上有什么、在什么地方、发生了什么事情等）。

（2）逐一出示图片，在教师引导下完整讲述出图片的内容。

教师出示图一，引导幼儿观察并提问。

师：图上有谁？小兔用什么盖了一间房子？房子缺什么？

师：图上是什么季节？冬天到了，小兔住在房子里觉得怎么样，它会怎么想呢？

教师出示图二、图三，引导幼儿观察并提问。

教师：小兔走到哪里？看到了什么？它搬来了什么？当什么用呢？装上了窗户小兔住在屋里感觉怎么样？

（3）教师引导幼儿进行较完整、连贯的讲述，注意丰富相应的词语，如"大雪飘呀飘、大风吹呀吹、冻得直发抖"等。

师：谁来试试用完整、连贯的语言讲述这两幅图。

（4）幼儿自由结伴，练习较完整、连贯地讲述图片内容。

师：春天来了，天气怎么样了？小兔家的窗会怎么样呢？（过渡语）

3．引导幼儿观察图四，引导幼儿讲述画面内容。

师：这幅图上有什么？发生了什么？谁来说说看？

师：春天来了，小兔家的窗怎么样了？谁来了？它会对小兔说些什么？

4．教师引导幼儿较完整、连贯地讲述四幅图的内容。

师：我们能不能将这四幅图连起来说一说呢？

5．幼儿用语言、动作来完整地讲述故事。

6．教师引发幼儿讨论与想象，拓展幼儿的经验。

师：小朋友们，我们一边讲一边用动作大胆地把故事情节表演出来吧。

师：现在你们知道小兔遇到的难题是什么了吗？除了小熊猫的方法，小兔还可以用什么做窗户呢？

活动反思

在这次讲述活动中，幼儿表现积极，能帮助小兔想办法。在讲述活动中能较快地观察到图片中的主要内容，并能用较完整的语言较清楚地讲述，开始学习使用较适宜的词汇，但也发现幼儿对图片的一些细致的地方观察不够仔细；另外，因本班幼儿的年龄特点导致幼儿对图中角色的心理活动联想较欠缺，教师可以通过活动调动幼儿已有的知识经验，提高幼儿的观察能力和语言表达能力。

二、活动设计

1．综合幼儿语言教育活动的各种途径，围绕大班主题"我要毕业了"，设计主题网络图（语言领域）。主题网络图绘制要具有丰富性、科学性、具体化和操作性强等特点，充分考虑到生活化、兴趣性、适宜性、幼儿的主体性和家园合作等因素。网络图至少有三个层级（包含主题名称一级），第二、三层级至少有三个活动。

2．选择其中一次集体语言教学活动，设计活动方案，并向同学们分享你的方案以及设计理由（主题网和活动方案评价标准见教材附录6）。

三、幼儿语言评价

背景资料：妞妞（化名），女，3岁半。3岁的时候仍不开口叫人，而且反应迟钝、动作缓慢。父亲是军人，常年在邻市，工作繁忙，很少回家，幼儿园开展活动时，从未出席过；母亲是警察，性格温和，工作繁忙。妞妞的日常生活基本由姥姥、姥爷照看，平日上幼儿园都是姥姥负责接送。妞妞性格任性，较活泼，能高高兴兴地上幼儿园，但经常走神，有意注意时间很短。

妞妞早上到幼儿园会积极与老师打招呼，说"老 sī 好"。上午加餐时，妞妞吃完一份哈密瓜，想再要一份，瞄了瞄四周，老师看到了就问她"妞妞，你还想再吃一块吗？"妞妞回答"不 cī。"待老师走后，自己悄悄拿了一块。进行绘本阅读时，老师指着绘本里的大象图片问大家："小朋友们喜欢这只大象吗？"幼儿有的说喜欢，有的说不喜欢，妞妞自己摇了摇头，轻轻地说了句："我喜欢姥爷。"幼儿一起朗读儿歌"大象大象，鼻子长长，用它吸水，用它抓糖"，妞妞默默地坐在小椅子上，嘴里念叨着"象""糖"。当老师说"请大家面向老师坐正了"的时候，妞妞还是保持自己原来侧面坐的姿势，一动不动，直到老师走过来帮她调整好座位。

岗位要求：运用观察法，并根据3～6岁幼儿语言发展特点，综合以上信息，对该幼儿语言发展水平进行评价和记录，并提出有效的教育干预措施。

1. 发音情况
2. 倾听理解能力
3. 语言表达能力
4. 教育措施建议

国考链接参考答案

一、单项选择题（笔试）

1. 阳阳一边用积木搭火车，一边小声地说"我要快点搭，小动物们马上就来坐火车了"。这说明幼儿自言自语具有的作用是（　　）。【2019年上】

    A. 情感表达　　　　　　　　　　B. 自我反思

    C. 自我调节　　　　　　　　　　D. 交流信息

2. 2—6岁儿童掌握的词汇数量迅速增加，词类范围不断扩大。该时期儿童掌握词汇的先后顺序是（　　）。【2016年下】

    A. 动词、名词、形容词　　　　　B. 动词、形容词、名词

C. 名词、动词、形容词　　　　　　D. 形容词、动词、名词

3.《幼儿园教育指导纲要（试行）》中的教育目标较多使用"体验""感受""喜欢""乐意"等词汇，这表明幼儿园教育强调（　　）。【2015年下】

A. 知识取向　　　　　　　　　　B. 情感态度取向

C. 能力取向　　　　　　　　　　D. 技能取向

4. 下列属于幼儿园语言教育目标的是（　）。【2013年下】

A. 能认读拼音字母　　　　　　　B. 能清楚地说出自己想说的事

C. 能认读一定量的汉字　　　　　D. 能正确书写常用汉字

5. 按照布卢姆等人教育目标分类的观点，"了解青蛙的生长发育过程"属于（　　）。【2019年上】

A. 情感目标　　　　　　　　　　B. 认知目标

C. 动作技能目标　　　　　　　　D. 行为目标

6. 幼儿园教育工作评价应当（　　）。【2013年下】

A. 以行政人员评价为主，专家等参与评价为辅

B. 以园长自评为主，教师等参与评价为辅

C. 以教师自评为主，园长等参与评价为辅

D. 以家长评价为主，幼儿等参与评价为辅

7. 教育过程中，教师评价幼儿的适宜做法是（　　）。【2018年下】

A. 用统一的标准评价幼儿　　　　B. 根据一次测评结果评价幼儿

C. 用标准化工具测评结果评价幼儿　　D. 根据日常观察所获信息评价幼儿

二、简答题（笔试）

简述幼儿口语表达能力的发展趋势。【2019年下】

三、材料分析题（笔试）

材料：开学不久，小班王老师发现，李虎小朋友经常说脏话。虽然老师多次批评，但他还是经常说，甚至影响到其他幼儿也说脏话。

问题：

1. 请分析李虎及其他幼儿说脏话的可能原因。

2. 王老师可以采取哪些有效的干预措施？【2017年下】

四、问答题（结构化面试）

1. 有的家长要求幼儿园教幼儿汉字、拼音，以便幼儿更快适应小学的学习。你怎么看这种现象？

2. 你是如何理解"不愤不启，不悱不发。举一隅不以三隅反，则不复也"这句话的？

3. 菲菲不爱说话，班里的同学都叫她小哑巴。作为教师，你怎么处理？

赛场 直击

赛场直击参考答案

一、单项选择题（幼儿教师职业素养测评）

1. 对待3岁前幼儿"口吃"现象，正确的观点是（　　）。

A. 这是学话初期常见的正常现象，不必紧张

B. 应强迫幼儿再说一遍

C. 应反复练习加以矫正

D. 应进行心理治疗

2. 一名4岁幼儿听到教师说"一滴水，不起眼"，结果他理解成了"一滴水，肚脐眼。"这一现象主要说明幼儿（　　）。

A. 听觉辨别力较弱　　　　　　　　B. 想象力非常丰富

C. 语言理解凭借自己的具体经验　　D. 理解语言具有随意性

3. 《3—6岁儿童学习与发展指南》语言领域目标之一是：具有文明的语言习惯。下列是小班幼儿发展目标的是（　　）。

A. 与别人讲话时知道眼睛要看着对方　B. 别人对自己讲话时能回应

C. 别人讲话时能积极主动地回应　　　D. 能根据场合调节自己说话声音的大小

4. 下列活动目标从幼儿角度表述的是（　　）。

A. 教会幼儿穿脱衣服的正确方法　　B. 培养幼儿守时的好习惯

C. 喜欢参加小制作活动　　　　　　D. 鼓励幼儿大胆表达自己的想法

5. 幼儿教师在语言课上只讲故事，音乐课上只能唱歌，体育课上只做游戏的做

法，违背了（   ）教育原则。

  A. 启蒙性   B. 发展适宜性

  C. 活动性   D. 综合性

6. 下列说法中错误的是（   ）。

  A. 在语言教育活动中可以结合科学教育的内容

  B. 可以借助美术的形式开展科学教育

  C. 在音乐活动中不能渗透科学教育

  D. 在科学活动中可以渗透认识社会的教育

7.《3—6岁儿童学习与发展指南》中指出：儿童的发展是一个整体。关于这一观点，说法错误的是（   ）。

  A. 要注重各领域之间、目标之间的相互渗透和整合

  B. 促进幼儿身心全面协调发展

  C. 追求突出某一个方面或者几个方面的发展

  D. 关注幼儿学习与发展的整体性

8. 教师根据既定的题目，引导儿童围绕一定主题进行交谈的言语活动是（   ）。

  A. 谈话活动   B. 讲述活动

  C. 听说游戏   D. 独白活动

9. "我听见就忘记了，我看见就记住了，我做了就理解了。"这句话表明教师在教育过程中应（   ）。

  A. 重视儿童感知觉的发展   B. 重视儿童的积极情感体验

  C. 重视儿童学习的自律性   D. 重视儿童的主动操作

10. 下列媒体属于演示性教具的是（   ）。

  A. 认识恐龙活动中的实物模型   B. 情境表演中的头饰

  C. 语言讲述活动中的桌面拼图   D. 教师讲故事用的绘本

11. 教师利用谜语："远看像只鸟，近看像只猫，晚上捉老鼠，白天睡大觉"来导入认识猫头鹰的活动。这种导入方式是（   ）。

  A. 直观导入   B. 演示导入

  C. 作品导入   D. 经验导入

12. "让学校里、教室里的每一面墙壁都开口说话"，所体现的教学方法主要是（   ）。

  A. 陶冶教育法   B. 榜样示范法

  C. 实际锻炼法   D. 品德评价法

二、幼儿园教育活动设计与说课

1. 题目：主题活动——大班"春天在哪里"。

2. 内容

（1）主题网络图设计（书面作答）。

（2）教学活动设计（一课时）（书面作答）。

（3）说课（口头作答）。

3. 基本要求

（1）根据提供的素材，综合幼儿发展各领域以及幼儿园活动的类型，围绕主题设计主题网络图。主题网络图绘制要具有丰富性、科学性、具体化和操作性强等特点，充分考虑到生活化、兴趣性、适宜性、幼儿的主体性和家园合作等因素。

（2）根据主题素材与年龄阶段，设计一课时（30分钟左右）集体教学活动的教案。教案格式完整规范，语言清晰、简洁、明了，目标设计、内容选择、方法运用符合幼儿年龄特点和领域特点。

（3）根据已设计的教案，就内容、目标、方法、过程设计等进行说课，说清楚"学什么、教什么""怎么学、怎么教"以及"为什么"等问题，语言规范，条理清楚，逻辑性强，表达流畅。说课时间在7分钟内完成。

4. 素材

（1）主题背景介绍：春回大地、万物复苏，春天是一年四季的开始，孕育着生机，充满着希望。春天到来了，每位小朋友都能感受到季节的变化。在他们的眼中，春天就在大自然的景物中，也在人们的日常活动中。同时，他们喜欢亲近大自然，喜欢观察感知和探索发现春天中大自然的各种秘密，乐意运用多种形式表达和表现自己对春天的感受和感想。

（2）主题素材一

诗歌：春天的秘密

春天来了，春天来了，　　　　　　春天在这儿！"

春天在哪儿呢？　　　　　　　　　春天来了，春天来了，

小河里的冰融化了，　　　　　　　春天在哪儿呢？

河水淅淅沥沥地流着，　　　　　　垂柳换上嫩绿的新装，

小声地说：　　　　　　　　　　　在微风中轻轻地飘扬，

"春天在这儿！　　　　　　　　　小声地说：

"春天在这儿！

春天在这儿！"

春天来了，春天来了，

春天在哪儿呢？

（3）主题素材二

桃花红着脸，

抿着小嘴，

微笑着说：

"春天在这儿！

春天在这儿！"

散文：春雨的色彩

春雨，像春姑娘纺出的线，没完没了地下到了地上，沙沙沙，沙沙沙……

一群小鸟在屋檐下躲雨，它们在争论一个有趣的问题：春雨到底是什么颜色的？

小白鸽说："春雨是无色的。你们伸手接几滴瞧瞧吧。"

小燕子说："不对，春雨是绿色的。你们瞧！春雨落到草地上，草地绿了！春雨淋在柳树上，柳枝绿了……"

麻雀说："不，不！春雨是红色的。你们瞧！春雨洒在桃树上，桃花红了！春雨滴在杏树上，杏花红了……"

小黄莺说："不对，不对，春雨是黄色的。不是吗？它落在油菜地里，油菜花黄了；它落在蒲公英上，蒲公英的花儿也黄了……"

春雨听了大家的争论，下得更欢了，沙沙沙，沙沙沙……它好像在说："亲爱的小鸟们，你们的话都对，但都没说全面。我本身是无色的，但能给春天的大地带来万紫千红……"

三、片段教学

1. 内容：抱抱小刺猬（中班）。

2. 以"抱抱小刺猬"为题，设计并进行片段模拟教学，要求在活动过程中完整展示故事讲述。时间在9分钟内。

（1）根据提供的故事内容进行合理加工，富有童趣，表现富有个性；运用一定的语言技巧，动作、表情符合角色形象；普通话标准，脱稿讲述。

（2）模拟教学活动过程要自然流畅，师幼互动充分，教学实效高。

故事：抱抱小刺猬

绿油油的草地上，小伙伴们正在玩游戏。

"小猴子，让我来抱抱你！"小花猫抱着小猴子，哈哈地笑了起来。

"小羊，我们也抱抱吧。"小猪和小羊紧紧地抱在一起。

"还有我们呢，我们也要抱抱。"小黄狗和小兔子也来了。

"呵呵呵……""哈哈哈……"

这个"抱抱"游戏真好玩，大家玩得开心极了！

"还有我，还有我……"

忽然，一个圆球滚了过来。

小兔子的手刚碰到圆球，就被刺伤了。好疼呀，小兔子哭了起来。啊，原来圆球是小刺猬，它身上长满了尖尖的刺。

"小刺猬，你干什么？"小黄狗生气地叫道。

其他的小伙伴也纷纷指责小刺猬："你身上长满了刺，竟然也想玩'抱抱'游戏……""喂，小刺猬，你快走，我们这里不欢迎你！"

小刺猬伤心极了，耷拉着脑袋走了。

过了一会儿，小兔子不哭了，小伙伴们又玩了起来。

突然，一只凶恶的大灰狼从草丛里跳出来，小伙伴们吓得急忙逃走。大灰狼抓住了小兔子，又抓住了小猪。

就在这时，一个长满尖刺的圆球冲了过来，狠狠地朝大灰狼撞去。啊，是小刺猬！

大灰狼惨叫一声，扔下小兔子和小猪，急忙逃走了。

小兔子和小猪得救了。

"小刺猬，谢谢你救了我们。"小兔子和小猪感激地说道。

"不用谢，不用谢！"小刺猬不好意思了。

"小刺猬，你真厉害，把大灰狼都打跑了。"小猴子说，"为了表达谢意，我们大家一定要抱抱你。"

小朋友们，大家要用什么办法才能抱抱小刺猬呢？

单元
测试

单元测试参
考答案

一、单项选择题

1. 幼儿想起妈妈说"不可以吃别人的东西"，就把手缩回去，拒绝了别人给的食物。这反映了语言的（   ）。

A．交流作用 　　　　　　　　B．概括作用

C．调节作用 　　　　　　　　D．记忆作用

2．语言学习关键期的存在体现了儿童心理发展的（　　　）。

A．顺序性 　　　　　　　　　B．阶段性

C．个体差异性 　　　　　　　D．不平衡性

3．幼儿语言发展的要素不包含（　　　）。

A．语音 　　　　　　　　　　B．词汇

C．语速 　　　　　　　　　　D．语法

4．在幼儿期，应主要发展幼儿的（　　　）。

A．书面语言 　　　　　　　　B．口头语言

C．第二语言 　　　　　　　　D．肢体语言

5．"愿意倾听并能理解别人的讲话"属于（　　　）领域的活动目标。

A．语言 　　　　　　　　　　B．科学与数学

C．健康 　　　　　　　　　　D．社会

6．教师在向幼儿讲"雪花"这一事物时，采用观看视频并向空中抛撒大量碎纸片以引导幼儿体会下雪场景的方式，这种直观的手段是（　　　）。

A．实物直观 　　　　　　　　B．模象直观

C．语言直观 　　　　　　　　D．虚拟直观

7．幼儿语言教育评价的原则不包含（　　　）。

A．客观性 　　　　　　　　　B．全面性

C．发展性 　　　　　　　　　D．个别性

二、判断题

1．幼儿期处于词汇快速上升的阶段，4岁左右的幼儿词汇量可达2000个左右。（　　　）

2．档案评估法是幼儿语言教育评价中最常应用的一种方法。（　　　）

三、简答题

简述如何为幼儿创造说话的机会，使其体验语言交往的快乐。

单元二

幼儿谈话活动

学习目标

知识目标

☐ 理解幼儿谈话活动的特点。

☐ 明确幼儿谈话活动的目标。

☐ 了解幼儿谈话活动的类型。

☐ 掌握不同类型幼儿谈话活动的设计与指导要求。

能力目标

☐ 能为不同年龄阶段的幼儿确定适宜的谈话话题。

☐ 能根据话题和要求设计幼儿谈话活动方案，并进行试教。

素养目标

☐ 树立科学的幼儿语言教育观，能为幼儿选择多元的谈话形式提升幼儿的语言素养，促进幼儿全面发展。

☐ 在谈话活动主题的选择中，主动选择我国优秀传统文化和伟大建设成就等方面的内容，树立民族自信、文化自信。

☐ 在设计谈话活动方案时严谨细致，追求卓越，弘扬精益求精的工匠精神。

☐ 在谈话活动中重视幼儿教师的榜样作用，爱岗敬业，细致耐心，树立潜心培幼育人的理念。

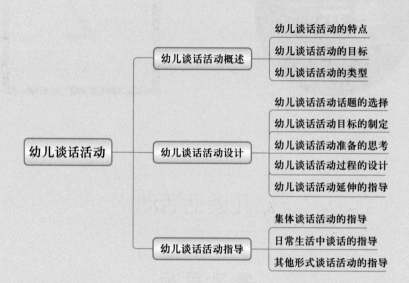

大多数幼儿在提起自己的爸爸时，常常会说"我的爸爸总是很晚才回家""爸爸在家总是什么都不做，一直躺在沙发上看手机""我爸爸力气很大，能把我举得高高的""我的爸爸可厉害了，能开大汽车"……为了让幼儿能更好地了解自己的爸爸，体会到爸爸的辛苦，感受到爸爸无私的爱，王老师组织了一次谈话活动"爸爸本领大"。王老师请幼儿从爸爸的外貌谈起，到爸爸的兴趣爱好，再谈爸爸的工作，最后谈爸爸对自己的爱。这样不仅让幼儿更全面地了解了爸爸，也激发了幼儿对爸爸的崇敬之情，让幼儿更深切地感受到爸爸对自己的爱，同时能引导幼儿学会向爸爸表达爱。

请根据案例思考：什么是幼儿谈话活动？幼儿谈话活动有哪些特点？应该如何有效地设计和组织实施谈话活动呢？

知识点1　幼儿谈话活动概述

谈话是以对话形式进行的语言交往，是帮助幼儿学习在一定范围内运用语言与他人进行交流的活动。幼儿谈话活动是教师有目的、有计划地组织幼儿围绕一定话题与他人进行交谈，学习交谈规则，培养倾听和轮流说话能力的教育活动。谈话活动是对幼儿已有知识经验的巩固，能引发幼儿对未知事物的探索兴趣，也是幼儿了解世界和周边环境的一种途径。

谈话活动是幼儿语言教育的一种重要的形式，能引导幼儿学会关注周围生活，激发幼儿与他人交谈的兴趣，学会倾听，及时从中捕捉有效的信息，能帮助幼儿学习谈话的基本规则，能让幼儿与同伴之间建立联系，分享他们共有的经验，促进幼儿建立良好的同伴关系。谈话是人们生活中非常普遍而又十分重要的活动，幼儿与人交往是从交谈开始的，谈话是幼儿运用语言与他人交流的最基本的方式，所以培养语言交往能力是谈话活动的关键。《纲要》明确指出："创造一个自由、宽松的语言交往环境，支持、鼓励、吸引幼儿与教师、同伴或其他人交谈，体验语言交流的乐趣，学习使用适当的、礼貌的语言交往。"《指南》建议："每天有足够的时间与幼儿交谈。如谈论他感兴趣的话题，询问和听取他对自己事情的意见等"。这就给如何开展谈话活动指明了方向。

一、幼儿谈话活动的特点

微课：
幼儿谈话活
动的特点

幼儿谈话活动在形式、内容、方法、途径等方面，具有其他活动所不能替代的功能和特点。

（一）谈话的中心话题具体、有趣

幼儿谈话活动是幼儿教师有目的、有计划、有组织地培养幼儿语言能力的一种教育活动，是围绕着教师精心设计的中心话题层层展开的。全体参与者共有的中心话题限定了幼儿交流的范围，主导着幼儿谈话的方向，使幼儿的交谈具有一定的讨论性质，促进幼儿谈话向纵深发展。例如，谈话活动"我的妈妈"，幼儿在教师为其创设的语言情境中，围绕"我的妈妈"这个话题进行逐层深入的交流，如妈妈的外貌、妈妈的兴趣爱好、妈妈的工作、妈妈对我的爱等，这样谈话活动就不会游离于话题"我的妈妈"之外。

教师设计的话题既要让幼儿有话可说，也要让幼儿保持较高的热情，积极参与谈话。具体来说，至少要符合以下三个要求。

1. 幼儿对中心话题有一定的经验基础

谈话的话题要从幼儿的生活经验出发来确定，应当是幼儿所了解和熟悉的内容，幼儿不仅要明白话题本身的意思，而且要具有与话题有关的知识经验，这样幼儿对话题才有"话"可说，才能形成交流和讨论的氛围，保证谈话活动能轻松、愉快地进行下去，完全陌生的话题将使幼儿无从谈起，难以进行。例如，"我和我的好朋友"这一话题是幼儿了解和熟悉的，而且在谈话过程中也能激发幼儿产生关爱家人、同伴的美好情感，幼儿谈论起来会兴致颇高，往往能畅所欲言，甚至会针对"如何与同伴友好相处"引发激烈的讨论。然而，如果话题是幼儿所不熟悉的"面粉的生产与加工"，谈话就很难顺利进行下去。

2. 中心话题要明确具体

谈话的话题要明确具体，以便更好地限定幼儿的谈话范围，让幼儿在一定方向的引导下，有针对性地进行交流，这样的谈话效率较高。相反，模棱两可、模糊不清的话题，会使人不知从何谈起，不知具体谈些什么，往往会导致东拉西扯、漫无边际地乱说，谈话的目的难以实现。如谈话活动"过春节"，主要是引导幼儿围绕中国传统节日——春节的由来以及春节的传统习俗自由交谈，既限定了谈话的范围，又指明了谈话的方向，同时也给幼儿留下了充分的自由交谈的空间。

3. 中心话题要有趣新颖

谈话的话题要能激发幼儿谈话的兴趣，调动幼儿参与谈话的积极性，是幼儿喜闻乐见的，具有一定的新鲜感。话题可以是首次提到的，令人感到新奇的；也可以是以一种特别的方式重新提到的，能够激发幼儿谈话的兴致，使幼儿精神振奋，乐此不疲地相互交流、沟通、争论、商讨。如谈话活动"我喜爱的小动物"，小动物是幼儿喜欢的永恒主题，幼儿对不同种类的动物充满好奇心和探究兴趣，这样的话题往往容易激发幼儿的兴趣，他们愿意和同伴交流、和老师一起分享。

（二）谈话的氛围宽松、自由

在谈话活动中，谈话的氛围和语境是宽松自由的，幼儿可以围绕自己感兴趣的中心话题自由地发表自己的观点、看法，可以从各自不同的角度，运用不同的语言方式表达对事物的认识与个人见解。受身心条件所限，幼儿不可能在语言表达中做到规范标准，依据《纲要》要求，要支持、鼓励、吸引幼儿与教师、同伴或其他人交谈，让幼儿体验语言交流的乐趣。宽松、自由的谈话语境主要从以下两个方面体现出来。

1. 从内容上，不要求幼儿的认识和观点保持一致

谈话活动中不强求幼儿有统一的认识，幼儿可以围绕中心话题发表各自认为合理的观点和认识，以及自己当时的真实感受和体会。由于幼儿的自身经验不尽相同，对事物的观察角度也不同，所以他们对同一事物的认识和看法也不会完全相同。教师在谈话活动中要尊重幼儿，不强求一致的认识和看法，而是重在营造一种积极表达和交流的良好氛围，鼓励幼儿积极参与到谈话活动中来。

2. 从形式上，谈话活动不特别强调语言规范

谈话活动主要目的在于鼓励幼儿交谈，主动交流自己的感受和认识，乐于与同伴分享经验，善于表达，但不强求他们一定要用词准确无误，句式完整，段落连贯。谈话活动重在为幼儿提供说话的机会，让幼儿想说、敢说、喜欢说，循序渐进地提高幼儿的语言感受力和语言表达能力，进而实现语言教育的目标（图2-1）。

图2-1 集体谈话活动中的幼儿自由交谈

（三）谈话的交流环境多元、广泛

谈话活动注重多元的信息交流，幼儿园的谈话活动突出强调幼儿运用语言与他人进行交流。多元性主要体现在以下三个方面。

1. 语言信息量较大

当幼儿围绕中心话题交谈时，思路相对开阔，但他们的语言经验各自有别，因此，承载这些经验内容的语言形式也比较丰富。

2. 交流对象范围相对较大

幼儿有时在全班面前谈论个人见解，有时在小组里与几个幼儿交谈，有时也与邻座幼儿或老师进行个别交谈。

3. 语言交流方式较多

可以是幼儿独自在集体面前谈论自己的观点，也可以是幼儿与其他同伴交谈、幼儿与教师交谈。因此，谈话活动是一种多方位的语言交流，它为幼儿提供的学习运用语言的机会，是其他活动所不具备的。

（四）谈话的素材丰富、多样

有了谈话的话题还要有可说的内容，让幼儿彼此能交谈起来，有话可说、有话能说，这个内容就是谈话素材。幼儿谈话所涉及的素材必须是幼儿知识经验范围以内的，取决于幼儿参观、游览、日常生活、教育活动、游戏、观看的电影或电视中所获得的知识经验。丰富的生活经验是幼儿语言表达的源泉与基础，幼儿的生活越丰富，知识与经验积累就越丰富；谈话的素材积累越多，谈话的内容就越丰富。同时，教师要引导幼儿对谈话素材进行丰富的感知。幼儿在日常生活中积累的语言素材有一定的随意性，如果对某个场所或某种事物只观察了一次，那么他所获得的印象知识也只是初步的、粗浅的，幼儿在谈话活动中便无话可说。只有当幼儿对某种事物或某种现象进行了多次观察，从不同角度比较细致地了解以后才会有话可谈，谈话素材才会更完整、丰富，幼儿谈话才能触及事物的本质特征。

拓展阅读

幼儿园谈话活动不可替代的教育价值（节选）

《指南》明确提出：幼儿在运用语言进行交流的同时，也在发展着人际交往能力、理解他人和判断交往情境的能力、组织自己思想的能力。除此之外，对幼儿而言，幼儿园谈话活动还具备以下价值。

拓展阅读：幼儿园谈话活动的教育价值及组织策略

第一，释放情绪、转换负面情感。"幼儿将负面情感转化为正面情感，需要激发智慧，付出努力与学会等待。"谈话活动可以帮助幼儿充分地释放心中的情绪，通过表达和对话更深入地认识自己，通过倾听和移情更细致地体察他人，从而通过有意识地自我努力、自我调整，更好地调节心情，转化负面情绪，甚至于包容他人的一些毛病。

第二，获取新信息。幼儿从与教师、同伴的谈话中，能获取自己所不熟悉、不知晓的新知识和新信息，接触到心中渴望的流行文化元素，既满足了自身求知的欲望，又能逐步超越个体的直接感知，扩展学习的范围。

第三，勇于并恰当表达主观见解。幼儿园谈话活动中，幼儿有比其他活动更多的表达和交流的机会，氛围也更加宽松、自由，他们将更有可能毫无顾忌地说出自己内心真实的感受和想法，而不用担心对错或者是否扰乱正常秩序。在大家各抒己见的氛围中，幼儿独立思考的习惯得以慢慢培养，恰当有序、有重点、有中心地表达自我的能力也得以慢慢提高。

第四，实现自我展示与自我完善。幼儿对自我完善非常感兴趣，而且还因为完善自我的过程而变得快乐和幸福。在幼儿园谈话活动中，幼儿可以满足表现自我、展示优点、获取自信的欲望，还可以通过教师、同伴的展示产生对某一事物和才能的兴趣，确定努力的方向和方面，不断进行自我完善。

如上所述，一方面，幼儿园谈话活动能让幼儿体验到交谈的乐趣，爱上交谈；另一方面，还能有效提高幼儿的语言运用能力，增强幼儿对环境的敏感度，发展幼儿的心理预备能力，促进教师与幼儿、幼儿与幼儿之间的互动。

[资料来源：马晓红. 幼儿园谈话活动的教育价值及组织策略：儿童节目《潮童天下》的启示 [J]. 陕西学前师范学院学报，2017（4）：94-98.]

二、幼儿谈话活动的目标

微课:
幼儿谈话活
动的目标

谈话活动要着重培养幼儿运用口头语言与他人交流的意识、情感和能力。在谈话活动中，幼儿的语言能力可得到以下几方面的发展。

（一）学会倾听，乐意与人交谈

倾听是幼儿感知和理解语言的行为表现。听是说的基础，只有懂得倾听、乐于倾听、善于倾听的人，才能理解他人表达的主要内容和倾向，才能更好地和他人进行语言交流。教师有目的、有计划、有组织的谈话活动，可以培养幼儿的倾听能力。

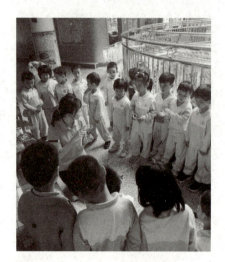

图2-2　幼儿认真倾听教师谈话

第一，有意识倾听。有意识倾听，就是指集中注意力倾听的能力。这就要求幼儿要有主动倾听他人谈话的愿望、兴趣、态度和习惯，当他人说话时能集中注意力耐心倾听，能主动倾听并理解他人谈话的信息（图2-2）。

第二，辨析性倾听。辨析性倾听，就是指在交谈过程中，幼儿能从倾听中分辨出不同的说话人、说话情境和内容特点。这就要求幼儿不但需要注意倾听他人的发言，还要注意把握主要信息，根据话题内容和他人的观点进行辨析，并做出一定的反应，适时陈述自己的意见和观点，从而使谈话活动的话题和内容不断地深入下去。

第三，理解性倾听。理解性倾听就是指掌握倾听到的主要内容的能力。这要求幼儿能在大量的日常交际活动和语言教育活动中，学会正确地理解语言，增强对不同语境中语言运用、语词排列等的敏感性。

（二）围绕主题谈话，充分表达个人见解

在谈话活动中，幼儿需要按照社会交往过程中约定俗成的方式进行交流，而谈话活动往往有一个中心主题，参与谈话的每一个幼儿都应围绕该主题表达个人见解，这也是谈话活动最基本的思路和方式。3岁以后的幼儿，自我中心语言逐渐减少，社会性语言不断增加，但是他们仍然需要通过练习来围绕一定的主题进行交流。谈话活动给予幼儿许多习得社会性语言的机会，能够让幼儿从对方或公众话题角度考虑问题，表达个人想法。同时，幼儿还要围绕中心主题扩展谈话内容，逐步深入地发表自己的见解，使谈话参与者充分表达各自观点，推动谈话的层层深入。

（三）掌握谈话的基本规则，提高交流水平

幼儿在学习谈话时，除了要掌握倾听和围绕话题交谈等一些直接与谈话有关的能力外，还要掌握语言交往的基本规则。这些基本规则可以保证幼儿正确地运用语言与人交流，使其谈话水平不断提高。如果违反这些基本的谈话规则，便会干扰谈话的正常进行，对人际交往造成不利的影响。

微讲座：
师幼互动促
进谈话核心
经验的发展

根据《纲要》对各年龄阶段幼儿提出的语言方面的培养目标，教师在组织谈话活动时，应为幼儿创造学习以下谈话规则的机会。

首先，用适合角色的语言进行交谈。幼儿会在不同的场合与不同的人谈话，比如，幼儿在与教师谈话、与父母谈话、与同伴谈话，或是个别交谈、小组交谈、集体交谈时扮演着不同的角色，要根据不同的角色选择不同的交流方式。这里所说的不同交流方式，包括使用不同语音、语调、音量、说话口吻和不同的组词造句方法，以符合当前说话语境的特点。这种角色和场景的变换有利于幼儿获得用适当语言进行交谈的敏感性。

其次，用轮流的方式进行交谈。谈话活动往往是在两人或两人以上的范围中开展的，这就要求幼儿逐步学会耐心倾听他人谈话，待他人把话讲完后再发表个人意见。两人交谈需要一一对应地轮流说话，多人交谈时需要按潜在的顺序逐个说话，这其实就是人与人交谈中的礼貌原则。很多幼儿对此没有意识，在和他人交谈时，常常会有抢着讲话、乱插嘴或光听不说的情况，使得谈话难以顺利进行。所以，教师在组织谈话活动时，要对幼儿提出明确要求，告诉他们要"认真听别人说话""别人说完你再说"，逐渐培养他们在谈话活动中轮流交谈的意识，养成文明的语言交往习惯。

最后，学会用修补的方式延续谈话。谈话活动往往会延续一定的时间，在谈话活动过程中，有时会出现谈话中断的现象，这就需要交谈的参与者具有修补谈话的意识和能力。所谓修补谈话，是指在谈话中出现听错或理解错误的情况时，为保证谈话信息传递的准确性，谈话者要进行及时的修正与补充。比如，在谈话时，发现他人没有理解自己的意思，就可以进行自我重复或自我确认，这是自我修补谈话的方法，即可以对自己谈话的内容进行再组织、重复等，让他人能够正确理解。他人修补是指在谈话活动中遇到不理解的情况，用提问、重复等方式来进一步了解信息。

三、幼儿谈话活动的类型

微课：
幼儿谈话活
动的类型

谈话活动的实质是通过一定的话题引发幼儿多方面语言交往的活动。教师要多为幼儿创设倾听和交谈的机会，用幼儿听得懂的语言与幼儿一起谈论他们感兴趣的

话题，要求幼儿注意倾听他人的谈话，并鼓励他们主动提问。幼儿谈话活动的形式是多种多样的，根据谈话活动内容和组织形式的不同，可以分为以下几种。

（一）集体谈话活动

集体谈话活动是在教师组织指导下，以集体教学活动形式进行，围绕同一话题

图2-3 幼儿集体谈话活动

不断拓展、深入，在活动过程中既有教师与幼儿的交谈，也有幼儿之间的交谈（图2-3）。集体谈话活动具有以下四个特点。

首先，参与范围广。集体谈话活动是指幼儿园中在小组或全班范围内开展的活动。集体谈话活动中，幼儿不仅要自己说，还要和同伴交谈、和教师交谈、在集体面前谈话，在充分的言语交往中，幼儿可以积累丰富的谈话经验，不断提高谈话能力。

其次，说与听的规则必须明确。在集体谈话活动中，如果缺少规则，就容易形成各说各话的情况，不仅难以进行有效的表达和交流，还会严重影响幼儿交际规则意识的形成。

再次，话题相对固定。幼儿在教师的指导下，要围绕一个相对固定的话题进行思考和想象，通过语言来表达和交流，而不能信口开河。

最后，语体风格相对正式。正式场合的语言表达与非正式场合私人间的语言表达在语体风格上有着显著区别，集体谈话活动中的谈话与日常生活中的谈话等其他形式相比，往往需要语体更庄重，遣词造句更准确、更规范。教师在各种类型的谈话活动中，也应该有意识地引导幼儿根据特定的情境合理运用不同的语体。

集体谈话活动是教师根据教育活动目标，经过精心准备，设计详细的活动方案，有目的、有计划地组织幼儿以集体形式开展的谈话活动。根据不同的标准，集体谈话活动可以分为不同的类别。根据谈话活动的指向和基本性质，集体谈话活动可分为回忆性谈话和概括性谈话。

1. 回忆性谈话

回忆性谈话指的是参观、观察或活动之后进行的谈话。在参观、观察或活动的过程中，教师可以有意识地引导幼儿学会观察、体验其中的细节，帮助幼儿积累经验，并引发为谈话话题。如六一儿童节后，教师可引导幼儿谈论节日所开展的活动、自己最喜欢的活动等。

2. 概括性谈话

概括性谈话指的是具有总结、概括特点的谈话活动。在幼儿对某种事物、现象进行系统而且多次地观察体验后，教师组织谈话活动，帮助幼儿将多次观察后获得的零碎知识和印象系统化，可发展幼儿的分析、综合能力。如谈话活动"五颜六色的秋天"，当幼儿通过各种方式感知秋天后，教师组织谈话活动，引导幼儿概括、总结秋天的特征等。

（二）日常生活中的谈话

日常生活环境是幼儿接触最多的环境，幼儿生活在其中并与他人互相沟通交流（图2-4）。日常生活中的谈话是发展幼儿口语的重要途径，它带有极大的情境性和感情色彩，也具有一定的真实性，其交谈内容丰富、形式多样，交谈不受时间、空间等的限制，交谈对象可以变换，交谈可以在任何情况下开始或结束。由于日常生活中的谈话具有较强的随意性、自由性、灵活性，所以容易吸引幼儿积极参加。日常生活中的谈话适合各个年龄班的幼儿。

图2-4　幼儿在日常生活中的谈话

连线幼儿园：大班幼儿之间的日常谈话（片段）

在一日生活的各个环节，如在早晨来园、晨间活动、盥洗、游戏、间隙活动、离园等环节，教师都可以根据不同幼儿的特点和实际出现的问题，有针对性地与幼儿进行交谈，解决相应问题并促进幼儿语言发展。交谈过程中，教师可以与一个或多个幼儿同时交谈，幼儿可以随时参加或退出谈话。

连线幼儿园：教师与小班幼儿之间的日常谈话

此外，教师还可以利用早餐、午餐、午休、游戏活动时间，为幼儿创设一个自由谈话的环境，围绕话题，采取"自愿参加，可以同时有多个话题"的原则展开谈话活动。这种谈话活动话题更自由、形式更活泼，可以是师幼间的谈话，也可以是同伴间的谈话或讨论等。如给幼儿园种植区的植物浇水时，教师可以就"节约用水"与幼儿进行交谈和讨论，如教师可以问"我们每天都用水来做哪些事呢？""如果没有水，我们的生活会是什么样子的？""在日常生活中，我们该怎样节约用水呢？"这样的谈话活动既能锻炼幼儿的语言表达能力，又能培养幼儿节约用水、保护环境的意识。同时，幼儿在谈话活动中也可以丰富知识，学会交往和合作。

（三）其他形式的谈话活动

1. 语言游戏中的谈话

语言游戏是以训练幼儿语言发展为目的的一种智力游戏。生动、有趣的语言游戏可以激发幼儿表达的欲望，丰富幼儿的词汇量，发展幼儿的语言表达能力，为幼儿提供更多运用语言的机会。比如，幼儿可以通过谈话等方式，协商解决与同伴在游戏内容、材料的选择以及游戏规则的制定过程中出现的矛盾冲突；教师可以通过谈话、对答等方式，提高幼儿语言表达的连贯性、完整性以及用词的准确性（图2-5）。

图2-5 表演游戏"跑跑镇"中的谈话

2. 区角活动中的谈话

在区角活动中，学习环境是开放而平等的，为幼儿提供多方位运用语言的机会。幼儿可自由选择区角与伙伴，自由地与同伴进行互动。如在区角活动中，幼儿可以通过谈话共同计划、协商、设计更有趣的活动方法，完成活动内容、角色的设定以及规则、背景和材料的安排等，可有效提升幼儿的语言表达能力（图2-6）。

3. 其他领域活动中的谈话

幼儿园的教育内容是全面的、启蒙性的。健康、语言、社会、科学、艺术五大领域的内容是相互渗透、相互贯通的，同时也是提高幼儿倾听与语言表达能力的重要途径。如美术活动中，幼儿可以通过谈话向教师及同伴交流自己的创作思路（图2-7）；科学活动中，幼儿可以相互交流自己的观察结果；社会活动中，幼儿可以通过相互交谈学习与人交往的规则和方法。

图2-6 建构区活动中的幼儿交谈

图2-7 美术创作前的幼儿谈话

知识点 2　幼儿谈话活动设计

　　幼儿谈话活动对幼儿的语言发展十分重要，有效开展和实施谈话活动必须基于良好的活动设计。谈话活动的设计与实施有其自身的结构特点，话题的选择、活动目标的制定等都要在活动设计的基本结构和组织开展中得到体现。

一、幼儿谈话活动话题的选择

　　谈话活动话题的选择是实现教育目标的手段，是将目标转化为幼儿语言发展的中间环节，也是活动设计和活动组织的主要依据。因此，谈话活动话题的选择是谈话活动设计的核心，如何选择谈话话题、选择什么样的话题就成了谈话活动中的首要问题。教师在选择谈话活动的话题时要遵循以下四个要求。

微课：
谈话活动话
题的选择

　　1. 选择幼儿感兴趣的、与生活紧密相关的话题

　　幼儿只有对中心话题具有一定的经验基础，才能有话可说，说得精彩。在幼儿的生活中，他们感兴趣的、熟悉的话题有：饮食类、娱乐类、游戏类等。也可以结合传统文化选择幼儿感兴趣的主题，如"家乡的小吃""我喜欢的木偶戏"等。但是要注意避免如"沙尘暴的形成过程"这一类幼儿较为陌生的话题，这类话题较难引发幼儿谈话的兴趣。

　　2. 选择有一定新鲜感的、与其他领域活动相互联系的、幼儿拥有丰富语言内容感知的话题

　　如幼儿通过健康领域活动"预防传染病"，了解了常见的传染病及日常生活中预防传染病的办法，提高了预防疾病的意识，教师就可通过语言领域开展谈话活动"传染病背后的故事"，在幼儿有了一定的认知与语言经验积累的基础上，引导幼儿结合自己的所见所闻谈

图2-8　教师与幼儿谈论"病毒放大后的样子"

论为了预防与控制传染病，医护人员付出的艰辛与努力（图2-8）。

　　3. 选择曾经交谈过的、幼儿仍有极大兴趣的话题

　　对于有些话题，幼儿是百谈不厌的，因为这些话题可以不断满足幼儿的想象。选择这样的谈话内容，可以让幼儿体验到更多不同的交谈经验，如"我喜欢的动画

片""我是孙悟空"等。

4. 选择偶发的话题

幼儿往往对突然发生的事情更感兴趣，有时还会因此打断正常的教育活动。教师应善于从偶发的事件中捕捉具有教育价值的话题，进行谈话活动。比如，在一次户外活动中，教师发现几个幼儿趴在墙角认真地观察着、讨论着，而且加入的幼儿越来越多。教师走过去发现，原来他们是在观察蚂蚁搬运食物，紧接着教师围绕"蚂蚁把食物搬到哪里去了""蚂蚁的家在哪里""蚂蚁有几只脚"等话题生成了一次语言与自然科学结合的谈话活动，幼儿参与谈话的主动性、积极性非常高（图2-9）。

图2-9　幼儿在认真观察小昆虫

二、幼儿谈话活动目标的制定

1. 活动目标要符合幼儿语言教育总目标的要求

幼儿谈话活动教育目标应该在《纲要》和《指南》的指导下，既考虑幼儿教育的总体要求，又考虑幼儿园语言教育的总目标，结合幼儿倾听与表达能力的发展、幼儿身心发展的特点以及谈话活动的特征，围绕情感态度目标、认知目标、能力目标三个维度制定。

2. 活动目标要符合幼儿年龄阶段特点

年龄阶段目标是总目标在各年龄阶段上的具体体现，也就是幼儿园对各年龄班幼儿语言发展提出的具体要求。教师在活动目标制定过程中，要结合活动内容及本班幼儿的语言发展水平，把年龄阶段目标分解、细化到每一次具体活动中。关于不同年龄阶段幼儿谈话活动的目标见表2-1。

表2-1　幼儿园谈话活动各年龄阶段目标

小班（3—4岁）	中班（4—5岁）	大班（5—6岁）
1. 学会安静地听别人说话，不随便插嘴。 2. 乐意倾听教师或同伴讲话，愿意在集体面前表达自己的需要和想法。	1. 学会用轮流的方式围绕一定话题谈话，不跑题。 2. 能集中注意力、耐心、安静地倾听别人谈话，不随便打断别人的话。	1. 能围绕话题谈话，会用轮流的方式交谈，并能用恰当的语言表达自己的情感，与同伴分享感受。

续表

小班（3—4岁）	中班（4—5岁）	大班（5—6岁）
3. 能在教师的引导下，围绕主题进行谈话，用短句表达自己的意思。 4. 喜欢和教师及同伴用普通话交谈。 5. 初步学习常见的交往语言和礼貌用语	3. 乐意与同伴交流，能大方地在集体面前说话。 4. 能用普通话较连贯地表达自己的意思。 5. 继续学习交往语言，提高语言交往能力	2. 认真地、积极主动地、有礼貌地倾听别人说话，根据谈话主题表述自己的意见或做出相应的反应。 3. 能主动、积极、专注地听别人谈话，迅速掌握别人谈话的主要内容，并从中获取有用的信息。 4. 能用普通话清楚、明白地表达自己的意思。 5. 逐步学习用修补的方法延续谈话，进一步提高语言交往能力

3. 活动目标要具有可操作性，避免过于笼统、概括和抽象

活动目标要具体、明确，具有可操作性，能指导、调控教师的教学过程。如大班谈话活动"快乐的五一"活动目标之一是："学会耐心倾听他人谈话，能清楚地同他人交谈自己五一期间所去地方的特色及其感受"。这个目标具体、明确，便于操作。如果换成"发展幼儿的语言能力"，这样就太笼统、太抽象了，在活动过程的操作中及检查活动效果时难以把握。

案例1　小班谈话活动：不怕冷的人

活动目标

1. 让幼儿知道哪些人不怕冷。
2. 在谈话活动中发展语言表达能力。
3. 乐于参与谈话活动。

案例评析

本次活动的三条目标表述都不恰当。首先，目标的主体不一致，目标一的主体是教师，没有突出以幼儿为主体。其次，目标二和目标三的表述过于宽泛，属于谈话活动的总目标，它的指向性不明确，针对性不强，缺乏与本次活动的话题的联系，以长期目标代替了具体活动目标，这显然是不合适的。建议改为：

1. 知道要安静倾听别人谈话，不打断别人说话。

2. 能够围绕"不怕冷的人"进行交谈，能用简短的句子谈论有哪些人不怕冷，在寒冷的环境工作。

3. 发现并感激在寒冷环境中辛勤劳动的人，愿意向他们学习。

案例2　中班谈话活动：我最崇拜的金牌人物

活动目标

1. 能用较完整的句子清楚连贯地谈论自己最崇拜的金牌人物。

2. 能围绕话题与同伴进行谈话，并从同伴的话语中获得新的经验和词语。

3. 具有热爱中国运动员的情感，初步树立民族自豪感。

案例评析

本目标的制定维度全面、主体一致，能突出以幼儿为主体；且目标的表述具体明确，操作性强，年龄阶段定位恰当。

目标一中的行为动词是"谈论"，是对幼儿表达行为方面提出的具体要求，所以本目标属于"能力维度"；从谈话活动的年龄阶段目标来看，本目标符合中班幼儿"能用普通话较连贯地表达自己的意思"，定位恰当。

目标二中的"能围绕话题与同伴进行谈话"，是对幼儿谈话能力方面提出的具体要求，属于"能力维度"的目标；而"获得新的经验和词语"，是对幼儿认知方面提出的要求，属于"认知维度"的目标；从谈话活动的年龄阶段目标来看，本目标符合中班幼儿"学会用轮流的方式围绕一定话题谈话，不跑题"，定位恰当。

目标三中提出"具有热爱中国运动员的情感""树立民族自豪感"，是对幼儿情感的培养方面提出的要求，属于"情感维度"的目标。

三、幼儿谈话活动准备的思考

为确保谈话活动的有效进行，活动前的准备工作要充分、周密，要使活动能按计划有序地进行，最终达成活动目标。

谈话活动的准备工作主要从三个方面展开。

（一）物质准备

实施谈话活动前，教师要准备好谈话活动所需的物质材料，通过提供充足的、适宜的物质材料，调动幼儿参与活动的兴趣和已有的生活经验，并在与教师、同伴、环境和材料的互动中愉快地发展语言。谈话活动的物质材料多种多样，可以是图片（纸质的或多媒体的）、实物、玩具、影像等，这些物质材料可以由教师自己制作，也可以购买，还可以由教师和幼儿一起制作，或是请幼儿从自己家里带来，例如全家福照片、旅游照片等（图2-10）。

| 幼儿自带少量糖果 | 老师准备多种糖果 | 不透明布袋 |

图2-10 谈话活动"好吃的糖果"物质准备

（二）经验准备

经验准备包括两个方面：一方面是教师要具备相关的知识经验。教师在开展每一个具体的谈话活动前，只有了解相关的知识，才能深入浅出地指导幼儿。当幼儿提出问题时，又能因势利导，给予适当的帮助。所以，教师除了平时积累知识外，在开展谈话活动之前，围绕话题查阅相关文献，广泛了解相关知识经验是非常必要的。另一方面是幼儿围绕谈话话题应具备相关的知识经验。如果幼儿缺乏谈话话题方面的知识经验，会在谈话活动中无话可说，不能积极地参与谈话。因此，教师在组织幼儿围绕中心话题进行交谈前，应组织幼儿观察、参观、与教师或家长一起查阅资料等，以储备谈话活动中所需要的知识信息。如进行谈话活动"春天来了"前，教师可以带幼儿到田野、草地、小河边感受春天，为幼儿提供生活经验的准备（图2-11）。

图2-11 带幼儿去春游，感受春天

（三）环境准备

环境准备是教师通过对活动场地的精心布置来营造幼儿谈话活动的积极氛围。如在进行谈话活动"有用的大树"前，教师用大树的图片、大树的叶子及果实等直观材料布置主题墙，为幼儿创设与大树相关的直观情境，调动幼儿参与谈话活动的主动性、积极性（图2-12）。

图2-12　谈话活动"有用的大树"环境准备

案例　大班谈话活动：有用的大树

活动准备

1. 物质准备

不同种类大树和森林的课件、图片；几种不同种类大树的树皮、树枝、树叶与果实。

2. 经验准备

幼儿与家长一起查阅有关树的资料，丰富有关树的知识。

3. 环境准备

用大树的图片、叶子及果实等直观材料布置主题墙。

四、幼儿谈话活动过程的设计

微课：
幼儿谈话活动过程的设计

谈话活动过程的设计包括开始部分、主体部分和结束部分，具体到每个环节设计要求如下。

（一）开始部分

开始部分即导入部分，目的是创设谈话情境，引出谈话话题。《纲要》中明确要求："发展幼儿语言的关键是创设一个使他们想说、敢说、喜欢说、有机会说并能得到积极应答的环境。"在谈话活动中，教师首先要创设一定的情境，激发幼儿的兴趣，开启谈话思路，让幼儿展开对话题的联想，进而为充分谈话做好准备。

导入的方式有很多，教师应结合谈话的主题进行选择。可以通过实物、语言、游戏、表演、故事、儿歌、悬念等方式创设情境，吸引幼儿的注意力，激发幼儿参与谈话活动的兴趣，引导幼儿进入学习状态。如谈话活动"祖国之最"，活动开始时，教师可出示中国地图，并提问"小朋友们看，老师在黑板上挂的是什么呀？"吸引幼儿的注意力，激发幼儿交谈的意愿。

（二）主体部分

主体部分又称基本部分、展开部分，是活动过程的重要组成部分，也是完成活动的主要过程。本部分要说明教学活动的环节和步骤，每个环节将采用何种教育方法、教育形式和教育手段等帮助幼儿达成活动目标。这一部分分配时间相对较多，设计时要求过程清晰。一般来说，幼儿谈话活动的主体部分可以分为以下三个环节。

1. 幼儿围绕话题运用已有经验自由交谈

引出谈话话题之后，教师要引导幼儿围绕话题进行自由交谈。在这个步骤中，幼儿调动与话题有关的知识储备，运用已有的知识经验与他人交流个人见解。同时，通过自由交谈的环节，教师可以了解幼儿现有的谈话水平和幼儿谈话的兴趣点，为下一个环节的活动做准备。设计和组织这一步骤的活动时，教师要充分发挥指导者和参与者的作用，为幼儿营造宽松、自由的谈话氛围；鼓励每个幼儿积极参与到活动中，同时也要关注幼儿个别差异；适当增加幼儿动嘴、动脑以及动手、动脚等其他操作活动的机会。

2. 教师引导幼儿逐步拓展谈话范围，引入新的谈话经验

在幼儿围绕中心话题自由交谈后，积累了一定的谈话经验，教师接下来要引导幼儿逐步拓展交谈内容，扩大谈话范围。在此环节，教师可以通过逐层深入的提问或启发的方式，向幼儿展示并帮助他们学习新的谈话经验，使幼儿的谈话水平进一步提高。所谓"新的谈话经验"包括新的谈话技能和谈话规则，一般会在活动目标中明确地提出，或是谈话目标的具体化，是幼儿要学习的谈话思路和谈话方式的总和。教师在设计组织谈话活动时，不应机械呆板地理解"谈话经验"，不能把一种句式或几个词汇的学习与新的谈话经验学习等同起来，应当根据语言教育的要求和谈话活动的特点，寻找新的语言经验与本次谈话活动目标的结合点，帮助幼儿掌握一定的谈话规则和交往方式。这一环节是谈话活动的重点和核心环节，在设计和组织时要注意以下两点。

（1）逐步拓展中心话题。一般来说，中心话题是沿着这样的顺序拓展的：对话题对象的描述和基本态度→为什么会有这种态度→对话题对象的独特感受。例如，谈话活动"我爱吃的糖果"中，幼儿从描述糖果（种类、形状）和对糖果的基本态度，拓展到谈论为什么会有这种态度，最后到谈论对糖果的独特感受。教师用这样的方式进行话题的拓展，可以帮助幼儿拓展思路或唤起幼儿的回忆和内心体验，在此基础上帮助幼儿学习新的交谈经验，进一步提高谈话水平。同时，这种话题的拓

展模式也给幼儿提供了一种谈话的思路，这种思路的习得，对他们有条理地讲述以及今后的读、写都是很有意义的。

（2）正确看待谈话技能、态度和规则的学习。教师在指导幼儿谈话活动过程中，应充分认识到谈话技能和谈话规则的掌握需要经历一定的时间，更需要幼儿多次练习。一次活动后就马上要求幼儿掌握某一种谈话技能，是不现实的。因此，教师在引导幼儿学习新的谈话经验时不要有急于求成、立竿见影的想法。另外，教师还应该认识到，每一次谈话活动向幼儿提供的新的谈话经验侧重点都会有所不同，同样的话题在不同的年龄班级应有不同的要求；在同一个班级的同一次谈话活动中，也应根据幼儿的个体差异性提出不同的要求。

3. 开展相关活动巩固新的谈话经验

本环节的主要作用在于帮助幼儿巩固和升华新的谈话经验。教师可以采用的方式多种多样，如语言归纳、表演、游戏等，只要有利于幼儿巩固所学内容，有利于他们形成正确的思想认识，各种方式都可以在活动中尝试运用。

（三）结束部分

结束部分是活动的最后环节，可以是教师对知识与经验的归纳总结，也可以是对幼儿活动表现的评价；可以是对幼儿提出经验扩展迁移和运用的要求，也可以是通过游戏等方式进行活动内容的练习等。结束部分的时间不宜过长，设计时要注意渲染气氛，激发幼儿再次参加活动的意愿和动机。

在活动设计中，开始、主体和结束三个部分是教师在进行活动设计时脑海中所构建的活动过程总体结构框架，在过程设计的描述文本里可以不直接出现"开始""主体""结束"的文字表述，而是应把描述重点放在具体环节的名称及其详细过程展开的设计方面。同时，还要注意的是，在幼儿谈话活动的设计中，教师要将所制定的活动目标和重难点在活动过程中加以凸显和解决，如进行某个环节内容的重点观察、重点设疑、重点分析、重点讲解，而不是蜻蜓点水般地将每个活动环节都过一遍。

五、幼儿谈话活动延伸的指导

活动延伸是教师对后续活动的设计，即活动后为巩固和迁移所学的知识经验，为维持和激发幼儿再次探索的持久兴趣，而计划在本次活动后继续开展的活动设计，即延伸出去的活动。对于活动的延伸部分，教师一般只设计后续活动的名称或总体要求，并不专门占用本次活动的时间开展，也不安排幼儿在本次活动中进行操作。谈话活动的延伸活动是将学到的新的语言经验进行迁移和巩固，也是对谈话内容的迁移和延伸。一般可以在教学活动之后的区角游戏或其他领域活动中进行，也可以让幼儿回家后与父母一起完成。

第一，区角活动。可充分发挥阅读区、表演区等活动区角对谈话活动的延伸作用。如在开展谈话活动"最可爱的人"后，请幼儿到活动区角扮演自己心目中的"最可爱的人"。

第二，领域渗透。五大领域的教育活动是相互渗透的，教师应充分利用各领域的教育活动，巩固与中心话题有关的知识。如开展谈话活动"未来的交通工具"后，可设计科学领域活动"各种各样的交通工具"，通过观察、比较各种交通工具的主要特征及不同用途，了解它们与人们生活的关系，丰富幼儿对交通工具的认识，学习交通安全知识，树立交通安全意识。

第三，亲子活动。请家长配合，充分利用和孩子相处的一切时机，与孩子进行与中心话题有关的交流，不仅可以提高孩子的对话语言能力，而且有助于加深亲子之间的感情。如开展谈话活动"不同民族的服装"后，父母和孩子一起深入了解本土民族的服装特点以及风俗习惯。

案例　大班谈话活动：我要上小学了

设计意图

大班下学期，"毕业"是家长和孩子们最关心的话题。我们经常听到孩子们谈论："邻家哥哥上小学了，他每天要做好多作业。""听说小学不好玩，我想一直上幼儿园。""小学是什么样子的？""上小学要做些什么呢？""小学老师会不会很凶啊？"而家长们关注的重点则是："我的孩子上小学能适应吗？""该为上小学做哪些准备？""送孩子去哪所小学好呢？"

基于这些热点问题，并根据家长和孩子都能参与的实际情况，我设计了亲子谈话活动"我要上小学了"。活动整合了语言、社会等领域内容，通过提问、对话、平行谈话、小组交流等形式，多方互动，充分发挥谈话活动的开放性特点，在提高幼儿口语表达能力的同时，也解决了大家心中的疑虑，让幼儿体验成长的快乐，有上小学的愿望，树立上小学的信心。

活动目标

1. 敢在众人面前说话，能围绕话题进行表达。
2. 体验成长的快乐，知道要上小学了。
3. 了解小学生活，有上小学的愿望，树立上小学的信心。

活动准备

1. 课件准备：谈话提纲、《小学生的一天》视频。

　　2．经验准备：活动前与父母一起谈论我想上小学的话题。

　　3．其他准备：谈话节目环境布置，邀请幼儿家长参与活动。

活动过程

一、以节目开场导入，激发谈话兴趣

　　师：有话大家说，越说越快乐。观众朋友们大家好，欢迎来到"有话大家说"节目。我是主持人燕子。又是一年毕业季，又是满园桃李香。本期节目让我们一起将目光投向年龄最小的毕业生——可爱的幼儿园孩子们。

　　师：即将结束三年的幼儿园生活，马上要上小学了，孩子们和爸爸妈妈们都准备好了吗？掌声欢迎我们今天的特邀嘉宾：大四班的孩子们和家长朋友们！（播放入场音乐）

　　（评析：活动运用谈话节目的形式，开门见山地向幼儿及家长交代谈话主题，形式新颖，主题突出，让谈话氛围显得更加轻松、自然且具有新鲜感。）

二、围绕话题谈话，体验成长的快乐。让幼儿了解小学生活，并向往上小学

（一）围绕"幼儿园的美好回忆"谈话，体验成长的快乐

1．幼儿园里快乐多：回忆幼儿园生活，谈谈幼儿园的快乐趣事。

　　师：你们都是大班的孩子，上了几年幼儿园？在幼儿园过得怎么样呀？快乐吗？说说看，在幼儿园，你们最快乐的事情是什么？

　　（评析：谈话伊始以幼儿园的快乐趣事为话题，既为幼儿熟悉同时又有新鲜感，让幼儿在已有经验的基础上有话可说，从而对谈话产生兴趣，自然进入谈话活动。）

2．我的变化真正大：与家长一起谈谈幼儿的变化与进步，体验成长的快乐。

（1）幼儿谈自己的变化与进步。

　　师：宝贝们的幼儿园生活真是丰富多彩，让我看到了你们的点滴进步与成长。说说看，你们的变化和进步还有哪些？

（2）家长谈孩子的变化与进步。

　　师：刚才，爸爸妈妈们也在仔细聆听孩子们的发言，下面请你们来说说孩子们现在最让你们感到欣慰的是什么？

　　（评析：大班幼儿自我意识有了明显的发展，自我评价开始从个别性评价向多面性评价发展，在谈及他们的变化和进步时不仅谈到了外显的身体变化，更谈到了认知、能力、情感等方面的进步。此环节可以增加家长的互动交流，在倾听家长的谈话中，充分感受成长的满足与快乐，为谈上小学的话题做好铺垫。）

（二）围绕话题"我心中的小学生活"交流，了解小学生活

1．小学生活大不同：谈谈小学与幼儿园的不同，初步了解小学生活。

　　师：孩子们，还有一个多月，你们就要从幼儿园毕业，去上小学了。小学与幼儿园有哪些不一样呢？把你们所知道的告诉大家吧。

（评析：通过运用"延伸""比较"的方法将幼儿园生活与小学生活进行比较，有效拓展了谈话内容。在与同伴、教师的互动交流中，初步获得了关于小学生活的一些信息。）

2．我想知道的也很多：与家长亲情对话，进一步了解小学。

师：通过刚才的谈话，看来你们对小学生活已经有了一定的了解。是啊，小学生活与幼儿园生活区别可大了，你们还想知道关于小学的哪些事情呢？下面咱们就和爸爸妈妈们来一场亲情对话，把你心中想知道的问题向爸爸妈妈提出来，让他们告诉你们，好吗？

（评析：谈话活动是在多方交流中获取信息的活动，前面环节有同伴、教师间的信息交流与补充，此环节与家长的亲情对话，不仅让孩子们获得了更多小学生活的信息，消除了心中的疑虑，而且让孩子在与家长的互动中提高了交流语言的运用能力，谈话活动也进入热烈场面。）

3．小学生的一天：观看视频，全面了解小学生活。

师：一场快乐对话让我们对小学生活有了初步了解，那么小学生活究竟是怎样的？接下来，我们通过一个短片来了解一下吧。

（评析：视频立体展现了小学生活的多姿多彩，让幼儿直观了解小学生活的特点，为后面的深入谈话留下足够的思考和探索空间。）

（三）讨论"我为上小学做准备"，有上小学的愿望

幼儿与家长一起分组讨论：上小学的准备。

师：看完了视频，你们觉得小学生活怎么样？想上小学吗？做好上小学的准备了吗？上小学都要做哪些准备呢？接下来，我们将分成四个小组进行讨论，也请爸爸妈妈们参与进来，一会儿由一个小朋友作为代表将你们的讨论结果告诉大家。

（评析：在教师与幼儿、家长与孩子、幼儿与同伴交谈等形式中引导幼儿在小组和集体范围内自由发言，一方面增加了每个幼儿充分表达的机会；另一方面鼓励支持他们梳理思路、相互评价、总结谈话内容，把幼儿分散的语言集中到统一的话题上来。在养成良好倾听习惯，学习不同谈话方法的同时，也丰富了新的谈话经验，提高了语言表达能力。）

三、集体宣誓，树立上小学的信心

师：刚才你们的发言，让我感受到了你们上小学的愿望和信心，在这里，我也希望小朋友们从现在开始，慢慢放开爸爸妈妈的手，学会独立、学会自理、学会坚强、学会承担，做一个快乐自信的小学生！你们能做到吗？

下面，请全体小朋友起立，让我们大声说出心中的誓言：

少年智则国智，

少年强则国强，

少年进步则国进步，

少年雄于地球则国雄于地球。

亲爱的老师、爸爸妈妈，

祖国的明天，等待我们努力开创！

我们要成长为勇敢坚强、有责任、有能力的新一代！

（评析：教师用激昂的语言带领幼儿集体宣誓，从内心深处激发幼儿上小学的愿望和信心，谈话活动在师幼振奋激动的情绪情感中圆满结束。）

［资料来源：覃艳蓉，周芙蓉．我要上小学了［J］．今日教育（幼教金刊），2017，（2）：48-49．］

知识点3　幼儿谈话活动指导

各种类型的谈话活动都要围绕谈话活动的目标，从培养幼儿对谈话活动的兴趣入手，选择恰当的谈话内容，并根据幼儿思维、情感特点以及谈话活动的特点，创设宽松、自由、充满乐趣的谈话氛围，让幼儿能自信、积极、大胆地交谈。

一、集体谈话活动的指导

微课：
集体谈话
活动的指导

集体谈话活动有明确、具体的语言教育目标，也有详尽的活动计划，对幼儿的语言表达要求较高，要求语体较为庄重，遣词造句较为准确、规范。教师在组织指导集体谈话活动时要注意以下几点。

首先，巧选话题，让幼儿有话可说。选择一个合适的话题是谈话活动成功的前提条件。谈话活动前，教师要选择一个明确的、幼儿感兴趣且有经验基础的话题，便于幼儿围绕中心话题积极、主动地交谈。

其次，营造氛围，让幼儿有话愿说。营造宽松、自由的谈话氛围是谈话活动顺利进行的保证。在活动开展的过程中，教师要允许幼儿围绕话题自由地发表意见和看法，像朋友一样真诚平等地与幼儿交流，耐心倾听，不断鼓励，让幼儿在宽松、自由的氛围中有话愿说（图2-13）。

最后，正确引导，让幼儿有话会说。教师要善于发现幼儿在交谈过程中的闪光点。如果幼儿在交谈过程中使用了精彩的词语，或者表现出良好的倾听习惯并积极

图2-13　集体谈话活动中教师认真倾听幼儿谈话

参与交流，教师要及时给予肯定和表扬。教师还可以通过同伴间的相互学习、教师的规范语言等感染幼儿，帮助幼儿掌握表达和交流技巧，不断提高语言运用能力。

（一）回忆性谈话活动的指导

幼儿通过日常生活和各种教育活动，可以获得各种各样的知识经验，特别是在幼儿园中，教师经常组织幼儿进行参观或观察等活动，丰富幼儿对自然和社会生活的感知。但是，幼儿的思维水平和认知水平比较低，分析和综合能力差，他们所获得的认识和经验往往是零碎的、片面的、肤浅的、不完整的，有时还可能是错误的理解，这就需要经过某些教育活动将幼儿这些零散的知识系统化，语言教育中的回忆性谈话活动能较好地完成这一任务。

在回忆性谈话活动中，幼儿在教师的组织下，进行一定主题的交流和补充，将自己在参观或观察中的印象进一步扩大、丰富。在观察过程中，每个人所关注的重点不太一样，幼儿注意的角度也不同，因此，观察后的相互交谈可以对其有限的认识进行补充、完善。而且，在参观或观察时，幼儿不可能将各方面内容都记得清清楚楚，这就需要大家一起回忆，相互补充，在关键的地方，还需要教师进行合理的引导。在巩固这些所观所感的印象时，教师还要帮助幼儿学会分析，培养一定的情感态度和价值观。如在参观博物馆后的谈话活动中，要求幼儿按照参观的顺序，谈论给自己印象较深的展品，教师对幼儿的提问和引导就需要按照参观的顺序提出，要求幼儿既要谈参观的过程，又要谈自己喜欢的展品及背后的故事，同时激发幼儿爱家乡、爱祖国、爱自然的情感（图2-14）。具体实施时，教师

图2-14　幼儿参观自然博物馆

可以提这样的问题：你是怎么去博物馆的？到博物馆后你看见了什么展品？你喜欢哪些展品？为什么喜欢这些展品？你知道了哪些故事？看到博物馆里有这么多有价值、有故事的展品，你的心情是怎么样的？

（二）概括性谈话活动的指导

概括性谈话活动指幼儿在对某个事物或某种现象进行观察了解后，教师组织的谈话活动，概括、总结出事物或现象的共同属性，帮助幼儿把零散的印象变成系统的认识。概括性谈话活动可以培养幼儿的观察力、记忆力和概括总结能力，同时可以在幼儿动手、动脑、动口的过程中，提高幼儿的语言表达能力和动手操作能力（图2-15）。

图2-15　幼儿在认真观察自然角

一般在谈话结束时，教师会通过概括性谈话进行简短小结。教师在小结时，尽量简短，不要占用太长时间，否则幼儿注意力会分散。除了总评一下幼儿的谈话情况，还要对谈话的内容做一个小结，帮助幼儿整理通过谈话获得的知识经验，使得他们对谈话的主题有明确完整的印象。小结的形式不限，教师可以用语言来表达，也可用儿童诗或儿歌等形式来概括谈话活动的内容。

比如，在谈话活动"秋天的印象"结束时，教师用一首《秋天好》的儿歌对谈话内容进行小结，"秋天好，秋天好，秋天什么好？秋天天气好，不冷不热真凉爽，遍地菊花都开放。秋天好，秋天好，秋天什么好？秋天收成好，棉花稻子堆成山，蔬菜水果吃不了。"

概括性谈话主要是针对教育内容的概括、总结和提升，因此不仅语言教育活动中有，其他领域的活动中也有，特别是科学领域的活动。科学教育活动中概括性谈话的目的在于帮助幼儿巩固、加深对相关科学内容的认识，其作用和主题谈话活动的作用相似，都能促进幼儿认知方面的发展。而且，各领域活动之间在内容上存在着相互渗透、相互联系的特点。如谈话活动"我喜欢春天"和科学认识活动"关于春天的认识"的概括性谈话，在内容上是相互渗透的，都要涉及春天的天气特征、景象和人们的活动等内容。不同点主要体现在具体活动的侧重点上，谈话活动侧重于幼儿语言表述、交谈能力的培养，而科学认识活动则侧重于幼儿对科学知识的理解认识。

二、日常生活中谈话的指导

日常生活中的谈话和集体谈话活动相比，在时间、空间以及话题内容等方面更灵活、更自由，但也离不开教师的组织与引导。教师在组织指导幼儿日常生活中的谈话时要注意以下几点。

1. 多为幼儿提供自由交谈的机会

在幼儿园一日生活的过渡环节或者区角活动时段，是幼儿自主交流的最好时机，因为在这些时间里幼儿是相对自由的，他们也总是有许多话想跟教师或同伴交流。教师要允许并鼓励幼儿自由交谈、发表意见，提供师幼之间、幼幼之间充分交流的机会，让幼儿在平等、轻松的环境中，消除压抑、紧张、胆怯的心理，保持轻松愉快的情绪，尽情地表达心中的感受，畅所欲言，促进幼儿语言能力和社会交往能力的发展。如在幼儿洗手的排队环节，可引导幼儿与同伴交流正确的洗手方法、洗手的注意事项以及洗手对身体的好处；在餐前的等待环节可让幼儿交流自己喜欢吃的食物等。

2. 以幼儿感兴趣的内容调动其交谈的兴趣

幼儿对生活充满了好奇，生活中有很多事物会引发他们的兴趣和探究愿望，教师可拟定一些幼儿感兴趣的开放性话题，在一日生活的空余时间组织幼儿交流和讨论（图2-16）。交流的话题可以涉及季节、节日、情感、近期发生的大事等，如冬天带来了什么变化，春节是怎么过的，还可以谈论幼儿在家的生活和学习情况，谈论正在做的游戏、正在玩的玩具，谈论来园途中的新发现，谈论假期发生的有趣的事情，谈论喜欢看的动画片、喜欢玩的游戏或物品、喜欢吃的食物，谈论自己的朋友和爸爸妈妈等。

图2-16 幼儿在谈论"雪"

拓展阅读

如何拓展中班幼儿不同类型晨间谈话的内容

一、主题式晨间谈话

1. 主题性的主题式晨间谈话

这种类型晨间谈话的内容可结合当前班级内正在开展的主题活动深入挖掘。例如，

微课：
日常生活中
的谈话指导

拓展阅读：
中班幼儿晨
间谈话的课
程价值研究

在班级主题活动"小乌龟，你好"中，教师可在晨间谈话时请某一幼儿介绍一下自己带来的乌龟，再让其他幼儿根据他的描述观察乌龟的生活习性等。

2. 阶段性的主题式晨间谈话

这种类型晨间谈话的内容具有阶段性，通常涉及季节的更替、节气的变化、幼儿区域游戏的内容等。例如，在建构活动"家乡的公园"中，教师可以让幼儿对其他幼儿的建构结果进行评价和总结，阐述自己的看法和观点，丰富自己即将要进行的下一步建构活动的内容和方法，在建构中获得成长。

3. 长期性的主题式晨间谈话

这种类型的晨间谈话持续时间较长且内容细碎，可以每天进行。这种看似模式化的晨间谈话实则内容多变，例如，"天气预报"活动。每天的天气都不同，幼儿在关注天气时会发现季节变化带来的温度、周围环境的变化。教师可带领幼儿通过多种感官感知周围环境变化，再通过语言表达获得认知经验。

二、问题式晨间谈话

1. 偶发性问题式晨间谈话

这种类型的晨间谈话是难以预料的，出现频率较低，但又有话题性。例如，深秋时节，户外活动时，幼儿在种植地里发现了被咬死的兔子，幼儿对死掉的兔子进行了讨论：小兔子被什么咬死了？兔子死了人们可以为它做什么？教师可以利用一个偶发性事件展开晨间谈话。

2. 随机性问题式晨间谈话

这类晨间谈话来自日常生活，例如，幼儿在进行区域游戏时，两名幼儿之间出现相互抢夺玩具或角色冲突的问题，教师可通过晨间谈话引导幼儿讨论规则。又如，教师发现幼儿有好的创意，就可以通过谈话活动让幼儿进行分享。

3. 目的性问题式晨间谈话

这种类型的晨间谈话是教师有目的、有计划地进行的。例如，教师可结合疫情时家长无法入园入班接送幼儿，幼儿需要自己进班的背景，通过晨间谈话与幼儿谈论进班级要注意什么、应该怎样做好防护等问题，通过这样的谈话帮助幼儿获得成长。

总之，教师是晨间谈话的组织者，是谈话内容的发起者，是经验的总结者，而谈话的真正内容和经验的获得者是幼儿。因此，教师要合理地分配与设置谈话的内容和时间，满足幼儿的兴趣和好奇心，激发幼儿对晨间谈话的主动性。

（资料来源：翟琳琳. 中班幼儿晨间谈话的课程价值研究［J］. 教育观察，2021（5）：47-78.）

3. 认真倾听并积极引导幼儿谈话

教师要认真倾听幼儿讲话，让幼儿感受到教师的尊重，从而更加积极地表达。在与幼儿个别交谈时，教师要蹲下来，看着幼儿的眼睛，及时对他们的话语做出回应。此外，教师还应该通过谈话挖掘出幼儿想说的话，可多问一些"为什么"，如"你觉得是什么样子""你喜欢什么""你是怎么想的"，引导幼儿充分表达自己的思想和意愿。当幼儿在谈话的过程中出现说话不清楚、表达不准确的情况时，教师不应指责幼儿，而应积极引导幼儿把话说清楚。

4. 给予幼儿正确的语言示范

幼儿早期缺乏语言识别能力，他们的语言是在倾听和模仿成人的语言中得到发展的。所以，如果没有正确的语言示范，幼儿的语言就得不到良好的发展。教师清晰悦耳的语音，生动优美的语句，抑扬顿挫的语调，都为幼儿起到了正确的语言示范作用。

三、其他形式谈话活动的指导

（一）语言游戏中的谈话指导

语言游戏可以帮助幼儿按一定规则进行口语表达练习，提高口语表达能力；使语言交往环境变得更加轻松、愉悦，更好地发挥幼儿学习的主动性和自主性，提高幼儿的倾听与表达能力；为幼儿创设学习快速敏捷反应的语言运用能力的情境，有利于幼儿体验语言交流的乐趣和提高语言运用的能力，实现教师与幼儿的有效互动。

微课：
其他形式谈
话活动的指
导

不同类型的语言游戏侧重点不同，能从不同角度体现出幼儿的语言面貌。教师要在语言游戏中做"有心人"，关注幼儿的参与情况和语言表达情况，抓住教育契机，随时随地以针对性的谈话进行教育。另外，在语言游戏中，教师要利用可能的机会和条件采取谈话交流的方式，对幼儿语言发展中发音不准、用词不当、连词成句错误等现象给予纠正。例如，在进行描述性游戏"猜猜他是谁"的过程中，教师发现幼儿对同伴的描述有不准确或用词错误的情况，如描述同伴"又高又矮""又胖又瘦"，教师可针对"高""矮""胖""瘦"等不同的人物外形特点与幼儿展开谈话。

在这样的谈话活动中，教师发现幼儿的表述不当，谈话的主题随即生成。谈话过程中，教师和幼儿针对描述同伴"又高又矮""又胖又瘦"进行交谈，引导幼儿学会用准确的词语描述人物的外形特点。通过这样的谈话，幼儿不仅能理解词汇意思并学会正确使用，还能进一步学习描述人物的方法。

（二）区角活动中的谈话指导

在区角活动中，幼儿有着较强的自主性，可以自由地开展活动。这也是一个相对宽松、自由的交流环境。在这个环境中，幼儿可以通过倾听、表达、交流等方式将所学的知识与经验进行整合，在反复运用中提升语言表达能力。教师要鼓励幼儿相互谈话，并利用巡回指导的机会引导幼儿扩展谈话的内容。

图2-17　幼儿在语言区中交谈

如在图书角的活动中，在幼儿阅读完一本书后，教师引导幼儿相互交谈，讲述书中的故事情节，并对一些词语及时进行解释，帮助幼儿不断地丰富词汇，为开展谈话活动打好基础（图2-17）。在区角活动中，教师要鼓励幼儿积极参与，要关注幼儿的个别差异，适时、适度地进行有效指导。

（三）其他领域活动中的谈话指导

发展幼儿的语言能力不能仅局限于语言教育活动中，教师应具有课程整合的理念，把语言领域的目标渗透到各个领域的活动中。幼儿园各领域活动的培养目标和内容各不相同，但每个领域的活动都需要语言作为交流工具，因此，可以在其他领域的活动中注意培养幼儿的语言表达能力，提高幼儿的交谈技能。

１. 科学领域活动中的谈话指导

在科学领域的活动中，教师可以有意识地培养幼儿表达和讨论交流的习惯。当幼儿经过自己的探索发现某一现象或者规律时，往往会有比较强烈的表达意愿，这个时候，教师就需要鼓励幼儿大胆地跟同伴或教师进行分享、交流。例如，在科学领域"物体的沉浮"活动中，教师可以借助大家都观察到的沉浮现象，帮助幼儿理解"沉"和"浮"的科学概念，并鼓励幼儿主动与同伴讨论物体在什么情况下会沉下去，什么情况下会浮起来，在科学目标达成的同时，提高幼儿的口语表达能力和交流能力（图2-18）。

活动方案：中班科学区谈话活动"小小发明家"

图2-18　科学领域"土豆浮起来了"活动中的谈话

２. 艺术类活动中的谈话指导

音乐、美术等艺术活动中也可以培养幼儿的语言倾听和沟通能力。教师在活动过程中要引导幼儿既认真倾听教师的讲解、示范以及活动要求，也要学会用语言表达自己对作品的理解，以及说明、介绍自己的作品。例如，美术活动中，教师可以与幼儿一起"边说边做"，"妈妈的眼睛是什么样的呢？大大的眼睛。""妈妈的头发是什么样的？长长的头发。"……在这样的师幼对话中，幼儿学习"妈妈"的画法。同样，幼儿在完成作品后也可以与教师或同伴交流自己的作品。在这样的语言互动中，幼儿既学会了画"妈妈"，也能提高语言表达能力。

3. 社会、健康领域活动中的谈话指导

社会、健康领域的活动也是培养幼儿语言倾听和交流能力的重要途径。在这两个领域的活动中，教师要引导幼儿集中注意力倾听教师布置的活动任务，并用语言表达自己的感受和认识，理解语言与其他活动内容之间的相互关系，学习运用语言促进相关领域知识的掌握和能力的提高，提高学习效率。如社会领域活动"学会礼貌用语"，教师引导幼儿在故事与情境中学说"请""您""你好""谢谢（别客气、不用谢）""对不起（没关系）""再见"等礼貌用语，不仅能让幼儿学习如何做一个懂礼貌的好孩子，还能培养幼儿文明的语言习惯。

案例
分析

活动案例1

中班回忆性谈话活动：快乐的生日

内蒙古鄂尔多斯市东胜区康和丽舍幼儿园　杨巧梅

教学活动
现场：
中班回忆
性谈话活
动"快乐的
生日"

活动目标

1. 乐意向老师和同伴谈论自己过生日的情景，表达自己愉快的心情。

2. 能认真倾听同伴的谈话，会从同伴的话语中学到新的经验和词语。

3. 感受大家对自己的关心爱护，有热爱父母的情感。

活动准备

1. 物质准备：生日蛋糕模型、音乐《生日歌》。

2. 经验准备：幼儿有过生日的经历；幼儿会唱《生日歌》。

活动过程

一、创设谈话情境，引出话题

师：老师给大家带来一个礼物，猜猜是什么？出示生日蛋糕模型。

提问：你在什么时候会吃生日蛋糕？你的生日是哪一天？过生日时，你的心情是怎样的？

教师引导幼儿回忆过生日的情景，提出与生日有关的话题：你的生日是什么时候？爸爸妈妈是怎样给你过生日的？大家都为你祝贺生日，你的心情是怎样的？

二、引导幼儿围绕话题自由交谈

幼儿自由结伴进行交谈，向同伴清楚地介绍过生日时都有谁为自己庆祝？他们是怎样为自己庆祝的？过生日时自己的心情是怎么样的？或者向同伴介绍在家里爸爸妈妈送给自己什么礼物，说了哪些祝贺的话，带自己到什么地方玩儿过。

教师提醒幼儿：围绕话题相互交流，不随便打断别人的话，积极参与交谈。

三、集中谈话，引导幼儿进一步拓展话题

1. 请几个幼儿在集体面前围绕教师上一阶段提出的问题分享自己过生日的经历。

要求：分享的幼儿尽量表述完整；其他幼儿要认真地倾听同伴的分享，并从中学到新的经验和信息。

重点让幼儿谈谈自己过生日时，心里是怎么想的，有什么感觉？帮助幼儿体会他人对自己的关心和爱护。

2. 通过提问，为幼儿提供新的谈话经验。

提问：你觉得你的爸爸妈妈爱不爱你？爸爸妈妈那么爱你，如果你的爸爸妈妈过生日，你准备怎样为他们过生日？

教师引导幼儿围绕问题展开交谈。

四、小结

对幼儿能大胆分享自己过生日的经历表示肯定，希望幼儿能理解亲人和朋友对自己的关心爱护，知道要热爱自己的爸爸妈妈及亲人、朋友，学会做一个懂得感恩的人，爸爸妈妈、亲人、朋友过生日时，我们也要给他们送上一份生日惊喜。

为爸爸妈妈唱《生日歌》，结束活动。

活动延伸

手工制作活动：给爸爸妈妈做生日礼物。

案例评析

活动内容评价：本次活动选择"过生日"为中心话题，与幼儿生活紧密相关，幼儿有一定的经验基础，有话可说；而且幼儿对过生日的情境往往印象深刻，很感兴趣，有话愿说。

活动目标评价：活动目标以幼儿为主体，维度全面，活动目标的表述具体、明确，可操作性较强。

活动准备的评价：从物质材料和经验两方面进行了准备，准备比较充分；还可以补充幼儿过生日时的照片或收到礼物的照片。

活动过程与方法的评价：以实物导入活动，有利于创设良好的过生日的情境，也能激发幼儿谈话的兴趣；教师通过自由谈话、集中谈话、提问等形式逐步拓展谈话的范围，可帮助幼儿学习新的谈话经验。

活动效果评价：在活动过程中，教师给了幼儿充分的交谈、表达的空间，另外教师也以隐性示范的方式为幼儿提供了新的谈话经验，活动效果良好。

活动案例2

小班概括性谈话活动：这是什么

内蒙古鄂尔多斯市东胜区康和丽舍幼儿园　韩敏

教学活动现场：小班概括性谈话活动"这是什么"

活动目标

1. 通过多种感官深入了解南瓜的颜色、形状、硬度、内部结构等。
2. 能清楚地说出南瓜的形状、摸上去的感觉、打开后的样子。
3. 能积极、主动地参与谈话活动。

活动准备

1. 南瓜一个、刀一把。
2. 多媒体展示的南瓜生长过程图片。
3. 幼儿认识南瓜。

活动过程

一、悬念导入

师：老师给大家带来了魔术袋，大家猜猜里面有什么？

请小朋友们闭眼摸一摸，猜一猜，激发幼儿参与活动的好奇心。

出示提前准备好的南瓜，引出话题——南瓜。

二、深入认识南瓜并用语言表述

1. 引导幼儿通过触觉认识南瓜并用语言描述。

教师提问"什么形状""摸上去有什么感觉"。

教师通过隐性示范，引导幼儿说出"圆圆的""硬硬的""凉凉的"。

2. 逐步拓展话题，通过"拍上去是什么感觉""有没有裂开""怎样才能让南瓜裂开"等问题，带领幼儿从认识南瓜的外形逐步拓展到认识切开后的南瓜。

教师引导幼儿动脑思考，并用语言表达自己看到的、感觉到的以及思考的结果。

3. 继续深入拓展话题，引导幼儿认识南瓜的内部结构。

教师用刀切南瓜前对幼儿进行安全教育："刀是危险物品，小朋友们不能去碰，会受到伤害。"

切南瓜的过程中，教师引导幼儿观察切南瓜的力度和难度，围绕南瓜的硬度进行交流。

南瓜切开后，教师引导幼儿说出南瓜切开后的样子及摸上去的感觉，并认识南瓜的瓤和南瓜子。教师提问"切开后的南瓜是什么样子的？""摸一摸南瓜的里面是什么感觉？"

4. 引导幼儿了解南瓜的生长过程。

教师提问："南瓜是怎么长大的？"

教师出示南瓜生长过程的图片：南瓜子—长叶子—搭架子—开花—结南瓜，逐步长大。

三、用语言归纳话题内容

总结南瓜是什么样子的？

教师引导幼儿说出：圆形的，摸上去硬硬的，切开后软软的，里面有瓤和籽。

活动延伸

幼儿将今天对南瓜的了解讲给爸爸妈妈听，同时和爸爸妈妈一起了解其他品种的南瓜。

案例评析

活动内容评价：本次活动话题选择的是日常生活中比较常见的南瓜。一般来说，幼儿了解得较多的是作为食物的南瓜，对于南瓜的内在结构及生长过程却了解不多，带着这样的初步认知及对南瓜内部结构的探索欲望，幼儿参与活动的积极性比较高。

活动目标评价：目标定位以幼儿为主体，且涉及认知、情感态度和能力技能三个维度，可操作性强。

活动准备评价：本次活动从物质材料和知识经验两方面进行了准备。物质材料方面，为幼儿提供了具体形象的实物，符合小班幼儿的思维特点，也便于幼儿运用多种感官了解南瓜，保证了活动的顺利开展；知识经验方面，幼儿提前认识南瓜，可以积累关于南瓜的知识经验，有利于教师引导幼儿构建新的知识经验。

活动过程评价：本次活动通过设置悬念的方式进行导入，激发了幼儿的好奇心，调动了幼儿参与活动的积极性；活动过程中教师为幼儿提供了动手、动脑、动口的机会，让幼儿在直接感知的过程中，发展思维，促进表达，很好地实现了活动目标。

活动效果评价：活动中，教师用实物教具、提问等方式引导幼儿围绕话题谈话，并不断拓展话题内容，提高了幼儿概括性表达的能力，活动效果较好。

岗位
对接

项目一　选择谈话活动的话题

1. 目标

（1）巩固幼儿谈话活动的特点及谈话活动话题选择的理论知识。

（2）根据谈话活动话题选择的理论知识为幼儿选择合适的谈话话题。

2. 内容与要求

（1）为各年龄阶段幼儿各选择三个不同的谈话话题。

（2）分享选择谈话话题的理由并介绍该话题的范围。

项目二　观摩与评析幼儿谈话活动

1. 目标

（1）能够完整记录幼儿谈话活动的全过程。

（2）能够运用所学理论对幼儿的谈话活动进行评析。

2. 内容与要求

前往幼儿园进行现场教学观摩，或者观摩幼儿谈话活动的教学录像，观察并详细记录活动的全过程，围绕活动内容、活动组织形式、活动环节的过渡、教师的指导语及教学方法等，对整个活动过程进行分析与评价，同时提出改进措施。评价标准参考本书附录6。

项目三　设计与组织幼儿谈话活动

1. 目标

（1）巩固谈话活动设计的理论知识。

（2）能根据学前教育专业活动设计项目国赛标准和谈话活动要求设计幼儿谈话活动方案，遵循幼儿教育规律，严谨细致，追求卓越，弘扬精益求精的工匠精神。

（3）尝试模拟开展幼儿谈话活动的试讲或实践活动，重视幼儿教师的榜样作用，爱岗敬业，细致耐心，树立潜心培幼育人的理念。

2.内容与要求

（1）联系幼儿园获得实践活动主题，或根据实际情况自选主题，设计幼儿集体谈话教学活动方案。

（2）根据学前教育专业学生国赛说课标准，开展幼儿谈话活动说课比赛。

（3）模拟幼儿园教师资格面试要求进行幼儿谈话活动试讲。

（4）教学活动方案、说课、试讲活动评价标准请参考本书附录4～附录7。

国考
链接

国考链接参
考答案

一、单项选择题（笔试）

在幼儿园教育活动中，最能为幼儿提供交谈机会的组织形式是（　　）。【2012
年下】

A．全园活动　　　　　　　　　　B．班集体活动

C．小组活动　　　　　　　　　　D．个别活动

二、活动设计题（笔试）

幼儿园准备组织一次春游，大一班的小朋友很高兴，有的说要去这里玩，有的说要去那里玩；有的说坐地铁去，有的说还是坐汽车好；有的在谈论自己要带什么美食……陈老师想，既然小朋友有这么多问题，那么是否可以生成一个教育活动，带着小朋友一起研究这些问题呢？

要求：请帮助陈老师设计一个"我们要去春游了"的教育活动，写出活动目标，准备过程和活动过程。【2021年上】

三、问答题（结构化面试）

小骏是4岁的小男孩，在园内活动中总是很积极，但只要老师不给他表达机会他就不高兴，生闷气。作为教师你怎么处理？

一、单项选择题（幼儿教师职业素养测评）

赛场直击参考答案

1. 在谈话活动中，帮助幼儿与他人进行交谈的语言是（　　　）。

A. 口头语言　　　　　　　　　B. 书面语言

C. 独白语言　　　　　　　　　D. 文学语言

2. 教师与幼儿沟通时，不正确的做法是（　　　）。

A. 注意倾听　　　　　　　　　B. 语言专业化

C. 注意蹲下去与幼儿平等对话　　D. 用点头、抚摸等方式鼓励幼儿

3. 表达不是一味对人诉说，（　　　）也是综合表达能力中的基本能力。

A. 角色互换，适当反馈　　　　B. 虚心、耐心、会心

C. 赞美和幽默　　　　　　　　D. 善于倾听

4. 关于良好的语言沟通，表述不正确的是（　　　）。

A. 内容连贯，用词准确　　　　B. 语气生动，感情真挚

C. 具有说服力和感染力　　　　D. 只管说，不用肢体语言配合

5. 掌握倾听的主要内容，能连接上下文意思的倾听是（　　　）。

A. 有意识倾听　　　　　　　　B. 理解性倾听

C. 辨析性倾听　　　　　　　　D. 无意识倾听

二、幼儿园教育活动设计与说课

1. 题目：主题活动——中班"过春节"。

2. 内容

（1）主题网络图设计（书面作答）。

（2）教学活动设计（一课时）（书面作答）。

（3）说课（口头作答）。

3. 基本要求

（1）根据提供的素材，综合幼儿发展各领域及幼儿园活动的类型，围绕主题设计

主题网络图。主题网络图绘制要具有丰富性、科学性、具体化和操作性强等特点，充分考虑到生活化、兴趣性、适宜性、幼儿的主体性和家园合作等因素。网络图至少有三个层级（包含主题名称一级），第二、三层级至少有三个活动。

（2）根据主题素材与年龄阶段，设计一次（30分钟左右）集体教学活动的教案（请根据本单元内容设计幼儿谈话活动）。教案格式完整规范，语言清晰、简洁、明了，目标设计、内容选择、方法运用等符合幼儿年龄特点和领域特点。

（3）根据已设计的教案，就内容、目标、方法、过程设计等进行说课，说清楚"学什么、教什么""怎么学、怎么教"以及"为什么"等问题，语言规范，条理清楚，逻辑性强，表达流畅。说课时间在7分钟内完成。

4．素材

（1）主题背景介绍

春节又称过年，是民间最隆重的传统节日，在历史发展中，形成了一些较为固定的风俗习惯。春节期间均以除旧布新、迎禧接福、拜神祭祖、祈求丰年为主要庆贺内容。一系列的节日庆典活动表达了人们对美好生活的向往和祝愿。春节民俗的形成与定型，是中华民族历史文化长期积淀凝聚的过程，在传承发展中承载了丰厚的历史文化内涵，集中体现了中华民族的思想信仰、理想愿望、生活娱乐和文化心理。向幼儿传播优秀传统文化是幼儿教师的职责所在。

（2）小资料：春节

春节是中国民间最隆重、最热闹的节日，由上古时代岁首祈年祭祀演变而来。新春贺岁围绕祭祀祈年为中心，以除旧布新、迎禧接福、拜神祭祖、祈求丰年等活动形式展开，喜庆气氛浓郁，内容丰富多彩，凝聚着中华文明的传统文化精华。

我国的春节历史悠久，在传承发展中已形成了一些较为固定的习俗，有许多还相传至今，如办年货、扫尘、贴年红、团年饭、守岁、压岁钱、拜岁、拜年、舞龙舞狮、拜神祭祖、放爆竹、放烟花、摆春盛、年例、祈福、逛庙会、上灯酒、赏花灯等习俗。传统节日仪式与相关习俗活动，是节日元素的重要内容，承载着丰富多彩的节日文化内涵。

（3）传说：年兽

传说在很早以前，有一种凶猛的怪兽，名字叫"年"，它生性非常凶残，平时在深山密林中活动，因为它还喜欢吃人，所以人们非常害怕它。不过幸好"年"一般只在每年岁末三十那天晚上才会出来，伤人性命，破坏田园，所以人们一般都会在那天天还没黑的时候就关上自己家的门，一直不睡觉到天亮，到第二天开门邻里会相互庆贺相安无事。后来，在一次偶然事件中，人们发现"年"对爆竹和红色的东西非常畏惧，从此每到岁末三十人们就会穿红挂红以示喜庆，并在除旧迎新之时大放爆竹，后来"年"就再也不敢来了。这就是除夕的传说。在三十过后的那天就当作农历正月初一的春节，也称为"过年"。

一、单项选择题

单元测试参考答案

1. 幼儿一日活动中进行最多的谈话活动类型是（　　　）。

A. 日常生活谈话　　　　　　　B. 有计划的谈话活动

C. 集体谈话活动　　　　　　　D. 以上几种类型一样多

2. 幼儿园谈话活动的设计与组织是以发展幼儿（　　　）能力为主要目的的。

A. 书面语言　　　　　　　　　B. 口头语言

C. 手势语言　　　　　　　　　D. 肢体语言

3.（　　　）是指教师围绕幼儿感兴趣的话题，运用生动有趣的方式，引导幼儿围绕主题进行交谈的集体教育活动。

A. 讲述活动　　　　　　　　　B. 谈话活动

C. 早期阅读　　　　　　　　　D. 文学作品活动

4.（　　　）是人们运用语言与他人交流的最为基本的方式。

A. 倾听　　　　　　　　　　　B. 阅读

C. 谈话　　　　　　　　　　　D. 书写

二、多项选择题

1. 幼儿日常交谈的主要特点有（　　　　　）。

A. 自发性　　　　　　　　　　B. 计划性

C. 随机性　　　　　　　　　　D. 有预期的目的性

2. 以下关于学前儿童谈话活动内容选择表述正确的是（　　　　　）。

A. 选择幼儿熟悉的、感兴趣的话题

B. 选择有一定新鲜感的话题

C. 选择与幼儿生活中共同关心点有关的话题

D. 选择可发展幼儿创造力和想象力的话题

三、判断题

1．幼儿口语发展在最初阶段主要是通过非正式的语言交往活动自然获得的。（   ）

2．在讨论活动中，教师对幼儿提出的看法应保持开放的态度。（   ）

3．幼儿园谈话活动的内容应选择教师感兴趣的任何话题。（   ）

4．在谈话活动过程中，教师为幼儿示范时应注意多运用隐性示范。（   ）

四、简答题

1．幼儿谈话活动的特点是什么？

2．幼儿谈话活动的目标主要是什么？

3．幼儿谈话活动主要分为哪些类型？

4．幼儿谈话活动过程设计的基本结构包括哪些环节？

单元三

3

幼儿讲述活动

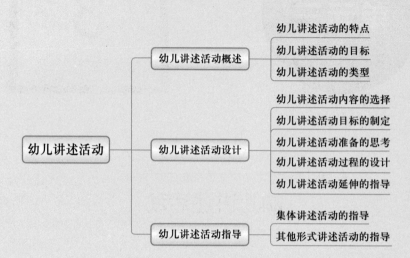

幼儿讲述活动
- 幼儿讲述活动概述
  - 幼儿讲述活动的特点
  - 幼儿讲述活动的目标
  - 幼儿讲述活动的类型
- 幼儿讲述活动设计
  - 幼儿讲述活动内容的选择
  - 幼儿讲述活动目标的制定
  - 幼儿讲述活动准备的思考
  - 幼儿讲述活动过程的设计
  - 幼儿讲述活动延伸的指导
- 幼儿讲述活动指导
  - 集体讲述活动的指导
  - 其他形式讲述活动的指导

连线幼儿园:
天气播报

　　这学期，我们班每天都会在晨间活动中进行天气播报。今天早上轮到浩林担任小小天气播报员。他拿起昨天晚上记录下来的信息说道："今天是15到23摄氏度，天气晴。"有小朋友提醒他"你还没说清楚今天几月几日呢"。浩林想了一下说："哦，今天是星期五。"小朋友又提醒说："不对不对，不是星期几，是几月几日。"浩林看了看昨晚在纸上记录的信息又说："今天是2021年12月10日。"我在旁边提醒："浩林，我们按照顺序连起来说说。先说今天是几月几日，然后再说是星期几，最后说温度和天气。你能试着再完整连贯地说一遍吗？"浩林重新说："今天是2021年12月10日，星期五。今天的气温是15到23摄氏度，天气晴。"他完整地说了出来，小朋友们一起为他鼓掌。

　　在这个活动中浩林认真地准备了天气播报的内容，开始，他通过简单的短句零散地传达了天气的信息，经过小朋友的提醒后对时间进行了补充，但仍然不够完整连贯。针对这一情况，我鼓励他，提醒他发言前要先想好思路，知道先说什么，然后说什么，最后说什么。浩林理解了我的要求，对讲述的内容进行了调整，按照日期、星期、温度、天气总体情况的顺序完整连贯地进行了天气播报。

　　［资料来源：中山市机关第一幼儿园，杨思敏］

　　请根据案例思考，什么是幼儿讲述活动？和幼儿谈话活动有什么区别？你认为讲述活动的核心经验是什么？如何设计与实施幼儿讲述活动？

知识探究

知识点1 幼儿讲述活动概述

　　讲述，顾名思义，讲解、叙述。讲述活动要求讲述者用比较恰当、完整、连贯的语言来表达自己的想法，讲述自己经历过的事情，使听讲人能明白讲述的内容。

　　《纲要》指出，幼儿语言领域发展的目标之一就是"能清楚地说出自己想说的事"，要说得清楚就离不开完整连贯地讲述。讲述是发展幼儿口语表达能力的重要形式，幼儿讲述活动是一种有目的、有计划地培养幼儿独白语言能力的教育活动，是幼儿凭借一定的讲述对象，在相对正式的语境中独立构思，并完整、连贯表述的语言活动（图3-1）。祝士媛认为讲述活动是发展幼儿独白语言的教育方式，对幼儿语言的目的性、独立性、创造性和连贯性，对幼儿的思维、记忆、想象等方面都有很好的促进作用。

图3-1　幼儿讲述活动

一、幼儿讲述活动的特点

微课：
幼儿讲述活动的特点

　　谈话活动和讲述活动都是锻炼口语表达的活动，但二者的活动目标、活动内容、活动形式等都有明显的不同。谈话活动主要引导幼儿倾听并乐意与人交谈，"想说、敢说、喜欢说"，对"说"不做过高的要求。而幼儿讲述活动以锻炼幼儿的独白语言为主，能有效提高幼儿的讲述能力，发展幼儿的想象力和思维能力，有效提高幼儿的语言表达水平；同时讲述活动能帮助幼儿掌握认识事物的方法，对幼儿的认知、社会化发展等方面都有积极的影响。具体地说，幼儿讲述活动主要有以下三个特点。

（一）有一定的凭借物

凭借物，就是讲述的素材、讲述的对象，是教师为幼儿开展讲述活动而准备的，或让幼儿自己准备的图片、实物、情境等。幼儿的讲述活动一定要有凭借物，这是讲述活动的独特之处。例如，讲述活动"逛商店"，逛商店的生活经验就是本次讲述活动的凭借物，幼儿围绕自己逛商店的经历，按照时间、地点、具体事件的顺序，将自己逛商店的所见所闻和感受讲出来。通过凭借物，使得讲述活动有明确的中心和明显的指向。

幼儿讲述活动需要凭借物主要是基于两个方面。第一，符合幼儿讲述学习的需要。成人在讲述一件事或一个物体时，可以凭借实物或情境进行，也可以凭记忆进行，但幼儿的生活经验贫乏，头脑中积累的表象经验不足，长时记忆力有限，具体形象思维占主导，很难完全凭借记忆进行连贯、完整地讲述。具体的凭借物可以给幼儿提供清晰的形象和讲述的指向，这样幼儿可以针对这个中心指向从不同角度和方向去进行构思、想象、交流和表达，不至于讲述跑题。因此，幼儿讲述活动需要有一定的凭借。第二，符合幼儿集体活动的需要。在集体讲述活动中，教师可以根据凭借物提炼新的讲述经验，所有的幼儿都要运用新的讲述经验，对相同的内容进行构思，并在集体面前进行讲述。讲述活动的凭借物就成为教师指导和幼儿讲述的中心内容。

（二）有相对正式的语境

谈话活动中幼儿可以宽松自由地交谈，较为随意。而讲述活动提供的语境较为正式，要求幼儿经过慎重思考和完善构思后，运用经过严密构思的、语法规范的语言来表达个人对凭借物的认识，遣词造句要准确，合乎语法规则。例如，同样是"逛商店"的主题，谈话活动中幼儿可以较为随意地进行交谈"那个超市可好玩了""还有草莓，我最喜欢了"。而在讲述活动中，幼儿需要连贯、完整地进行讲述"昨天，妈妈带我去了××超市。超市里有很多商品，我最喜欢的是那只白色的抱着草莓的凯蒂猫玩偶"。较为正式的语境能帮助幼儿迅速提高语言的组织能力和运用正规语言表达的能力。

（三）着重锻炼独白语言

讲述活动旨在锻炼幼儿独白语言。讲述活动要求幼儿根据凭借物选择词语，独立构思，完成语言的组织，并运用完整连贯的语言将自己的感受和体验清晰地在他人面前表达出来。以"逛商店"主题为例，谈话活动可按幼儿你问我答，你言我语的方式展开。而在讲述活动中则需要幼儿独自构思，根据叙事性讲述的要求，讲清楚逛商店的时间、地点、人物和事件发生发展的先后顺序。

拓展阅读

谈话活动与讲述活动的区别

1. 活动目标

谈话活动注重创设幼儿运用口头语言与他人交流的机会，主要目标可以定位在：① 提高倾听能力，并能及时从中捕捉有效的语言信息。② 学习围绕一定的话题进行交谈，并能不断拓展谈话内容，层层深入，充分表达个人见解。③ 掌握基本的语言交谈规则，如选择适合个体角色的语言、轮流表达等，以提高语言交往水平。

讲述活动侧重于提高幼儿清楚、完整、连贯表述的能力，主要目标可以定位在：① 学习感知理解讲述对象——凭借物。② 提高独立构思与清楚完整表达的意识和能力，如在集体面前自然大方地讲述、能运用正确的语言内容和形式进行讲述等。③ 提高讲述调节技能，如针对听者的特点和听者的反馈等调整讲述方式。

2. 活动方式

从活动方式看，谈话活动往往是在幼儿已有经验的基础上进行交谈，包括围绕某一主题的谈话活动和开放性的讨论活动等。而讲述活动则是组织幼儿针对一个凭借物（如图片、实物等）进行独立讲述，包括实物讲述、图片讲述、经验讲述等。相比较而言，讲述活动的计划性会更强一些。

3. 幼儿语言表达要求

虽然谈话活动和讲述活动都要求幼儿进行口头语言表达，但是谈话活动比较宽松自由，语言形式不拘，以说明想法为目的；讲述活动则需要幼儿运用独白语言，要求语言规范严谨，有条理。虽说幼儿年龄尚小，但是他们在讲述活动中同样需要调动多种能力，如观察凭借物、提取已有经验、组织语言等，以便为未来进行正式的讲座、报告等做先期准备。

4. 凭借物的运用

在讲述活动中，凭借物是幼儿讲述的基础。谈话活动有时也需要一些凭借物，但在这两种不同的语言活动中，凭借物的作用有所区别。

在讲述活动中，凭借物是幼儿讲述的依据。幼儿要运用语言描述凭借物。对凭借物的描述可以作内容方面的充实，但不能任意修改凭借物的主要特征。凭借物有限定幼儿讲述范围的功能。而在谈话活动中，凭借物的出现往往是为了创设一种谈话情境，以引出有趣的话题。在谈话活动中，幼儿只要不跑题，随便谈什么都可以，换句话说，可以在主题范围内尽情发挥。例如，在两种活动中呈现同样一组图片，如果是在讲述活动中，那幼儿要用语言描述图片上的内容；而在谈话活动中，幼儿可以根据所呈现的图片，将自己看到的、听到的、想到的所有与之相关的内容都讲出来。

此外，讲述活动需要幼儿具备大量的生活经验。当凭借物出现后，幼儿要迅速搜索已有经验，之后逐渐聚焦到凭借物的某一点上，讲述相关内容。而谈话活动则侧重让幼儿作发散性思考。当幼儿看到凭借物后，要由一个联想到许多，充分调动相关生活经验，最大限度地丰富谈话内容。

讲述活动的语言表达是对凭借物的再现，因此要求幼儿以正规的独白语言进行描述，强调语言运用的准确性。谈话活动则是以凭借物为依托，旨在促成幼儿之间宽松、自由的交流，主要强调幼儿在表达时要言之有物，同时要重视与他人的互动交流。

［资料来源：张明红. 正确区分谈话活动和讲述活动［J］. 幼儿教育（教育科学），2011（9）：24-26.］

二、幼儿讲述活动的目标

《纲要》中指出"注意倾听对方讲话，能理解日常用语""能清楚地说出自己想说的事"是语言领域中的重要目标。教育者应"养成幼儿注意倾听的习惯，发展语言理解能力""鼓励幼儿大胆、清楚地表达自己的想法和感受，尝试说明、描述简单的事物或过程，发展语言表达能力和思维能力"。具体来说，讲述活动主要针对幼儿以下能力和情感进行培养。

微课：
幼儿讲述活动的目标

（一）感知和理解讲述对象的能力

幼儿在讲述活动中，不仅要表达自己的想法，还要根据一定的讲述要求去构思讲述内容。这就要求幼儿能感知、理解"讲述的要求"，即知道"如何说"。

幼儿理解讲述的要求后，更重要的是能将凭借物讲述清楚。这就要求幼儿运用分析、推理、判断等多种思维活动去感知和理解凭借物，得出一定的认识，并在与同伴分享交流中进一步丰富对讲述对象的认识，即知道"说什么"。

因此，幼儿讲述活动能极大地促进幼儿感知、理解能力的发展，加深幼儿对讲述凭借物的理解，并使幼儿获得认识事物的方法。如幼儿讲述"我的小书包"，教师请幼儿分别展示自己的书包，让幼儿观察自己书包的颜色、形状、材质，然后让幼儿分组观察、交流书包的结构和功能等。在相互交流的过程中，幼儿了解了书包的特点和功能，并从不同角度加深了对书包的认识。

（二）独立构思与完整、连贯表述的能力

讲述活动提供了独立构思、完整表述的场合，幼儿必须独立思考，能在集体面前使用规范的语言有中心、有顺序、有重点地讲述。例如，"我的小饼干"讲述活动要求幼儿能围绕饼干的形状、颜色和味道进行完整、连贯地讲述；"鸡毛信"讲述活

动要求幼儿能围绕时间、地点、人物，事情的起因、经过、结果进行连贯讲述；"我的家庭照"图片讲述活动要求幼儿能根据方位顺序从上到下、从左到右完整讲述家庭的每个成员。幼儿在教师指导下，能在讲述练习中不断修正错误的语音、不规范的语法和不恰当的词汇，按照一定的逻辑规律，抓住事物的主要特征，传递最重要的信息，提高语言表述水平。

（三）语言交流信息清晰度的调节能力

幼儿在集体讲述活动中有着共同的指向内容，幼儿在讲述活动中要善于倾听他人的讲述，并根据不同的语境和听众的反应，调节自己的语言表达，以进行有效的信息交流和沟通，保证交流信息的清晰度。比如，别人的讲述和自己的讲述形式是否相同，内容是否一致，以及别人讲述的内容与自己讲述的内容是否有关联等，努力使他人对自己的讲述产生兴趣。同时，幼儿在讲述活动中还要学会根据听众反馈的信息及时调整自己的讲述方式或内容。比如，听众是否听得见、听得懂，讲述者是否需要提高音量、调整讲述方式等。幼儿在倾听别人讲述的基础上，根据听众的反馈信息不断调整讲述的内容和方式，从而提高对语言交流信息清晰度的调节能力。

（四）积极的情感态度和价值观

讲述活动还可以通过选择有思想教育价值的讲述素材，培养幼儿积极的情感态度和价值观，提高其社会化发展水平。比如，在"我的小饼干"讲述活动中，讲述饼干的生产过程，幼儿能够感受到工人叔叔的精湛技艺，培养热爱劳动的精神；在"家乡的小吃"讲述活动中，融入对家乡的热爱之情；在"我的长辈"讲述活动中感受亲人对自己的关爱，体会感恩之情；在"环境变化"讲述活动中认识到污染对环境的危害，树立节能环保意识；在"指南针"讲述活动中，融入对中华优秀传统文化的热爱之情，提升文化自信；在"港珠澳大桥"讲述活动中感受祖国伟大建设成就，增强民族自信。幼儿教师要善于选择恰当的凭借物并在教学环节中进行情感升华。

微课：
幼儿讲述活动的类型

三、幼儿讲述活动的类型

幼儿讲述活动根据不同的分类标准可以划分为不同的类型，可以根据讲述的凭借物的特点来分，也可以按照讲述方式的特点来分。

（一）根据凭借物的特点分类

根据凭借物的特点，讲述活动主要分为图片讲述、实物讲述和情境讲述。

1.图片讲述

图片讲述指幼儿以图片为凭借物，在教师的指导下，对图片进行整理观察、理解、构思，运用恰当的语句，完整、连贯地讲述图片内容的语言教育活动。这是幼儿园常见的讲述活动类型，适合各年龄阶段的幼儿。活动中使用的图片可以是教师自己绘制的图片，也可以是印刷出版的图片或网络下载的图片；可以是单幅图，也可以是多幅图。图片应贴近幼儿的生活，形象生动、色彩鲜艳、情节简单有趣，能引起幼儿的共鸣，符合幼儿思维能力和想象力发展的特点。

图片讲述又可以根据图片特点分为看图讲述、排图讲述、构图讲述等。

看图讲述指教师提供给幼儿的图片是现成的、完整的、有序的，幼儿在教师的指导下观察理解图片，并进行完整连贯地讲述。如看图讲述"大象救兔子"（图3-2），三幅图是现成的、完整的，幼儿不仅要讲出图片画面中的内容和相互关系，还要联想静止画面之外的形象和连接的情节。活动对图片的质量要求比较高。

（a）兔子遇险

（b）兔子得救

（c）老虎受罚

图3-2　大象救兔子

　　排图讲述是指教师向幼儿提供的是多张有关联但是没有固定顺序的图片，启发幼儿根据自己对图片内容的理解，发挥想象力对图片进行排序，组成有意义的情节，并用完整连贯的语言将其讲述出来的语言教育活动。如幼儿在讲述"植物的生长"（图3-3）时，可以对图片任意排序，进而创编故事。排图讲述能训练幼儿的判断和推理等思维能力，有利于幼儿想象力和创造性思维能力的发展，对幼儿语言能力和思维能力的要求比较高，比较适合中、大班的幼儿。

图3-3　植物的生长组图

教学活动现场：

小班构图讲述活动"送给妈妈的画"

　　构图讲述是指教师给幼儿提供各种构图材料，引导幼儿根据一定的主题自由构思，将材料组合成各种各样的画面，或是给幼儿提供半成品的图片，由幼儿自行添加补充画面，然后根据画面编构一个故事，并进行完整连贯地讲述。如构图讲述"我的家乡"（图3-4）、"送给妈妈的画"。这里的"构图"实际包含了绘画、泥工、折纸、建构等各种幼儿可以完成的手工活动，材料包括各种积木、黏土、雪花片、贴图、七巧板等。这种活动可以与美术活动相整合，教师先组织幼儿开展绘画、手工等创作活动，幼儿根据教师提供的材料，自选主题，构思情节，完成作品，最后开展讲述活动。在组织构图讲述活动时，教师要把活动的重点放在提高幼儿的讲述能力上。

图3-4　我的家乡

　　2. 实物讲述

　　实物讲述指幼儿以真实的物体作为凭借物，在教师的引导下，把握实物的基本特征，运用简单明了、规范准确的独白语言将实物讲述清楚的语言教育活动。教师提供的实物真实可感，包括玩具、动植物或常见的生活用品，以及自然景物等。如幼儿讲述"家乡的小吃：双皮奶"（图3-5）。幼儿在进行实物讲述前，必须具体感知、理解实物，把握实物的特征，如外形、材质、用途、使用方法等。实物讲述活动可以与科学活动相整合，教师先组织幼儿对实物进行有序的观察，然后引导幼儿将实物的基本特征、用途、使用方法或者其他方面的内容清晰完整地讲述出来。

3. 情境讲述

情境讲述指幼儿以某一个活动或情境表演作为凭借物，在教师的引导下，进行回忆或观察理解，并运用独白语言对该情境进行完整、连贯地讲述。教师提供的情境可以是组织幼儿开展过的活动，也可以是真人表演、手偶戏、木偶戏、皮影戏、影视资料等。如幼儿讲述皮影戏"西游记"（图3-6）。这种活动场景生动、形式活泼，能引起幼儿的注意和兴趣，刺激幼儿讲述的意愿，备受师幼喜爱。情境讲述活动可以和其他领域活动相结合，教师先组织幼儿观看或参与一定的情境活动，然后再引导幼儿进行情境讲述。

图3-5　双皮奶

图3-6　皮影戏

（二）按照讲述的方式特点分类

根据讲述方式特点的不同，讲述活动可以分为叙事性讲述、描述性讲述、说明性讲述和议论性讲述等。

1. 叙事性讲述

叙事性讲述指幼儿将自己的经历或事情的发展过程按一定的顺序用口头语言完整连贯地讲述出来的语言活动。活动要求讲述者说清楚人物、时间、地点，事件的起因、经过和结果。如幼儿讲述"我在幼儿园过生日"（图3-7）。幼儿叙事性讲述的总体水平不太高，一般能将事情简洁、清楚地按顺序讲述出来即可，在此基础上可以尝试使用生动

图3-7　在幼儿园过生日

形象的词语描述事物的主要特征。

拓展阅读

幼儿叙事性讲述核心经验的三个构成要素

拓展阅读：
幼儿叙事性
讲述核心经
验的学习

1. 运用丰富的词句进行讲述

幼儿在语言学习过程中，积累了丰富的词汇，如名词、动词、形容词、副词等，以及多样化的句型，如陈述句、疑问句、感叹句等。幼儿进行叙事性讲述时，需要围绕主题选择恰当、丰富的词汇和句型清晰地进行讲述，包括：说出事件中人、事、物的名称及关系，使用动词讲述人物的行为，使用不同句式进行讲述，运用形象的词句生动地讲述等。

2. 有条理地组织讲述内容

有条理地组织讲述内容，能更清晰地呈现叙事结构与叙事顺序，让听者了解事件发生的来龙去脉，具体包括：围绕主题讲述相关事件；交代清楚事件中的人物、背景，事件的发生、发展等；说明事件之间的关系；完整、有顺序、有重点地讲述等。

3. 感知独白语言的语境

叙事性讲述语言属于独白语言，需要讲述者独立构思并在集体面前清楚地表达。这就要求幼儿能够感知在集体面前进行讲述与日常谈话中的说话是不同的，并且愿意在集体面前进行讲述，能清楚有效地传递信息，能够借助简单的表情、动作、语气等形象地讲述，在讲述时能表达自己的观点以增强叙事的情感色彩等。

［资料来源：宋苗境．幼儿叙事性讲述核心经验的学习［J］．幼儿教育（教育科学），2016（103）：42-44.］

2. 描述性讲述

描述性讲述指幼儿在教师的指导下，将人物的状态、动作或事物的性质、特征等用完整、连贯的语言表达出来的语言活动。如描述性讲述"幼儿园里的小白兔"。对于人物的讲述，讲述者要用生动的语言从人物的容貌、衣着、表情等细节方面展开讲述；对于事物的讲述，讲述者要按照一定的顺序用具体、生动、形象的语句进行讲述。讲述的顺序可以是从整体到局部、从近到远、从上到下等，或按游览路线进行讲述均可。幼儿在描述性讲述活动中应尽量使用生动形象的词语，并重点描述事物的主要特征。

3. 说明性讲述

说明性讲述指幼儿用简洁明了、规范准确的语言，把事物的特征、构造、用途或操作过程等解说清楚的语言活动，能反映幼儿对事物性质和功用的判断与认识。

如幼儿在讲述"我家的电风扇"（图3-8）时，不追求使用华丽的辞藻，只要能使用规范的语言，按一定的讲述顺序，清楚简洁地介绍电风扇即可。

拓展阅读

图3-8　电风扇

说明性讲述的核心经验

拓展阅读：幼儿说明性讲述的核心经验与教育指导策略

1. 使用规范准确、简洁明了的说明性词句

说明性讲述中所使用的说明性语言规范准确、简洁明了，与日常用语、叙事性语言有着很大的差别。幼儿应在学习说明性讲述的过程中逐渐领悟，并学习其语言特点。

2. 以独白语言的形式进行说明性讲述

说明性讲述属于独白语言，它需要讲述者在脱离情境的场合独立构思讲述内容并有条理地讲述。幼儿头脑中储存的事物形象较少，逻辑思维能力和语言表达能力尚处在初步发展阶段，因此要做到在集体面前脱离情境、独立构思、有条理地讲述是比较困难的。但我们可以开始培养幼儿讲述的兴趣，在提供一定的教育支持的前提下，让幼儿感受独白语言的讲述要求，学习以独白语言的形式进行说明性讲述。幼儿只有培养起对说明性讲述的兴趣，才能建立起在集体面前讲述的自信心，逐渐学会独立构思讲述内容。幼儿在进行说明性讲述的过程中，会逐渐感知独白语言的特点，区分其与日常谈话的差别，并且感受到应如何以独白的形式表达说明性语言。

3. 理解说明性讲述的内容组织方式

在说明性讲述中，讲述内容的组织是一个难点。说明性讲述虽然是口头语言，但它需要讲述者在讲述前打好腹稿，思考如何有条理、有顺序、有重点地讲述。虽然幼儿在没有说明性讲述的经验之前也能讲出一些内容，但往往杂乱无章。这样的讲述会把听者搞糊涂，也会使讲述者出现重复讲述或讲不下去的现象。因此，帮助幼儿获得说明性讲述的结构经验，幼儿在讲述时就能思路清楚，言之有序，并且有重点、有目标。

[资料来源：王津. 幼儿说明性讲述的核心经验与教育指导策略 [J]. 幼儿教育（教育科学），2014（1）：18-20.]

4. 议论性讲述

议论性讲述以议论为主要方式，是幼儿通过亮观点、摆事实，直接表述自己的态度和主张，并阐述理由的讲述活动。如幼儿在讲述"我喜欢的天气"时，要观点明确，逻辑清晰，论证有力。幼儿的思维形式还处于以形象思维为主的阶段，议论性讲述对幼儿具有极大的挑战性，比较适合大班的幼儿。但教师也应鼓励小班和中班幼儿敢于表达自己的真实想法，拥有自己独到的见解，以促进其逻辑思维能力的发展。

知识点2　幼儿讲述活动设计

微课：
幼儿讲述
活动设计
（上）

"凡事预则立，不预则废"。在组织幼儿讲述活动之前，教师的重要工作就是设计讲述活动方案，包括选择恰当的讲述对象，拟定具体的活动名称，确定科学的活动目标，做好充分的活动准备，构思讲述活动的过程等，并将教师的思路和想法通过教学活动方案呈现出来，作为讲述活动开展的指导和依据。

一、幼儿讲述活动内容的选择

微课：
幼儿讲述
活动设计
（下）

凭借物既是讲述活动的教材和教具，也是幼儿讲述的依据，凭借物的内容和质量对幼儿讲述能力的发展有着直接的影响。在选择凭借物时应注意这样几个要求。

第一，主题健康、符合时代要求，有利于幼儿健康成长。如"家乡的小吃""五星红旗"等讲述内容，在锻炼幼儿讲述能力的同时，能培养幼儿爱家乡、爱祖国的情感。

第二，主题明确、形象突出，能激发幼儿的讲述兴趣。比如，选择的图片角色要鲜明，形象要突出；选择的情境、情节较为简单，背景不花哨，便于幼儿迅速掌握凭借物的主要特征。

第三，能丰富幼儿词汇，提高幼儿的表达能力。讲述的内容富含生动的形象和情节，蕴含有利于培养幼儿观察力、想象力和创造力的内容，便于幼儿在教师指导下，用完整、连贯、有条理的语言进行讲述，发展幼儿的讲述能力。

第四，适合幼儿的年龄班级特点，针对性强。只有选择幼儿熟悉的、适合幼儿年龄班级特点的讲述凭借物，才能引起幼儿的共鸣和讲述的愿望。比如，幼儿常用的生活用品、玩具等，幼儿比较熟悉，能言之有物。

二、幼儿讲述活动目标的制定

活动目标是教学活动的出发点，也是教学活动的归宿，活动目标制定得恰当与否，对整个活动具有决定性的作用。在幼儿讲述活动目标制定中应注意以下三方面。

（一）目标符合《纲要》和《指南》精神，符合讲述活动的要求和幼儿年龄阶段特点，切合幼儿讲述发展水平和发展需要

幼儿语言教育活动的目标要符合语言领域的总目标和幼儿年龄阶段特点的要求，符合幼儿的发展水平和发展需要。目标设计时应着眼于幼儿的发展，适应幼儿已有的发展水平，并在幼儿现有讲述水平的基础上着力提高。

参考《指南》中语言领域的目标，幼儿讲述活动各年龄阶段具体目标如下。

1. 小班

（1）愿意表达自己的需要和想法，必要时能配以手势动作。

（2）能口齿清楚地说儿歌、童谣或复述简短的故事。

（3）说话自然，声音大小适中。

（4）能在成人的提醒下使用恰当的礼貌用语。

2. 中班

（1）能基本完整地讲述自己的所见所闻和经历的事情。

（2）讲述比较连贯。

（3）能根据场合调节自己说话声音的大小。

（4）能主动使用礼貌用语，不说脏话、粗话。

3. 大班

（1）能有序、连贯、清楚地讲述一件事情。

（2）讲述时能使用常见的形容词、同义词等，语言比较生动。

（3）能根据谈话对象和需要，调整说话的语气。

（4）懂得按次序轮流讲话，不随意打断别人。

（5）能依据所处情境使用恰当的语言。如在别人难过时会用恰当的语言表示安慰。

（二）目标具有全面性，难度适当，对讲述活动具有导向作用

幼儿讲述活动目标的设计应涵盖认知、能力和情感三个维度。认知方面涉及对讲述对象的感知理解，对讲述要求的理解；能力目标涉及对新的讲述经验的运用，如完整、连贯地按照一定逻辑顺序讲述的能力，运用丰富词句进行讲述的能力，根据材料和环境变化来调节语言的能力；情感目标涉及情感态度的培养，包括兴趣、态度、价值观等方面的变化，如产生在集体面前讲述的兴趣，养成耐心倾听别人讲述的习惯，萌发与讲述内容有关的积极情感等。在讲述活动"我的好爸爸"中，幼儿在讲述中加深对爸爸的了解属于认知目标；能运用好词好句围绕爸爸的外貌、性格特点、兴趣爱好等方面展开讲述是能力目标；感受到爸爸对自己的关爱，表达对爸爸的喜爱之情是情感目标。

（三）目标陈述简洁明了、主体统一、针对性强、可操作性强，充分体现讲述活动的特点，能考虑各领域间的相互渗透

活动目标的陈述，要尽量使用具体、明确、可观察、可测量的行为术语，陈述预期幼儿要获得的学习结果，避免使用含糊的和不切实际的语言。如"初步理解相关的象声词"的目标概括性太强，不具体，不便于检测。如果能调整为"能运用'嗖嗖嗖、扑棱棱、嘎嘎嘎'等象声词生动地讲故事"的表述就非常具体、明确、可操作。

幼儿讲述活动的目标可以与谈话活动等其他类型语言教育活动的目标相互渗透。比如，清楚、连贯的表达离不开幼儿主动倾听，想说、敢说、愿意说等谈话活动重点培养的能力；完整、连贯地讲述也是幼儿表达对文学作品和阅读对象的理解的重要方式。我们还可以在其他领域活动中渗透讲述的目标，促进幼儿的全面发展。比如，在科学活动中渗透实物讲述的目标，在美术活动中渗透图片讲述的目标，在社会活动和健康活动中渗透情境讲述的目标等。

案例1　大班看图讲述：玛蒂娜的马戏表演

活动目标

1. 根据画面内容，尝试用恰当的语句描述。
2. 引导幼儿大胆描述不同人物特点、行为动作和感受，提高语言的组织能力和表现力。
3. 感受讲述活动带来的乐趣。

案例评析

优点：能从认知、能力、情感三个维度考虑幼儿的全面发展，重视发展幼儿的讲述能力。

改进建议：目标描述较为模糊，不够具体，与活动主题联系不够紧密。建议目标一"恰当的语句"应进一步具体化，如"尝试围绕时间、地点、人物、事情，对玛蒂娜的梦境进行讲述"。建议目标二应从幼儿主体角度出发进行撰写，"不同人物特点"可以具体列举主要角色的具体名字和具体特点。建议目标三"感受讲述活动带来的乐趣"应与主题联系，进行具体化的描述，如"通过观察和讲述，体验梦境的神奇"。

案例2　中班语言活动：风铃朋友

活动目标

1. 通过阅读和讲述，理解故事中动物朋友之间的友爱和分离后的感受，学习用语

言和简单的图符表现出对好朋友的关心或想念之情。

2. 能根据故事"风铃朋友"和一些线索，灵活运用语言、动作、图符进行创造性的表达。

3. 感受有朋友真好，体验好朋友之间相互关爱的美好情感。

［资料来源：祝晓燕，王翠萍. 中班语言活动：风铃朋友［J］. 教育导刊（下半月），2017（1）：30-32.］

案例评析

此案例中的目标符合中班幼儿的年龄特点；能以幼儿为主体，关注幼儿的全面发展，重视幼儿情感的培养；目标重点突出，幼儿需要掌握的讲述能力"灵活运用语言、动作、图符进行创造性的表达"陈述明确，具体可操作。

三、幼儿讲述活动准备的思考

活动的准备包括物质准备、经验准备和环境创设准备，需要做如下思考。

1. 活动的准备应符合实现幼儿讲述活动目标的要求

物质准备包括凭借物和能激发幼儿讲述兴趣的玩教具、材料和小物件等的准备。物质材料应具体形象，符合幼儿年龄特点，并有助于讲述活动的开展，最好能做到人手一份，便于幼儿去感知理解。

经验准备主要指在活动前丰富幼儿讲述的相关知识、经验或某种技能等。如关于"逛超市"的讲述活动，讲述前应组织幼儿到超市去体验，这样幼儿才有话可讲，表达也能更加丰富。

环境创设准备主要涉及场地要求、桌椅摆放、墙饰要求等，要求创设能引起幼儿共鸣，乐意讲述的心理氛围和空间安排。如采取围坐、小组讨论式的桌椅摆放形式，布置与讲述内容相关的墙饰造型，播放与讲述内容相关的音乐等。

2. 材料适宜，支持和满足幼儿学习、探索、操作活动的需要

选择的材料既要符合幼儿的年龄特点，色彩鲜艳、生动形象，又不能过分花哨，以免喧宾夺主，分散幼儿的注意力。讲述活动的重点、难点，可以借助一定的操作材料让幼儿在与材料的操作、互动、探索中实现。

3. 有效利用现代化教学手段，适当地增加活动的实效性和趣味性

对于难以现场表现的情境等凭借物，教师可以借助信息技术手段进行再现。比如，在讲述节日活动时，可以再现幼儿参与活动的照片、视频等。幼儿讲述中还可以采用游戏化的方式，利用现代化教学手段及时反馈。如幼儿使用了正确的讲述句式会触发掌声的音效，使用错误则触发"再试一次"之类的音效。

案例1　中班讲述活动：啪啦啪啦——砰

活动准备

课件、地底下的食材若干。

案例评析

优点：活动准备能结合活动素材故事中主人公鼹鼠的生活场景，准备地底下的食材，有效利用多媒体手段，激发幼儿讲述兴趣。

改进建议：从物质、经验、环境创设三个方面进行活动的准备，充分调动幼儿讲述的兴趣；课件简单描述故事内容；需要准备哪些食材要进行阐述；为幼儿准备能操作、能互动的材料，让幼儿在游戏和操作中提高讲述能力。

案例2　中班语言活动：风铃朋友

活动准备

经验准备：认识风铃，有制作贺卡的经验。

物质准备：课件"有朋友真好"（包括有故事情节的图片四幅）；实物风铃一串；根据故事内容自制的长颈鹿卡片；空白图卡、记号笔、水彩笔、蜡笔；音乐背景。

环境创设准备：营造温馨的氛围，幼儿的座位呈两排半圆形，椅子两两紧靠摆放；主题墙张贴幼儿和好朋友的合影，靠近主题墙的窗边悬挂一两串风铃。

［资料来源：祝晓燕，王翠萍. 中班语言活动：风铃朋友［J］. 教育导刊（下半月），2017，（1）：30-32.］

案例评析

此案例中的活动从经验、物质、环境创设三方面进行了充分的准备。经验准备为幼儿开展讲述活动奠定了基础；物质准备具体形象，互动性强，能让幼儿在与材料的操作、互动、探索中突破讲述活动的重点和难点；环境创设准备营造与讲述内容有关的氛围，激发幼儿讲述的意愿，能有效支持和满足幼儿讲述能力提高的需要。

四、幼儿讲述活动过程的设计

（一）开始部分

开始部分即导入部分，是组织教学活动、集中幼儿注意力的重要环节。教师应联系讲述对象，设计一个有趣的开头，通过猜谜、演示、实物、悬念、歌曲等方式将幼儿的注意力吸引到教学活动中，让幼儿对讲述对象产生兴趣。如幼儿讲述活动

"幼儿园的鹅"，可以引用谜语"身穿白袍子，头戴红帽子，走路像公子，说话高嗓子"开头，当谜底揭晓时，就可以自然引出讲述活动的主题；也可以通过出示鹅的图片、模型、视频片段或实物导入；还可以通过古诗《咏鹅》、故事《聪明的小白鹅》、歌曲《鹅鹅鹅》等方式进行导入。

（二）主体部分

讲述活动主体部分一般按照四个环节来进行：感知、理解讲述对象—运用已有经验讲述—学习新的讲述经验—巩固迁移讲述经验。

1. 感知、理解讲述对象

在幼儿产生了对讲述对象的兴趣后，教师应根据凭借物的特征采用不同的教学方式，引导幼儿动用各种感官去观察、触摸、聆听、感知、理解讲述对象的特征，为下一步的讲述奠定基础。

2. 运用已有经验讲述

在幼儿感知、理解了讲述对象之后，教师引导幼儿运用已有经验进行讲述，给幼儿充分的机会和时间自由讲述，可以采取集体讲述、分组讲述、个别讲述等形式。在这一环节中，教师需要注意：一是幼儿自由讲述前，教师应要求幼儿尽量能完整、连贯地围绕凭借物进行讲述；二是幼儿自由讲述中，教师不能过多干扰，而是要认真倾听幼儿的讲述，了解幼儿现有的讲述水平，发现幼儿讲述中的闪光点和存在的问题，并根据现状设计下一环节的指导重点，帮助每个幼儿都能在现有的讲述水平上获得提高。

3. 学习新的讲述经验

幼儿自由讲述后，教师应为幼儿引进新的讲述经验，提高幼儿的讲述水平。这是讲述活动的重点。新的讲述经验包括讲述的思路、讲述的方式和讲述的完整度等。引进新的讲述经验的方式多种多样，可以采取教师示范、提问引导、共同探讨等方式进行。教师示范新经验是教师在幼儿讲述的基础上，提出一种新的讲述思路或方法，就同一讲述对象发表个人见解。教师可以多示范几种方式，给幼儿更多创造的空间，切忌要求幼儿一字不漏地模仿教师的示范，以免打击幼儿的讲述积极性，影响活动效果。教师提问引导是指教师在活动中运用提问、插话等方式引导幼儿转换讲述思路，为幼儿导入新的讲述方法。教师顺着幼儿的讲述内容，跟随幼儿的思路，进行有技巧的提问来改变幼儿的讲述思路，提高幼儿的讲述水平。共同探讨指的是教师从分析某幼儿的讲述情况入手，带领幼儿一起探讨新的讲述思路，用边问边讨论回答的形式和幼儿一起分析、讨论，帮助幼儿厘清讲述的顺序，自然地引入新的讲述经验。

4. 巩固迁移讲述经验

讲述能力是一种应用性技能。幼儿在学习了新的讲述经验后，需要进行反复的练习和实际操作才能巩固，并转化为熟练的技能。教师可以引导幼儿在学习了新的讲述经验后，采取游戏、绘画、情境表演及材料操作等途径，运用由此及彼、扩展补充讲述等方法，通过集体讲述、分组讲述、个别讲述等形式进行巩固。迁移讲述经验能帮助幼儿有重点地掌握讲述的要求，在这一环节中，教师需要注意引导幼儿运用新的讲述经验有条理、完整、连贯地进行讲述，同时也应鼓励幼儿创造性地运用新的讲述经验，尽可能地避免绝对模仿和复述别人的话。

（三）结束部分

结束部分是活动的最后环节，成功的结束对活动能起到画龙点睛的作用。教师可以采取总结、布置任务、设置悬念等方式结束幼儿的讲述活动。如教师从点评幼儿的讲述情况入手对新的讲述经验进行总结；或是布置任务要求幼儿将内容讲给家人听，帮助幼儿巩固新的讲述经验；或是采用与讲述内容有关的游戏、表演、设置悬念等方式自然结束。

五、幼儿讲述活动延伸的指导

幼儿讲述活动的延伸是对讲述经验的巩固和迁移，也是对讲述内容的拓展和延伸，可以和活动结束环节中的"布置任务"结合，也可以围绕日常生活、区角活动、环境创设、其他领域活动、亲子活动、社区活动等方面进行拓展。如"幼儿园的鹅"讲述活动结束后，可以在动物角改善鹅的生活环境，在生活环节中增加喂养鹅宝宝的内容，在亲子活动中给爸爸妈妈讲述幼儿园的鹅，布置与鹅相关的主题墙，在图书角投放鹅的绘本故事，在角色区投放鹅的玩偶和相关道具，开展科学活动"鹅吃什么"、文学作品活动"古诗鹅"、艺术活动"鹅之歌"等。

案例　大班语言活动：蘑菇风筝

活动背景

春季，放风筝是深受幼儿喜爱的传统游戏。前一阵，班上开展了一次别开生面的放风筝活动。看着亲手制作的风筝在天空中飞舞，幼儿体验着自豪与快乐。在玩的过程中，一个幼儿突然叫喊起来："快救救我的风筝，它被树枝钩住了。"于是，一次"救助"风筝的计划迅速展开了。幼儿积极讨论着各种方法，我帮忙找他们需要的竹竿……幼儿把几根竹竿连接起来，巧妙地把风筝从树上钩了下来。他们自主解决困难的能力与默契配合的过程，让我欣赏和感动。抓住这次教育契机，我以风筝为主线，设计了大班讲述活动"蘑菇风筝"。

活动使用的图片是自制的，内容以上述放风筝活动中的"小插曲"为蓝本进行设计，以幼儿的生活经验为依托，结合放风筝的技巧及幼儿所喜爱的动物，让他们通过排图讲述，从动物的身体特征入手，讨论帮助小动物取下挂在屋顶的风筝，从中培养他们遇到问题勇于克服、互相关心和帮助的良好品质。

活动目标

1．仔细观察图中动物的外形特征并理解图片内容；尝试运用完整句、动作表现较为生动地讲述故事；丰富词语"长长的""一不小心"。

2．能调动生活经验、根据动物特征和图片顺序变化大胆想象，讲述情节较为丰富的小故事。

3．感受动物之间相互关爱的情感，体验与同伴合作排图讲述的乐趣，增强遇到问题想办法解决的意识。

活动准备

1．经验准备：幼儿有过放风筝的体验。

2．物质准备：幼儿收集的各种不同形状的风筝各6只、学具小图片（每人一组）和教具大图片（图3-9）、白板、插图片的卡槽、用于讲述的课件、师幼放风筝的视频。

图3-9 "蘑菇风筝"组图

活动过程

1. 在美工区利用所提供的制作风筝的材料，尝试制作风筝

师幼在轻松的音乐中进入活动场地。

（1）导入语："放风筝时，你最高兴的是什么？谁愿意跟大家分享一下？"

幼儿回忆放风筝的经过，集体分享经验。

播放前段时间师幼放风筝的视频，引发幼儿回忆风筝如何飞起来等细节。

（2）巩固对风筝的认识。

指导语："你最喜欢什么样的风筝？为什么？风筝分为哪几个部分呢？"

幼儿思考，可以用语言或肢体动作自由表达。

出示6只风筝，鼓励幼儿观察（可以轻轻触摸风筝）、主动交流。

指导语："春天是放风筝的好时候。古人说：'杨柳青，放风筝'。春天又到了，小兔子做了一只漂亮的蘑菇风筝，高兴地出门去放风筝。我们一起来看看它的风筝吧！"

（评析：幼儿在导入环节欣赏风筝并联想起生活中的相关场景，主动展开交流，在与教师和同伴的谈话中进一步丰富放风筝的经验，增强以风筝为主线进行交流的兴趣，从而为后续活动的开展积累必要经验。）

2. 单幅图讲述：观察第一幅图并完整讲述

幼儿观察第一幅图，在启发下逐步讲出图中的人物、地点、事件。

指导语："这幅图中，你看到了谁？它在干什么？""小兔拿着一只什么形状、什么颜色的风筝？它准备在什么地方放风筝？今天的天气怎样？谁来讲讲这幅图中小兔发生的故事呢？"

（评析：看图讲述具有相对固定的图片凭借物，教师通过一系列描述性的问题，引导幼儿把自己观察到的图片内容讲述出来，帮助幼儿巩固观察图片的基本方法并了解图片的主要内容。）

3. 小组开展多幅图讲述：观察剩下的4幅图，把它们连起来讲出一个生动的小故事

（1）幼儿4人一组进行讲述。

讲述要求：按图的编号顺序摆放4幅图，先逐一讲述单幅图，再连贯起来讲述4幅图。

指导语："请小朋友们按照大图顺序排好自己的小图，然后观察图片，想一想、说一说这幅图里有谁？在什么地方？它在干什么？比如，第二幅图中，大象用了什么样的办法去拿蘑菇风筝呢？（大象想用长长的鼻子去钩。）小朋友们别忘了把大象的特征讲述出来。"

指导重点：① 引导幼儿学会观察每幅图，按照人物、时间、地点的顺序讲述每幅图。② 启发幼儿相互讨论，鼓励幼儿尝试在小组内把4幅图连起来编出完整的小故事。

（2）每组派代表讲述图3-9的小故事。

指导语："哪个小组把故事跟大家分享一下？"

指导重点：引导幼儿注意倾听同伴讲述，留意同伴对图中几种动物的特征、表情、语言、动作方面的讲述是否生动。

（3）师幼讨论：鼓励幼儿说出自己听到的"蘑菇风筝"故事中最精彩的情节是什么，用得好的句子和词语有哪些，在讲述时觉得最困难的是什么，启发幼儿关注故事中动物之间的情感。

（评析：分组讲述能够让幼儿有机会在他人面前讲述。在幼儿展开活动前，教师清楚地提出讲述要求，让幼儿运用上一环节练习过的单幅图讲述技巧对剩下的4幅图进行逐一讲述，然后再进行多幅图讲述。在幼儿自由讲述的过程中，教师巡回指导并仔细倾听，及时发现幼儿的"闪光点"，适时启发幼儿注意多幅图讲述时的衔接部分。）

4．灵活调整图片的摆放顺序尝试讲述新的故事，感受动物之间的友情

指导语："现在老师把图片的顺序进行了调换，又可以编出一个新的故事，谁愿意试着讲一讲？"

（1）教师将5幅图的摆放顺序进行调整（新的图片顺序为5，1，2，3，4），请个别自愿上前的幼儿尝试讲出"蘑菇风筝"的新版本。其他幼儿认真倾听后自由交流。

（2）教师示范讲述调整图片顺序后的新故事，帮助幼儿丰富词汇。

今天的天气真好，阳光暖洋洋的，草地绿油油的。森林里的小动物们都到草地上放风筝啦！最美的就是蘑菇风筝，它在天空飞呀飞，它的小圆点在阳光下闪着光，小动物看得入了神。一不小心，蘑菇风筝断了线，掉到了红房子的屋顶上。这下大家着急了，一起想办法"救"蘑菇风筝。大象搬来了梯子，可是梯子太矮；小熊拿来了长棍子，也够不着风筝。小猴说："我来试试吧！"他顺着梯子噌噌噌地爬到屋顶帮忙取下了蘑菇风筝，大家都拍手称赞小猴。第二天，小白兔来到草地上放风筝，它也带来一只蘑菇风筝。一阵大风吹来，蘑菇风筝又被吹到了红房子的屋顶上，小白兔很着急，请来了好朋友帮忙……

（3）师幼讨论，启发幼儿关注刚才故事中动物伙伴互相帮忙的友爱、温馨的情境。鼓励幼儿思考：如果自己也在现场，可以怎样帮助小兔拿下房顶的风筝？

（评析：引进新的讲述经验、讲述新的故事情节是本次活动的重点和难点所在。通过调整5幅图的顺序及倾听同伴示范和教师示范讲述，幼儿引进新的讲述思路并尝试对原有的故事内容进行了创编。在讲述中，教师及时鼓励幼儿遇到困难勇于想办法解决，幼儿的讲述范围变得更加开阔、词汇也更加丰富。）

5．两两合作自由摆放图片，运用新的讲述方法，清楚、完整、连贯地讲述5幅图

（1）两人一组，自由讲述。

① 欣赏风筝，以谈话激发相关经验，进入故事情境。

②　鼓励幼儿大胆想象、讨论，指导幼儿把每幅图串起来编出一个完整的故事。

指导语："把图片顺序改变以后，怎样讲出不同的故事呢？这就需要大家大胆想象。比如，把第四幅图放到第一的位置上，把第一幅图放到第二的位置上。那么，第一幅图上，长颈鹿在干什么？（用自己的长脖子'拿'蘑菇风筝。）它拿到风筝了吗？第二幅图上，小白兔在放蘑菇风筝。大家想一想，这两幅图怎样自然地连起来讲述呢？"

指导重点：指导不同组的幼儿运用新的思路和语言完整、连贯地讲述5幅图，尤其注意情节的安排和衔接要自然。

（2）小组一对一讲述。

教师巡回指导并进行记录。

（3）评价：提取各组讲述的精彩之处进行集体点评，丰富幼儿的讲述经验。邀请自愿讲述的小组到集体前合作讲述自己创编的故事。

活动延伸

1. 启发幼儿自由改变5幅图的摆放顺序并仔细观察。

2. 在语言区继续投放这5幅图，供幼儿自由进区时讲述。

3. 亲子活动：幼儿带上在园制作的风筝和家长一起外出放风筝；也可以幼儿和家长一起制作新的风筝。

（广州警备区幼儿园　马丽）

专家点评（点评专家：刘霞，广州市教育研究院副研究员）

语言是交流和思维的工具。本次语言活动"蘑菇风筝"从大班幼儿丰富多彩的生活——春天放飞风筝中寻找语言活动的素材，讲述材料（一组与蘑菇风筝有关的图片）以幼儿喜闻乐见的小兔、大象、长颈鹿、小猴等动物形象为主角，以放风筝为主线，蕴含着丰富有趣的故事情节，能较为有效地引发幼儿的共鸣，激发他们主动去思考、讲述和表演。活动过程的组织与实施较为严谨有序：教师从引导幼儿分享相关的生活经验入手，通过单幅图片引导他们学习有效观察图片的基本方法并尝试表达；在此基础上，引导幼儿以小组合作的方式、运用已有的经验大胆进行排图讲述；在充分引发幼儿已有经验后，教师进行了示范讲述，向幼儿提供了新的讲述经验，及时提出了更高的讲述要求；最后，教师再次提供了自主讲述的时间和机会，幼儿再次分组合作，运用新的经验讲述并展开较为充分的交流。在上述过程中，教师通过精心选择的系列材料鼓励幼儿尝试从不同角度讲述故事。活动有效发展了幼儿的语言表达能力和思维能力，较为充分地体现了"教学走在幼儿发展的前面""教学引领幼儿的发展"的理念。

[资料来源：马丽. 大班语言活动：蘑菇风筝 [J]. 教育导刊（下半月），2017（3）：38—40.]

知识点 3　幼儿讲述活动指导

一、集体讲述活动的指导

集体讲述活动的开展有共同的思路，不同的讲述活动有不同的指导要求。这里主要介绍幼儿园常见的图片讲述、实物讲述、情境讲述三种讲述活动的指导要求。

（一）图片讲述活动的指导

图片讲述成功与否，决定性的因素在于观察和表达。幼儿对于图片观察得是否准确详尽，直接决定其讲述是否言之有物。但是，观察到了，并不一定就能够清晰准确地表达出来，这有赖于幼儿的语言积累水平和表达能力，也有赖于教师的指导。教师要选择好合适的图片，指导幼儿细心观察，精心设计问题引导幼儿去思考，并通过多种方式方法让幼儿去练习讲述，掌握完整、连贯讲述图片的能力（图3-10）。

图3-10　大班图片讲述活动：鸡毛信

Ⅰ. 讲述图片的选择

教师要根据讲述活动的要求和幼儿的年龄特点进行图片的选择，关注图片的内容和质量。为小班幼儿选择的图片画面要大，以单幅图为主，主题要明确，线索要单一，人物角色要少，形象要突出，动作、神情、表情要明显，背景要简单，色彩要鲜明，以便幼儿观察画面的主要内容。为中班幼儿选择的图片一般4幅左右，图画之间有情节联系，主题明确，线索较复杂，人物角色数量较小班增加，角色形象突出，有一定的动作、表情，图片能反映角色的心理活动。为大班幼儿选择的图片为多幅图，一般6幅左右，可以是连环画，也可以是有一定内在联系并存在多种排列可能的图画，图画主题鲜明生动，画面之间有逻辑关系，能展示事物或角色之间的相互关系，能反映角色的心理活动，能为幼儿提供更多的想象空间，发挥幼儿的自主性和创造力。

2. 图片讲述的过程

图片讲述一般采取"观察—思考—讲述"的过程开展。教师在引导幼儿观察图片时要有顺序、有重点地进行。观察图片的顺序有方位顺序、整体到部分或部分到整体的顺序、事件发生发展顺序等。同时，教师要引导幼儿关注情节发展的关键细节，观察分析图片之间及角色之间的逻辑关系，观察与图片主题相关的微观内容：人物、动作、表情、地点、背景及能反映角色内心活动和情节发展的关键细节等。在描述性讲述图片中还要注意引导幼儿重点观察好词好句所依托的细节图，分析图片中主要角色的典型特征，丰富幼儿的语言经验。

图片主要根据图意的主要思路和联想线索顺序出示，教师可以逐幅依次出示，引导幼儿逐步观察、思考、理解图意，也可以根据实际需要采用穿插出示、倒序出示、乱序出示等方式。单幅图可以一次性出示，整体观察后再做局部的仔细观察，也可以先出示一部分，再逐步显现整体；画面内容比较朴实，情节无多大曲折，图与图之间不需要形成思维波澜的多幅图，可以一次性把几幅图展示出来，让幼儿对画面内容先有一个完整的印象，然后再逐幅仔细观察；那些情节较为紧张，扣人心弦，能不断引起幼儿悬念的多幅图则可以分批出示、对比出示等。

3. 图片讲述中的提问

在观察的过程中，教师要善于提问启发幼儿思考。教师可以通过设计有中心性和逻辑性、有启发性和针对性的问题引导幼儿积极思考，帮助幼儿理解图片并学习使用恰当的词语表达图意。图片讲述活动设计的问题一般有以下几类。

（1）描述性问题

描述性问题主要包括"有什么""有谁""是什么表情""在什么地方""什么时候""天气怎么样""在做什么""是什么样的"等。这类问题指向画面的外在表现内容，描述画面中时间、地点、人物、景物、动态等，是对画面初步的感性认识。

（2）思考性问题

思考性问题主要有"为什么""什么道理""怎么知道的""怎么看出来的""是什么关系""哪里不一样"等。这类需要深入思考和综合判断的问题，需要幼儿在对画面进行分析的基础上进行综合判断，推理以准确回答。同时，幼儿要讲清楚讲述的依据，对画面的感知要避免流于表面化和简单化。

（3）假设性问题

假设性问题主要有"在说什么""会想什么""之前是怎么样的""后来会怎样"

等。这类问题是发散性的推理问题，需要幼儿对静止画面展开分析判断和联想，并进行讲述。

这些问题设计的思路不仅适用于图片讲述，也适用于实物讲述、情境讲述，还适用于文学作品活动、早期阅读活动等其他类型的语言活动。

4. 图片讲述的教学方法

图片讲述的集体活动便于教师的集中指导，有利于教师与幼儿以及幼儿彼此之间的交流，但由于发言机会有限，难以让每个幼儿都有充分的讲述机会。因此，在开展图片讲述时，我们可以采取"大图和小图结合"以及"集中与分组结合"的方式进行弥补。"大图和小图结合"中的大图面向全体幼儿，便于教师的集中指导，小图用于幼儿的个别讲述，小组或人手一份，促使每个幼儿积极主动地去看、去想、去说。"集中与分组结合"指集中讲一讲，分组议一议，集中解决共性问题，分组练习实践，两者交叉运用。此外，我们还可以采用游戏教学法、多媒体教学法、目标任务法等方法迁移重点和难点，让幼儿在轻松快乐的氛围中提高讲述能力。

（二）实物讲述活动的指导

1. 实物的选择

实物是实物讲述的凭借物，包括真实的物品、教玩具、动植物等。清晰的讲述能让听者掌握科学知识，认识客观事物。实物的选择非常重要，教师一定要选择幼儿感兴趣的、贴近幼儿生活的实物，否则难以调动幼儿讲述的积极性。比如，幼儿喜欢的玩具、喜欢的动植物、爱吃的小零食、日常生活用品、天气景象等。

连线幼儿园：讲述实物的选择

2. 实物的观察和分析

特征是实物本身的独特属性，是区别于其他实物的不同特点。教师在指导幼儿进行实物讲述前，要引导幼儿对实物进行观察，分析其主要特征。同时教师要引导幼儿分析该实物讲述的逻辑顺序要求，分析该实物可以从哪些方面进行有条理、有顺序地讲述。一般来说，实物讲述可以采用"总—分—总"的讲述顺序，"总说"给听者留下整体印象；"分说"展示实物各方面的特征，突出重点；最后，再对实物进行总结讲述。"分说"的部分还应该选择恰当的讲述顺序，如实物由小到大，动植物的生长变化，产品的生产程序等可以按照时间先后的讲述顺序；实物的外形特征、结构特征、场地的布置等可以按照空间顺序进行讲述；实物的内涵形式及原因等可以按照逻辑顺序进行讲述。在小班幼儿实物讲述"糖画"的活动中（图3-11），教师可以引导幼儿从触觉、嗅觉、视觉和味觉的角度对糖画进行完整讲述。当然，实物讲述不一定只使用一种讲述顺序，可以综合使用多种讲述顺序。

图3-11 小班幼儿实物讲述：糖画

3. 实物讲述的方法

实物讲述主要以说明性讲述形式开展，使用规范的语言，运用准确、简明、通俗易懂的语言风格，不追求使用生动、形象的形容词，更应该注重选用准确的词汇与句式将实物讲述清楚。比如，植物各部分的命名"根""茎""叶"，时间的用词"早上""三个月""在当时"，程度的用词"大多数""几乎""可能"等词。当然，由于讲述的实物不同，语言风格也有所不同，科技性实物的讲述语言较为平实，动植物的讲述语言较为生动活泼。

要把实物讲述清楚，教师还应引导幼儿掌握一些常用的实物讲述方法，如"下定义"和"做诠释"的方法。"下定义"指为了让听者对讲述的实物有明确的概念，要求幼儿用准确、简单、科学的语言给实物下个定义，揭示实物的本质特征，通常采用"实物是什么"的判断句式。"做诠释"就是对实物的概念进行详细说明和解释，具体可以通过举例、做比较、分类别、打比方等多种方法展开讲述。

对于不同年龄阶段的幼儿，实物讲述的要求也有所区别。小班幼儿的实物讲述，只要能将实物的主要特征描述完整又比较清楚就行；中班幼儿的实物讲述，则需要在准确的基础上更具体、生动；大班幼儿不仅要能够针对实物进行充分讲述，还要尝试超越实物本身进行创造性地讲述。

（三）情境讲述活动的指导

1. 讲述情境的选择

连线幼儿园：讲述情境的选择

情境讲述可以是根据提前组织幼儿开展的真实活动进行的生活经验情境讲述，也可以是观看现场表演、视频、动画片等的情境表演讲述。如"我们的冬至"讲述活动就是属于生活经验情境讲述（图3-12）。如果选择与幼儿生活经验相关的情境讲述，教师应留意幼儿的兴趣和平时交谈的话题，主动丰富幼儿的生活经验，如组织幼儿去参加春游、逛超市、庆祝节日等活动。生活经验越丰富、越完整，幼儿的讲述就越生

图3-12 幼儿情境讲述：我们的冬至

动、越形象。如果选择的是情境表演讲述，教师应准备主题明确、情节符合幼儿年龄特点的表演，准备好生动形象的道具，组织教师和幼儿进行排练，关注表演中角色的动作、神态和对话，从而提高表演质量，帮助幼儿更好地理解情境的内容。

2. 表演性情境的准备

情境讲述通常会以表演与讲述融为一体的形式出现，教师在组织时需要注意突出讲述的重点，活动的目的在于培养幼儿独立构思并完整讲述情境内容、人物性格、语言与动作等内容的能力，因此表演剧情设计的角色和情节不能过于复杂，应该让幼儿能看懂、容易理解。

作为讲述的表演情境准备大体可以分为内容选择、组织排练、道具准备、场景布置、表演展示等。一般来说，根据幼儿的特点，教师可以选择情节简单、人物性格鲜明，动作节奏感强，有2~3名角色参演，有适当对话的内容。组织排练时教师应给予更多幼儿参演的机会，帮助幼儿温习角色，熟悉情节。形象逼真的道具和场景能让幼儿身临其境、感受深刻，教师可以组织幼儿一起完成道具和场景的准备与布置，这样，幼儿会更乐意参与活动，讲述时就能够言由心生。

3. 情境讲述的方法

情境讲述一般采用叙事性讲述方法，教师在引导幼儿讲述时注意以下要求。

第一，交代清楚情境发生的时间、地点、人物、事件、原因、结果六个方面的内容。当然，交代这些内容时不应太呆板，要根据情境内容灵活处理，时间、地点的交代可以通过描述自然景物的特征及其变化简洁表示。如"天还没亮""太阳升起的时候""太阳就快下山了"就分别指代了凌晨、早上和傍晚等。

第二，讲述条理清晰，按照事情发展的顺序进行讲述，并做到重点突出。事情的起因、经过和结果是情境讲述中需要特别关注的方面，要重点讲述清楚、明白。

第三，分析情境讲述中的好词、好句。教师应根据情境思考可以运用的词汇和句型，帮助幼儿清楚、生动地将情境讲述完整。具体包括：用恰当的名词表述情境中人、事、物的名称和关系；用准确的动词描述任务的行为状态；用生动的形容词表述角色的鲜明特征；用疑问句、感叹句等灵活多样的句型丰富事情的情节。此外，教师还可以根据幼儿的讲述水平，适当运用顺叙、插叙、倒叙等手法提高幼儿的讲述能力。

在幼儿讲述的过程中，教师是幼儿的观察者、引导者和鼓励者，不能把内容直接讲述给幼儿听，而是要引导幼儿去观察、理解凭借物，讲述时言之有物、言之有序、言之有趣。言之有物指幼儿能讲述出情境的重点内容，如故事的地点、人物，事物的关系、变化，人物的语言和心理活动等。言之有序指幼儿的讲述按一定的逻辑关系进行，或事情发生发展的时间顺序，或方位顺序等。言之有趣指幼儿在教师提供的多样的语言情境中，创造性地运用各种词语和句式进行讲述，从而获得语言运用能力。看菜吃饭，量体裁衣，不管按什么顺序，运用哪种语言风格，用什么方法讲述，都是为了帮助幼儿深入浅出、通俗易懂地讲述清楚。教师要对幼儿的讲述报以宽容的态度，对于幼儿语法错误不必一一纠正，更重要的是帮助幼儿树立表达的信心，促进他们成为能够成功进行人际交往、有创造力、能适应社会环境的个体。

二、其他形式讲述活动的指导

微课：
其他形式讲述活动的指导

幼儿的讲述能力除了通过集体教学活动形式进行有计划的提高外，还应渗透到日常生活、游戏、区角活动及其他领域的活动中，多途径、多形式获得提高。

1. 日常生活中的讲述指导

日常生活中的晨间活动、进餐、午休、盥洗、如厕等环节为幼儿提供了大量的语言表达机会，有利于讲述经验的巩固。比如，晨间活动中的天气播报，午餐前的食谱介绍（图3-13），盥洗中的洗手方法等。在这些活动中，幼儿总会有意无意地与教师和同伴进行语言交流，或是听从教师的指令，或是向教师发出请求，或是与教

连线幼儿园：
食谱播报

图3-13　幼儿园餐前活动之食谱介绍

师和同伴讲述自己的见闻等，都是很好的指导讲述的契机。有的幼儿在集体活动中表现得沉默寡言、羞涩拘谨，在私底下交谈时却非常活泼、长篇大论。有的幼儿在集体活动中讲述完整、连贯，私底下却发音不准、结结巴巴等。教师可以在日常生活中观察幼儿的语言表达情况，了解幼儿讲述能力的现状，对每个幼儿的语言讲述能力进行记录，从而制定有针对性的讲述活动目标。

在幼儿园的生活中，幼儿会接触到各种各样的物品，如床上用品、餐具、玩具、洗漱用品等，教师可以给幼儿介绍物品的名称、外形、颜色、用途等，给幼儿提供讲述的示范，丰富幼儿的词汇和句式。比如，教师给幼儿讲解洗手的步骤时（图3-14）可以运用"首先……接着……然后……"或"第一……第二……第三……"的逻辑顺序句式，用到"黑乎乎""干干

图3-14　教师指导小班幼儿按步骤洗手

连线幼儿园：
洗手

净净""白白嫩嫩"等优美的词语，并在介绍中用上"像小鸡吃米一样洗洗指尖"等比喻的手法。生动形象的语言描述，不仅让幼儿爱上洗手，还帮助幼儿学会了正确的语言表述方法。如果经常进行，幼儿就能逐渐积累和正确理解相关的语词，并尝试使用。教师还可以将讲解的角色交由幼儿轮流完成，幼儿就会模仿教师的语言，加上自己的创造，向同伴清晰地讲解洗手的要求。

2. 语言游戏中的讲述指导

语言游戏是一种可以让幼儿在轻松愉快的环境中实现语言活动目标的重要途径。词汇游戏能帮助幼儿正确理解词汇、运用词汇和增加词汇量；句子和语法游戏能帮助幼儿积累句型，按语法规则组词成句，把握句法的特点和规律；描述性游戏可以发展幼儿在观察基础上的连贯的表达能力。

在"怎样走"的语言游戏中，教师要求幼儿运用一定的副词描述怎样走的动作，幼儿可以说"快快地走""慢慢地走""三步并做两步走""一蹦一跳地走"等，一边说一边做动作。教师还可以提高要求，让幼儿在描述时使用比喻句"像小猫一样轻轻地走""像小兔一样蹦蹦跳跳地走"等，在游戏中增加词汇量。在"骰子大作战"游戏中（图3-15），幼儿轮流掷骰子，根据掷到的骰子画面，进行完整讲述。这些语言游戏可以帮助幼儿提高完整表达的能力，提高观察力、想象力，锻炼思维的敏捷性和灵活性。

图3-15　语言游戏：骰子大作战

拓展阅读

中班语言游戏：骰子大作战

中山市机关第一幼儿园　崔继萍

连线幼儿园：
语 言 游 戏
"故事骰子"

　　游戏目的：巩固感知不同事物的特征，尝试运用完整的句式描述物体的多种特征，丰富词汇。

　　游戏准备：一个六面的骰子，上面粘贴有幼儿生活中常见的食物、玩具、景点等六幅图片。

　　游戏玩法：① 幼儿在空旷的活动室围坐成半圆，教师示范或邀请一个幼儿手持骰子进行投掷，骰子落地时哪一面朝上，就请幼儿观察并完整讲述朝上的这幅图："我投到的图片是××，它的外形是××，它的颜色是××，里面有××，用来××"（若是美食的话，它的味道是怎么样的等）。② 教师邀请幼儿轮流进行游戏。游戏的过程中如遇讲述能力较差的幼儿，教师可及时提供正确的支持与引导，帮助幼儿完整讲述图片内容。

　　3. 区角活动中的讲述指导

　　区角活动中的氛围宽松自由，幼儿可以在与材料、环境、同伴充分互动的过程中获得语言的发展，幼儿自主选择材料和同伴，语言表达没有统一的答案，没有固定的思路，也没有规范语言的特别要求。幼儿可以根据自己的意愿和内心感受，自由地表达见解，与大家进行交流和分享，在轻松、自然的语言交流中提高语言的敏感度，从而使表述的内容更丰富，语言表达更流畅。

语言区是幼儿练习口语表达的重要场所（图3-16），教师可以在语言区投放讲述材料，如图片、画报、讲述实物、构图材料等，让幼儿练习讲述，或边制作边讲述。教师还可以在语言区配置能及时回放的录音录像设备，让幼儿边讲述边录制，随时查看自己的讲述效果，并及时调整，获得进步。教师要充分利用各种语言区，如图书角、表演区、电话亭、试听角、构图说话区等，吸引幼儿积极主动地参加表演、进行交流，开阔幼儿的视野，使幼儿体验成功并获得自信，有效促进幼儿语言的发展。

连线幼儿园：语言区的讲述

除语言区外，其他区角也可以投放与幼儿讲述相关的材料，或是以让幼儿讲述区角的规则和区角的物品等方式锻炼幼儿的讲述能力。如在建构区中，幼儿讲述自己建构的作品（图3-17），也能促进语言表达能力的发展。

连线幼儿园：建构区的讲述

图3-16　幼儿在语言区的讲述

图3-17　幼儿讲述建构作品

4. 其他领域活动中的讲述指导

幼儿园的其他领域活动虽然不以发展语言为直接目的，但这些活动必然会包含一定的语言教育因素，能够为讲述实践提供大量的素材，丰富幼儿的生活经验，让幼儿有物可讲，并不断学习新词新句，也是提高讲述能力的重要途径。

各领域活动中都离不开教师的规范语言讲解和幼儿的交流展示，如科学活动中，幼儿表达自己的疑问、表述自己的实验计划和见解，展示自己的科技作品；艺术活动中，幼儿讲述自己创编的作品（图3-18）；社会活动中，幼儿讲述自己的经历见闻；健康活动中，幼儿讲解动作的要求等。教师可以充分利用这些活动，给幼儿提供讲述练习的机会，帮助幼儿巩固讲述经验。但要注意的是，其他领域活动有其独特的教育价值，在促进幼儿身心和谐发展中有不可替代的作用，教师不能因为讲述能力的发展而在每个活动中一味要求幼儿使用完整、连贯的语言

图3-18　幼儿在艺术活动中的讲述

讲述，而忽视其他领域的发展，出现语言教育喧宾夺主的现象。

活动案例1

小班实物讲述活动：特别的糖——糖画

中山市机关第一幼儿园　杨兴敏

教学活动
现场：
小班实物讲
述活动"特
别的糖——
糖画"

设计意图

幼儿期是语言发展特别是口语发展的重要时期。幼儿的语言能力是在交流和运用的过程中发展起来的。教师应为幼儿创设自由、宽松的语言交往环境，鼓励和支持幼儿与成人、同伴交流，让幼儿想说、敢说、喜欢说并能得到积极回应。糖是幼儿爱吃的食物之一，幼儿对于吃的东西充满了兴趣，充满了表达的意愿。糖画是以幼儿感兴趣的糖为材料进行造型，是中国传统民间手工艺之一，被列为中国国家级第二批非物质文化遗产名录。所以本次活动以糖画作为讲述的凭借物，活动符合幼儿的兴趣，既可以提高幼儿描述性讲述的能力，也能很好地传承中国的传统文化。

活动目标

1. 通过观察、触摸等方式感知中国非物质文化遗产——糖画。

2. 能从触觉、嗅觉、视觉和味觉的角度展开对糖画的讲述，并尝试运用"硬硬的""甜甜的"等形容词描述糖画的不同特征。

3. 乐意在集体面前表达自己的想法。

活动重难点

1. 重点：从触觉、嗅觉、视觉和味觉的角度对糖画进行完整讲述。

2. 难点：运用"硬硬的""甜甜的"等形容词描述糖画的不同特征。

活动准备

1. 经验准备：有在集体面前讲述的经验，会倾听，知道软硬和各种形状。

2. 物质准备：未融化的冰糖、糖画制作过程的视频、提前做好的各种造型的糖画（如蝴蝶、汽车、灯笼等）、多媒体课件、讲述思路提示图（手掌、鼻子、嘴巴、眼睛）。

活动过程

一、实物导入，激发兴趣

出示未融化的冰糖，以糖会变魔术的情境，引起幼儿兴趣，教师以视频展示糖画制作过程。

师：小朋友，你们知道这个是什么吗？

师：对了，它是糖，它的名字叫冰糖。它会融化，还会变魔术的哦！

二、多感官多途径感知、理解糖画

通过摸一摸、看一看、闻一闻、尝一尝了解糖画的软硬、外形和味道，幼儿自由讲述。

师：谁来告诉老师，你发现糖变成什么啦？

师：你们想尝一尝吗？

师：糖画就是把糖融化了，变成糖浆，用勺子舀糖浆来画画，它又能吃又像画一样好看，所以叫糖画。它是我们中国的民间传统手艺。

三、幼儿运用已有经验自由讲述糖画

请个别幼儿在集体面前讲述，幼儿运用已有经验讲述蝴蝶造型糖画的特征，教师注意倾听，捕捉幼儿讲述的闪光点及需要支持的点。

师：刚刚我们都摸了、看了、闻了糖画，谁可以来介绍一下这个糖画？

四、多策略梳理新经验，幼儿学习新的讲述经验

1. 教师通过示范、提示、展示图片等方式引导幼儿学习新的讲述经验。

师：刚刚有小朋友在介绍的时候，说了糖画的味道、软硬、外形的特征。（出示图片手掌、鼻子、嘴巴、眼睛，分别提示讲述要点。）

师：我也来试试说说，介绍糖画。

师：这个是糖画，它摸起来感觉硬硬的，闻起来香香的，吃起来味道甜甜的，看起来像一只蝴蝶。

2. 幼儿运用新经验再次讲述蝴蝶造型糖画。

师：谁也可以学学老师，说一说糖画摸起来怎么样？闻起来怎么样？吃起来味道怎么样？看起来怎么样？

五、创设情境游戏，巩固和迁移新经验

1. 情境创设：糖画小摊有各种造型的糖画，幼儿选择自己喜欢的糖画造型，分组自由讲述。

2. 个别讲述：我喜欢的糖画。

3. 教师点评鼓励幼儿，结束活动。

活动延伸

1. 语言区：通过视频展示各种立体、平面造型的糖画作品，鼓励幼儿再次讲述自己喜欢的糖画。

2. 艺术活动：鼓励幼儿画出自己喜欢的糖画造型。

案例评析

活动内容评价：选择中国国家级非物质文化遗产"糖画"作为讲述的内容。糖画，可以品尝也可以观赏，符合小班幼儿的需求，也符合时代的要求。

活动目标评价：以实物讲述能力目标为重点，尊重幼儿的主体性，能从三维目标促进幼儿的全面发展。

活动准备评价：从经验和物质上都进行了充分的准备。人手一份的糖画能激发幼儿讲述的意愿，提示图能提醒幼儿完整讲述糖画，体现了幼儿主体的理念。

活动过程与方法评价：活动通过"感知、理解糖画—幼儿自由讲述糖画—学习从触觉、嗅觉、视觉和味觉的角度对糖画完整讲述—迁移巩固新的讲述经验"的步骤，围绕实物讲述活动的能力目标，同时兼顾情感和认知发展，采用摸一摸、看一看、闻一闻、尝一尝、讲一讲等多种方法，运用图片（手掌、鼻子、嘴巴、眼睛）提示幼儿完整讲述的方式，突破活动的重点和难点，符合小班幼儿的认知特点和本次讲述活动的需要。

活动效果评价：活动能让幼儿围绕糖画，提高完整讲述的能力，并允许幼儿有讲述的失误，尊重幼儿的想法，活动效果好。

活动案例2

中班情境讲述活动：我们的冬至

中山市机关第一幼儿园　李圆圆

教学活动现场：中班情境讲述活动"我们的冬至"

设计意图

2021年的12月21日是冬至。在我国古代，冬至是个重大的节日，不仅有"冬至大如年"的说法，而且有庆贺冬至的习俗。除了祭天祭祖外，北方地区有冬至宰羊、吃饺子、吃馄饨的风俗，南方地区则有冬至吃米团、长线面、汤圆的习惯，如广东地区以吃汤圆形式迎接冬至。汤圆味道软糯香甜，深受幼儿的喜欢，制作起来也简单上手。正值冬至之际，多数幼儿在家体验了制作汤圆的乐趣，回园后纷纷与小伙伴们分享自己制作汤圆的过程。《指南》指出幼儿的语言能力是在运用中发展起来的，为了进一步促进幼儿语言讲述能力的发展，让幼儿想说、敢说、喜欢说的内容得到积极的回应，我从幼儿亲身经历的节日出发，通过谈话激发幼儿已有经验，出示超市、厨房等场景为幼儿创设讲述情境，引导幼儿根据场景依次来讲述制作汤圆的过程，既锻炼幼儿的讲述能力，又能让幼儿进一步加深对中国传统节日习俗的了解。

活动目标

1. 认识我国传统的节日冬至，知道冬至的由来，喜欢中国的传统节日。

2. 能够根据事情的发展顺序，运用较完整的语言讲述制作汤圆的过程。

3. 在"打电话"的游戏中，用较完整的句子邀请客人，传递温暖。

活动重难点

1. 重点：根据场景依次讲述冬至制作汤圆的过程。

2. 难点：能用较完整的句子讲述及邀请客人。

活动准备

1. 经验准备：幼儿知道冬至有吃汤圆的习俗，拥有制作汤圆和吃汤圆的经验。

2. 物质准备：场景图课件、儿歌"冬至到"、汤圆。

活动过程

1. 儿歌导入主题——冬至，引起幼儿的兴趣

教师播放儿歌"冬至到"。

师：你听到了什么？歌曲里讲了什么？什么是冬至？

2. 幼儿运用已有经验自由讲述冬至

在广东，我们冬至有吃汤圆的习俗。你有没有做过汤圆呢？请跟你旁边的好朋友分享一下你是怎么做汤圆的。

教师小结：冬至是中国农历中一个非常重要的节气，也是一个传统节日，被认为是二十四节气之首，素有"冬至大如年"的说法。为了庆祝中国的传统节日，南方人有吃汤圆的习俗，刚才老师也听有的小朋友已经做过汤圆，并和好朋友分享了做汤圆的过程。

3. 出示场景图，引导幼儿根据情境讲述内容，提高完整讲述的能力

（1）教师出示超市图，鼓励幼儿讲述做汤圆的准备过程。

（2）教师出示厨房图，鼓励幼儿讲述汤圆的制作过程。

（3）教师出示汤圆图，鼓励幼儿讲述过冬至的情境内容。

教师引导幼儿完整讲述，并关爱家人，感恩他人。

4. "打电话"游戏——邀请好朋友过冬至，迁移巩固讲述经验

（1）个别幼儿讲述，提高幼儿讲述的完整性。

师：通过小朋友的讲述，我们对制作汤圆的过程又有了进一步了解，是不是很想邀请好朋友呢？现在我们玩一个小游戏，打电话邀请你的好朋友。

引导幼儿完整介绍自己准备做的汤圆，巩固幼儿完整表达的能力。

（2）幼儿间打电话互相邀请，鼓励幼儿完整、连贯地讲述。

5. 教师小结，吃汤圆，自然结束活动

师：刚才我们用"打电话"游戏邀请的形式较完整地讲述了冬至自己制作汤圆的过程，对我国的传统节日冬至的习俗有了进一步的了解，希望小朋友们以后在活动中也像今天这样用完整的语言讲述内容，把更多的中国传统文化知识分享给他人。走，我们一起去吃汤圆喽……

附儿歌：

冬至到

冬至到，冬至到，南汤圆，北水饺，

暖暖和和吃一碗，保你耳朵冻不掉。

冬至到，冬至到，敬祖宗，把墓扫，

会亲访友拜老师，平安幸福乐陶陶。

冬至到，冬至到，这一夜，最长了，

甜甜蜜蜜睡一觉，明天太阳会更好。

案例评析

活动内容评价：选择中国传统节日"冬至"作为讲述的主题，贴近幼儿的生活，既符合中班幼儿的需求，也符合时代的要求。

活动目标评价：以情境讲述能力目标作为活动的重点，以幼儿为主体，能从三维目标思考幼儿的全面发展。

活动准备评价：从经验和物质上都进行了充分的准备。汤圆和场景图能激发幼儿讲述的意愿，体现了以幼儿为主体的理念。

活动过程与方法评价：活动通过"儿歌导入—幼儿自由讲述—学习完整讲述—在游戏中迁移巩固完整讲述经验"的步骤，围绕情境讲述的目标，采用讲解法、讨论法、游戏法等多种方法，符合中班幼儿的认知特点和本次讲述活动的需要。

活动效果评价：活动能让幼儿围绕过冬至过程中的不同情境，鼓励幼儿完整地进行讲述，并通过游戏的方式对完整讲述的能力进行巩固，活动效果好。

活动案例3

教学活动
现场：
大班图片讲述活动"鸡毛信"

大班图片讲述活动：鸡毛信

中山市机关第一幼儿园 李慧

活动目标

1. 运用描述性的语言，完整、连贯地讲述"鸡毛信"的节选故事。

2．分析故事中主人公海娃的表情和动作与情节之间的关系，尝试运用恰当的词进行生动的描述。

3．理解我们如今的幸福生活来之不易，增强爱国情感。

活动准备

1．经验准备：幼儿对抗日战争时期事迹有所了解。

2．物质准备：课件（小朋友在幼儿园生活的照片、海娃送信的大图），人手一份操作材料（和大图内容一致的小图）。

活动过程

1．回忆幸福生活，对比导入

教师出示幼儿在幼儿园生活的照片，引导幼儿感受幸福生活。

师：照片在哪里拍摄的？照片上的小朋友们在干什么？

幼儿：根据图片内容回答。

师：对呀！这几张照片就是小朋友们平时在幼儿园学习、生活的瞬间，照片上小朋友们的表情是怎样的？

幼：笑，开心……

师：在中华人民共和国还没有成立的时候，大家的生活不像现在那么幸福。现在，我们每天可以很开心地上幼儿园，学习各种各样的本领。那时候的人们每天都吃不饱，穿不暖，生活非常的艰辛，还时常受到敌人的侵略，饱受战争的伤害。但人们并没有因为这样而放弃，大家很有斗志，想要打败敌人，过上幸福的生活。

师：今天老师给小朋友们带来了一个故事，名字叫"鸡毛信"。

2．观察图片，幼儿初步了解故事，自由讲述

师：这个故事里面有个小朋友，他的名字叫海娃，他是抗日战争时期，村庄里抗敌的儿童团的团长，从图上看，你们觉得哪个是海娃呢？为什么？

幼儿看图回答。

师：有一天，海娃要去给八路军王连长送信，你们看，这封信有什么特点？在送信的路上，会发生什么事情？

幼儿自由讲述。

3．进一步观察细节，生动讲述故事

老师给每个小朋友准备了4张图片，请你们等会儿拿到图片后仔细看一看，排一排，说一说，并跟旁边的小朋友讲一讲海娃在送信的过程中发生的故事。在讲之前，请你们看一看这几张图，有什么看不懂的地方吗？

幼儿操作材料，讲述图片。

教师请两三个幼儿面向集体进行讲述，并进行点评指导。

4．教师示范完整讲述图片故事

师：小朋友们请看，我手里的这本书就是《鸡毛信》，接下来请大家看着图片，我们一起来完整地讲一遍这个故事。

师：今天这个故事叫什么名字？

幼：鸡毛信。

师：对，这本书里的海娃是一个非常机智、勇敢的孩子，在遇到困难时，沉着冷静，开动自己的小脑筋想出了好办法，成功地把重要的鸡毛信送到了王连长的手中，最后打赢了日本鬼子。

我们要学习海娃遇到事情不惊慌、沉着冷静地面对困难的精神。希望小朋友们在今后的学习生活中，也能有海娃的这种精神，好好珍惜我们现在的幸福生活，爱我们的国家，将来为祖国做贡献。那我们待会儿和其他小伙伴一起来分享这本书吧！

案例评析

活动内容评价：儿童故事"鸡毛信"，具有爱国主义价值，情节生动有趣，符合大班幼儿的要求。

活动目标评价：能从三维目标思考幼儿的全面发展，以幼儿为主体。

活动准备评价：从经验和物质材料进行了准备，准备充分。操作材料给予幼儿动手操作的机会，体现了以幼儿为主体的理念。

活动过程与方法评价：活动通过教师提问、幼儿讲述、幼儿操作、教师示范等多种方式，围绕图片讲述的能力目标，同时兼顾了情感态度和价值观的培养，多种方法综合运用，促进幼儿讲述能力的提高，符合大班幼儿的认知特点和本次讲述活动的需要。

活动效果评价：活动能让幼儿围绕图片提高讲述能力，并萌发爱国主义情感，活动效果好。

岗位
对接

项目一 选择讲述活动的凭借物

1. 目标

（1）巩固幼儿讲述活动的特点和凭借物选择的理论知识。

（2）能为不同年龄阶段的幼儿选择合适的凭借物。

2．内容和要求

（1）为各年龄阶段的幼儿各选择9种（图片、实物、情境各3种）不同的讲述凭借物，重点选择祖国优秀文化和伟大建设成就等方面的内容。

（2）分享选择凭借物的理由和讲述该凭借物的要求。

项目二　观摩与评价幼儿讲述活动

1．目标

（1）巩固讲述活动设计的理论知识。

（2）能科学评价幼儿讲述活动方案。

（3）在活动评价中遵循客观性原则，树立公平公正的理念。

2．内容和要求

（1）评价往届同学或幼儿园教师撰写的幼儿讲述活动方案，提出修改建议。

（2）评价学前教育相关杂志上发表的幼儿讲述活动方案。

（3）现场观摩或视频观摩幼儿讲述活动，记录全过程，并进行分析评价。

（4）评价标准参考本书附录6。

项目三　设计与组织幼儿讲述活动

1．目标

（1）巩固讲述活动设计的理论知识。

（2）能根据学前教育专业活动设计项目国赛要求和讲述活动的要求设计幼儿讲述活动方案，遵循幼儿教育规律，严谨细致，追求卓越，弘扬精益求精的工匠精神。

（3）开展幼儿讲述活动的说课或试教活动，重视幼儿教师的榜样作用，爱岗敬业，细致耐心，树立潜心培幼育人的理念。

2．内容和要求

（1）联系幼儿园获得实践周活动主题，或根据实际情况自选主题，设计幼儿集体讲述教学活动方案。

（2）根据学前教育专业学生国赛说课标准，开展幼儿讲述活动说课比赛。

（3）模拟幼儿园教师资格面试要求进行幼儿讲述活动试讲。

（4）教学活动方案、说课、试讲活动评价标准请参考本书附录4～附录7。

国考
链接

国考链接参
考答案

一、单项选择题（笔试）

1. 一般情况下，哪个年龄阶段幼儿能结合情境理解一些表示因果、假设等相对复杂的句子（　　）。【2017年下】

A. 托班　　　　　　　　　　　　B. 小班

C. 中班　　　　　　　　　　　　D. 大班

2. 在引导幼儿感知和理解事物的"量"的特征时，恰当的做法是（　　）。【2018年上】

A. 引导幼儿感知常见事物的大小、高矮、粗细等

B. 引导幼儿识别常见事物的形状

C. 和幼儿一起手口一致点数物体，说出总数

D. 为幼儿提供"按数取物"的机会

3. 下列表述中，与大班幼儿实物概念发展水平最接近的是（　　）。【2018下】

A. 理解本质特征　　　　　　　　B. 理解功能性特征

C. 理解表面特征　　　　　　　　D. 理解熟悉特征

二、活动设计题（笔试）

大班教室里收集了纸板箱、鞋盒、牙膏盒、药品盒等数量众多的盒子，这些大大小小的盒子吸引了幼儿。教师发现很多幼儿利用盒子自发产生了很多活动，涉及各个领域。于是教师决定围绕纸箱、纸盒设计出系列活动来满足和推动幼儿的发展。

1. 写出主题活动的总目标。

2. 围绕主题设计三个子活动。写出一个子活动的具体活动方案（请根据本单元内容设计讲述活动），包括活动名称、目标、准备和主要环节。

3. 写出另外两个子活动的名称、目标。【2017年上】

三、活动展示（面试）

1. 看图讲述

（1）内容

① 看图片（图3-19）讲故事。

② 模拟提问。

图3-19　看图讲述组图一

（2）基本要求

① 看图片讲故事。

故事符合图意，语言生动有趣。

给故事取名，名字有一定的概括性，符合图意。

普通话标准，口齿清楚，语速适宜，有感染力。

② 模拟提问：模拟向4—5岁幼儿提2个问题，以引导幼儿观察画面、发现画面之间的关系。

③ 请在10分钟内完成上述任务。

2. 看图讲述

（1）内容

① 看图片（图3-20）讲故事，模拟对幼儿讲故事。

② 模拟提问。

图3-20 看图讲述组图二

（2）基本要求

① 看图片讲故事。

故事符合图意，语言生动有趣。

给故事取名，名字有一定的概括性，符合图意。

普通话标准，口齿清楚，语速适宜，有感染力。

② 模拟提问：模拟向4—5岁幼儿提2个问题，以引导幼儿观察画面、发现画面之间的关系。

③ 请在10分钟内完成上述任务。

赛场
直击

赛场直击参
考答案

一、单项选择题（幼儿教师职业素养测评）

1. 在组织"我和蔬菜做朋友"的活动后，教师在幼儿进餐时介绍今天所吃蔬菜的名称、主要特征、味道等，这样做体现了（　　）。

A. 科学发展性原则　　　　　　　　B. 思想教育性原则

C. 全面渗透性原则　　　　　　　　D. 启发探索性原则

2. 情境语言和连贯语言的主要区别在于（　　　）。

A. 是否完整连贯　　　　　　　　　B. 是否反映了完整的思想内容

C. 是否为双方所共同了解　　　　　D. 是否直接依靠具体事物作支柱

3. 某幼儿给"鱼"下定义时说："鱼是一种会游的动物"。该幼儿的概括水平为（　　　）。

A. 初步概念水平　　　　　　　　　B. 依据具体特征下定义

C. 不会下定义　　　　　　　　　　D. 同义反复

二、幼儿园教育活动设计与说课

题目：主题活动——中班"多彩的服装"

1. 内容

（1）主题网络图设计（书面作答）。

（2）教学活动设计（一课时）（书面作答）。

（3）说课（口头作答）。

2. 基本要求

（1）根据提供的主题素材，综合幼儿发展各领域以及幼儿园活动的类型，围绕主题设计主题网络图。主题网络图绘制要具有丰富性、科学性、具体化和操作性强等特点，充分考虑到生活化、兴趣性、适宜性、幼儿的主体性和家园合作等因素。

（2）根据主题素材与年龄阶段，设计一次（30分钟左右）集体教学活动的教案（请根据本单元内容设计讲述活动）。教案格式完整规范，语言清晰、简洁、明了，目标设计、内容选择、方法运用符合幼儿年龄特点和领域特点。

（3）根据已设计的教案，就内容、目标、方法、过程设计等进行说课，说清楚"学什么、教什么""怎么学、怎么教"以及"为什么"等问题，语言规范，条理清楚，逻辑性强，表达流畅。说课时间在7分钟内完成。

3. 主题素材

（1）主题简介

服装是人们生活的必需品，中班幼儿对于服装的认识已有一定的生活经验，他们对服装与人们生活的密切关系，对四季服装的特点等有了较多的认识和感知，同时，他们开始探究服装的多样化，对不同行业的制服和少数民族的服装产生了认知兴趣，也喜爱制作和表演时装。

（2）小知识：部分少数民族服饰

维吾尔族男子常常穿斜襟、没有扣子、长到膝盖的外衣，一般都系腰带；女子喜欢穿颜色鲜艳的连衣裙，外面套背心。男女都喜欢戴绣花小帽，穿长筒皮靴。

蒙古族人民身穿长袍，头上扎着头巾，腰间束着腰带，脚穿皮靴；喜欢赛马、射箭、弹马头琴、唱歌、跳舞。

藏族男子戴着有舌的毡帽，身穿长袍，斜开衣襟，腰间系一长带，一只衣袖挂在身边，脚穿长筒皮靴，靴尖上翘；藏族妇女身穿长袍，外套长背心，腰间系一条五彩横条的围裙。

傣族服饰淡雅美观。各地傣族男子的服饰差别不大，一般是无领对襟或大襟小袖短衫，长管裤，以白布、水红布或蓝布包头。女子服饰因地区而异。德宏一带傣族女子婚前多穿浅色大襟短衫，下穿长裤，束一小围腰；婚后穿对襟短衫，下身为花色或黑色筒裙。西双版纳的傣族女子上身着浅色紧身内衣、大襟或对襟圆领窄袖衫，下身多为花色长筒裙。

（3）绕口令：兔子做裤子

小兔子，做裤子，

量了裤子量肚子，

做好了裤子提不上肚子。

小兔子，看裤子，

不知是没量准裤子，

还是没量好肚子。

（4）折纸：折衣服（图3-21）

衣服的基本折法(一)：

（按实线剪开）　（按虚线折叠）

衣服的基本折法(二)：

（剪去阴影部分）　（按虚线折叠）

图3-21 折纸：折衣服

（5）小实验：宝宝的棉衣

准备：旧棉袄一件、茶杯两个、小铝盒两个。

方法：在两个茶杯内倒入相同温度的热水，将其中一个茶杯用旧棉袄包起来，过10分钟后，没包旧棉袄的茶杯里的水凉了，包着旧棉袄的茶杯里的水还挺热。

天热时，将两块冰分别放在两个小铝盒里，其中一个小铝盒用旧棉袄包起来，过10分钟后，没包旧棉袄的小铝盒里的冰开始融化了。

说明：从实验中幼儿懂得，棉花不会发热，只能起到保温作用。因为棉花中有数不清的空隙，能储藏很多很多空气，这空气能把身体中（热水中）散发的热保存起来；同时，棉花又能将外面的冷空气（热空气）隔开。

单元测试

一、单项选择题

单元测试参考答案

1. 讲述活动的对象又称（　　　）。

A. 图片

B. 实物

C. 情境

D. 凭借物

2. 和谈话活动相比，讲述活动的语境较为（　　　）。

A. 宽松

B. 正式

C. 自由

D. 严肃

3. 讲述活动的重点是（　　　）。

A. 培养幼儿的感知与理解能力

B. 培养幼儿独立构思与清楚完整表达的能力

C. 培养幼儿语言交流的信息调节能力

D. 培养幼儿积极的情感态度

4. 下列关于口语表达能力特征的描述，不正确的是（　　　）。

A. 从情境性语言过渡到连贯性语言

B. 从独白语言逐渐过渡到对话语言

C. 讲述的逻辑性逐渐提高

D. 逐渐掌握语言表情技巧

5. 单幅图，主题单一，角色少，角色动作、表情明显。这样的图片适合（　　　）。

A. 小班

B. 中班

C. 大班

D. 各年龄班

二、问答题

1. 幼儿讲述活动的特点是什么?

2. 幼儿讲述活动的主要目标是什么?

3. 幼儿讲述活动主要分为哪些类别?

4. 幼儿讲述活动设计与组织的基本结构是怎样的?

5. 幼儿在看图创编故事时可能存在哪些困难?

6. 如果幼儿不会看图创编故事怎么办?

单元四

4

幼儿文学作品活动

学 习 目 标

知识目标

☐ 理解幼儿文学作品活动的特点。

☐ 了解幼儿文学作品活动的类型。

☐ 明确幼儿文学作品活动的目标。

☐ 掌握各种类型幼儿文学作品活动的设计与指导要求。

能力目标

☐ 能为不同年龄阶段的幼儿科学合理地选择适宜的文学作品。

☐ 能根据主题和要求设计幼儿文学作品活动方案，并进行试教。

素养目标

☐ 坚持弘扬社会主义核心价值观。喜欢讲故事、朗读诗歌，能主动选择体现中华优秀传统文化的作品，树立文化自信。

☐ 树立正确的学习观。坚持唯物主义基本原理，科学设计幼儿文学作品活动；在设计过程中形成团队合作能力，不断提高探索和学习的品质。

☐ 树立正确的教师观。在活动的实施中以身作则，重视教师的榜样作用。

☐ 树立正确的儿童观和教育观。具备良好的职业道德和职业基本素养，树立潜心培幼育人的理念。

知 识 导 图

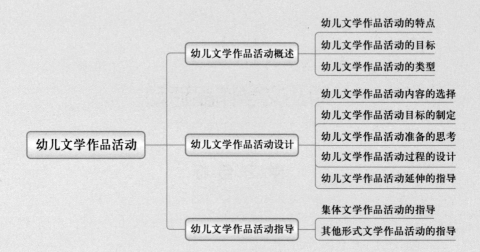

幼儿文学作品活动

幼儿文学作品活动概述
- 幼儿文学作品活动的特点
- 幼儿文学作品活动的目标
- 幼儿文学作品活动的类型

幼儿文学作品活动设计
- 幼儿文学作品活动内容的选择
- 幼儿文学作品活动目标的制定
- 幼儿文学作品活动准备的思考
- 幼儿文学作品活动过程的设计
- 幼儿文学作品活动延伸的指导

幼儿文学作品活动指导
- 集体文学作品活动的指导
- 其他形式文学作品活动的指导

职场
体验

　　在幼儿园见习的冬冬发现她的主班王老师在给幼儿组织故事活动时总喜欢讲到一半就停下来和幼儿提问互动，然后再接着讲下去，每次幼儿都被吸引住，整个活动有趣极了。这天，刚好王老师出差，冬冬也学着王老师"讲到一半"就停下来和小朋友互动，起初只有几个小朋友回答了问题；冬冬不甘心，继续讲讲停停，可是始终达不到王老师组织活动的效果。最后，小朋友索性不愿意听故事，做起了自己的事情。冬冬不解，向王老师请教："我也是讲到一半就停下和小朋友互动了，为什么达不到您的活动组织效果呢？"

　　冬冬的疑问是否也是你在见习中的疑问？组织故事活动到底需要哪些准备和技巧呢？

微课：
幼儿文学
作品活动
的特点

知识
探究

知识点1　幼儿文学作品活动概述

　　文学作品是语言艺术的瑰宝，也是语言教育的工具之一。幼儿文学作为儿童文学的重要组成部分，具有文学的一般特性，同时兼具教育性和趣味性。幼儿文学作品以形象化的语言为载体，通过生动有趣的形象和丰富的情感来反映社会生活，能让幼儿增长知识，开阔眼界，丰富语言和情感，是陪伴幼儿精神成长的重要资源。

　　幼儿文学作品活动是指以儿童文学作品为基本教育内容而设计组织的语言教育活动。它围绕一个具体的文学作品展开系列相关的活动，创设幼儿学习运用叙事性语言的情境，帮助幼儿理解文学作品所展示的丰富而有趣的生活，引导幼儿养成良好的倾听习惯，鼓励幼儿创造性地运用语言，体会语言艺术美，为幼儿提供全面的语言学习机会。近年来，幼儿口头语言和书面语言研究越来越受到重视，《纲要》和《指南》都指出教师应引导幼儿接触优秀的文学作品，感受语言的丰富和优美。因此，幼儿文学作品活动在语言教育活动中起着举足轻重的作用。

一、幼儿文学作品活动的特点

（一）围绕文学作品开展系列活动

幼儿文学作品活动是围绕具体的文学作品开展的系列活动，其主要目的不是知识的记忆，而是侧重提高幼儿理解美、欣赏美、表现美的能力，以及引导幼儿表达自己对文学作品理解和想象的多层次系列活动。因此，文学作品的学习不是一蹴而就的，而是循序渐进的。例如，在大班诗歌活动"落叶"中，教师可以根据幼儿的特点循序渐进地设计系列活动。教师可以从作品本身入手设计活动，引导幼儿感知和欣赏诗歌中蕴含的丰富的语言元素；也可以引导幼儿通过聆听、诵读、表演等多样化的形式，多角度欣赏和理解文学作品，逐渐将书面语言信息转化为口头语言信息；也可以根据诗歌《落叶》的特定结构进行仿编，激发幼儿想象力，升华情感。这样层层深入的活动设计，既能体现文学作品的教育功能，又能培养幼儿感受美的能力和文学素养。

（二）提供多种与文学作品相互作用的途径

幼儿语言的发展是通过个体与外界环境中语言和非语言信息的相互作用逐步实现的。因此，在欣赏文学作品时可借鉴"多通道理论参与模式"（多用于音乐欣赏活动，是指围绕音乐欣赏，结合音乐的各种要素，采用歌唱、演奏、身体动作和表演等方式，同时整合其他学科的学习方式参与到音乐中去），更好地调动多种感官深入体验文学作品。以小班故事活动"变色的小蜗牛"为例，幼儿可以运用视觉观察小蜗牛的变化，运用听觉认真倾听故事等。在幼儿文学作品活动中，教师可通过多种操作途径引导幼儿看一看，听一听，摸一摸，闻一闻，尝一尝，想一想等，使幼儿通过多种感官获得亲身经验，用心感受文学作品的魅力。

（三）整合相关领域的学习内容

幼儿文学作品活动在欣赏和体验的过程中往往涉及其他领域的内容。有的文学作品涉及某个特定的领域，例如，中班故事活动"雪娃娃"与社会领域的联系比较紧密，中班故事活动"防疫小天使"涉及健康领域；有的文学作品可能涉及多个领域，例如，中班诗歌活动"落叶"涉及科学领域和艺术领域，大班故事活动"方脸和圆脸"涉及社会领域和科学领域（数学）的知识。文学作品的呈现与表达本身涉及许多领域（图4-1），在学习过程中，教师应注重围绕文学作品内容整合不同领域的学习内容，开拓幼儿的思维，为幼儿提供更多表达的机会。

图4-1　与艺术领域相整合的文学作品活动

拓展阅读

幼儿文学与艺术整合模式

　　《学前儿童语言学习与发展核心经验》提出，幼儿学习文学作品会经历四个阶段：感知、理解、欣赏、创造。以幼儿的生活经验为基点，在幼儿文学与艺术整合背景下，从众多的古诗词活动设计与实施中，总结归纳出以下行之有效的整合模式。

拓展阅读：
以古诗为载体的幼儿文学与艺术整合活动

　　（一）经验唤醒——结合实际情境

　　1．猜谜、对话，感知主要形象或情境

　　例如，以谜语"头戴红帽子，身穿白袍子，脚穿红袜子，唱歌伸脖子"引出古诗《咏鹅》中的主要形象——鹅。再如，在古诗《元日》教学中，教师提问："小朋友们喜欢过年吗？知道春节是哪一天吗？"创设一定的对话情境，结合已有的过年经验，引导幼儿通过古诗学习，深入了解古人的过年习俗。

　　2．视频、图片，链接已有生活经验

　　例如，在古诗《悯农》教学中，教师通过宣传短片，帮助幼儿回忆什么是"光盘行动"，并利用问题"短片中小朋友们说，要把盘中的食物吃干净，不浪费，为什么要这么做呢？"帮助幼儿了解开展"光盘行动"的原因。在此基础上，自然过渡到"粮食来之不易，我们要珍惜粮食，积极加入光盘行动"。

　　（二）意境感受——符合年龄特点

　　1．以画入境，直观领悟诗意

　　例如，在古诗《元日》教学中，教师利用儿童画展示诗中具有代表性的生活细节：

点燃爆竹、饮屠苏酒、换新桃符。借助古代老百姓过春节时的典型素材，将幼儿带入古代春节的节日氛围；通过"屠苏""瞳瞳""桃符"等关键词的解释，引导幼儿理解古诗内容；鼓励幼儿相互答疑，"你还有什么不懂的或不理解的吗？"让幼儿在看看、猜猜、想想、说说中，理解体会诗意。

2. 白板支持，形象呈现诗意

例如，在古诗《梅花》教学中，为引导幼儿体会梅花"凌寒独自开"的意境，感受梅花不畏严寒、不屈不挠、自强不息的风骨，教师利用白板制作课件：屏幕中，雪花缓缓落下，伴随着呼啸的冷风的背景音乐，梅花花骨朵正悄悄在枝头绽放。一朵、两朵、三朵……最后画面定格在梅花独自怒放的远景上。教师适时提问："你认为梅花是一种什么样的花？"幼儿内心自然产生情感共鸣：梅花是一种勇敢、坚强、不惧寒冷、勇于挑战的花。

（三）语言诵唱——创设多元活动

1. 自主跟诵，理解韵律美

例如，古诗"一望二三里，烟村四五家。楼台六七座，八九十枝花"，巧妙地把一至十的数字镶嵌其中。在诵读环节，教师结合节奏卡，引导幼儿有节奏地朗读。在此基础上，幼儿尝试用简单乐器、道具表演等多种形式朗诵古诗，感受古诗的韵律美。诵读时，教师应把握：不要反复重复作品，以免降低幼儿对古诗诵读的兴趣。

2. 花样吟唱，谱写时代节奏

例如，在古诗《春夜喜雨》教学中，教师首先播放已学过的古诗歌曲《苔》，再播放歌曲《春雨滴答》。幼儿在倾听中对比两首歌曲的异同，学习将新词配以旧旋律。接着，鼓励幼儿把《春夜喜雨》和《春雨滴答》融合在一起表演，将说与唱相结合，体验古诗与诗歌的不同，感受诵唱表演的乐趣。

值得注意的是，不管采用哪种诵唱方式，都是为了引导幼儿感受和理解古诗作品，切忌为了追求活动表面的花哨和热闹，出现不讲究实际效果的强行"拼凑"。

（四）个性表达——迁移作品经验

1. 音乐伴唱，情感交融

例如，在古诗《苔》教学中，幼儿观看山村支教教师梁俊和乌蒙山里的孩子们一起演唱这首诗后，在跟唱歌词时，不禁流下眼泪："哥哥姐姐就像苔花一样有力量！"

2. 表演展示，再现作品

例如，在古诗《元日》教学中，教师投放儿童古装，以及大鼓、对联、鞭炮、中国结等具有年味的装饰品，加以肢体动作与表情，引导幼儿自由表现古代春节的热闹与喜庆。

3. 绘画创作，自由表征

例如，在古诗《咏鹅》教学中，有的幼儿用颜料画出鹅的样子；有的用黏土做鹅的头，用纸巾画鹅身和鹅尾；还有的小组合作，表现鹅捉鱼、喝水、说悄悄话的样子等。幼儿在大胆创作与自由表征中，感受和体会古诗中诗画一体、诗情画意的优美意境。

4. 创意表达，尊重意愿

例如，在古诗《苔》教学中，幼儿领悟诗意后说："乡村孩子生长在贫困的环境中，却还是努力学习，就像苔花一样。"教师鼓励幼儿创意表达，多元再现古诗作品时，应尊重幼儿的想象和创造，不用成人"像不像""好不好"等标准进行评判。

[资料来源：李军静. 以古诗为载体的幼儿文学与艺术整合活动 [J]. 福建基础教育研究，2021（9）：135-137.]

二、幼儿文学作品活动的目标

幼儿文学作品活动以大量优秀的文学作品为素材，引导幼儿积极参与文学作品学习活动，了解文学作品的体裁，激发幼儿对文学作品的兴趣，培养幼儿对文学语言的敏感性。幼儿通过诵读故事、诗歌、散文等文学作品，理解文学作品内容，结合语言信息进行创造性想象，尝试组织语言创造性地表达。幼儿文学作品学习活动的目标制定既要与幼儿园语言教育目标紧密相连，也应满足幼儿的年龄特点；同时，要结合具体活动的素材。幼儿文学作品活动的目标包括以下几个方面。

微课：
幼儿文学作
品活动的目
标和类型

（一）引导幼儿学会欣赏文学作品，感受语言的丰富性和多样性

幼儿文学作品题材丰富，体裁多样，为幼儿学习语言提供了成熟的语言范本，幼儿通过模仿、记忆并加以创造性地表达，可以体验文学作品的书面化语言，进一步感受文学作品的魅力，提高其对文学语言的敏感性。例如，"呼啦，呼啦！柳枝弯弯柔软的腰，啊，春天是跳着舞来的！"文学作品中形象化的语言三言两语勾勒出春天的景象，幼儿在倾听和朗读诗歌时潜移默化地升华了对春天的喜爱之情。除此之外，受地域文化特点的影响，作家的文学作品有自己的独特印迹，这些个性化的语言特点造就了语言风格的多样化，能让幼儿在欣赏文学作品时体验语言的多彩之美。

（二）扩展幼儿的词汇量和句型量，提升自觉获取语言材料的能力

优秀的幼儿文学作品能引导幼儿积累丰富的词汇和多样的句式结构。幼儿文学作品活动不仅是讲述故事和朗诵诗歌，更有运用不同的词汇和句型表达对文学作品的理解和感受。幼儿在对文学作品的理解中学习新词，或是在活动中掌握和运用新词。例如，在诗歌《春天是这样来的》中出现了"叮咚""呼啦""哗啦"等拟声词，

幼儿可以根据上下文，联系生活经验掌握词语含义，并能通过动作和表情表现词语的含义，积累语言素材。所以，幼儿文学作品活动能帮助幼儿扩展新的词汇和句式结构，是帮助幼儿掌握语言内容的重要途径。

（三）培养幼儿善于倾听的技能，促进运用语言交往的能力

在幼儿语言发展过程中，乐听、善听是幼儿运用语言交往的重要内容。教师讲述故事和朗诵诗歌都涉及幼儿的倾听，在幼儿文学作品教学活动中，教师应选择优秀的故事和诗歌，采用合适的教学方法培养幼儿有意识的倾听能力，包括评析性的倾听能力和欣赏性的倾听能力。例如，教师在呈现示范文学作品时，幼儿往往会聚精会神，安静地观察教师，倾听教师呈现的语言，这就是有意识倾听的能力。

（四）鼓励幼儿创造性表达，提高幼儿灵活运用语言的能力

语言是幼儿在与人和环境交互作用中创造性地习得的，教师可以通过鼓励幼儿大胆表达来发展创造力。例如，在日常生活中可以组织幼儿开展语言小游戏，可以借用故事人物特点创编故事结尾，可以仿编诗歌，可以表演故事（图4-2），甚至可以采用音乐和绘画的形式积极主动地表达对作品的理解。

图4-2　老师带领幼儿表演故事

拓展阅读

学前儿童语言学习与发展核心经验（文学作品活动）

文学作品活动中，学前儿童语言学习与发展的内容、核心经验及目标见表4-1。

表4-1　学前儿童语言学习与发展内容、核心经验及目标

内容	核心经验		学习与发展目标		
	概念	示例	初始阶段	稳定阶段	拓展阶段
文学语汇 语汇又叫词汇，是词语的总汇，即语言符号的聚合体。文学语汇是指文学作品中所运用的全部的语词总和，包括词汇、语言句式以及修辞方式。语汇是儿童语言表达的材料。借助语汇，儿童了解文学作品的内容、形式和主题，同时语汇还是儿童运用文学语言表达内心世界的重要材料	词汇　儿童的语言文学，是由各种词汇组合起来的语言艺术作品，学习文学作品是儿童拓展词汇的重要途径	如对词汇构造出的不同声韵效果的感知，猜测并理解作品中出现的性能词汇或关键词汇的含义，并且能够逐步学习运用这些词汇	喜欢聆听朗朗上口的汉语儿歌，感知使用不同词汇构造出的不同语音效果。　借助已有的生活经验内容理解作品中相关词汇的意思	愿意大声朗读有汉语押韵的儿歌和儿童诗。　根据上下文来猜测不懂的新词。　初步运用一些文学作品中习得的修饰性词汇（形容词或副词等）进行表达	初步理解表现人物特征和情节发展的关键性词汇的含义。　愿意尝试运用不同词汇进行仿编，体会创造新的语言音韵效果的快乐
	语句　文学作品向儿童展示成熟的语言，首先表现在丰富多样的句法方面。文学语句是由儿童文学作品中的一个词或句法上有关联的一组词构成的。文学语句的学习是儿童理解复杂的语言句法结构和熟练使用这些句法结构的前提条件	如对汉语次序的排列，简单句子的构成，词序变化的效果的感知；逐渐学习使用汉语正确的语句形式进行表达	通过聆听的方式，形成对词序排列的初步印象。　乐意模仿或学说儿歌或童谣中生动有趣的语句	感知零星的语言词汇材料组合成简单句子的方式。　了解不同作品中词序的排列组合可以构成不同的句型。　在讲故事或日常表达中，运用基本正确的语句进行表达	感知不同风格、不同题材的作品中词序变化所带来的语境效果。　运用文学作品中简单的语句形式进行仿编和创意表达
	修辞手法　修辞方式指通过修饰、调整语句，运用特定的表达形式以提高语言表达作用的方式或方法，包括比喻、夸张、比拟、反复等修辞手法	如对比喻、拟人、夸张等修辞方式的感知、理解和运用	喜欢倾听或诵读运用不同修辞手法的文学作品	理解文学作品运用比喻、拟人、夸张等修辞手法所表现的内容。　借助经验和想象，仿编个别具有比喻、拟人或夸张手法的语句	根据作品运用的修辞手法，仿编出运用比喻、拟人、夸张或反复的段落。　在日常生活中，尝试运用从作品中学习的修辞手法描述人或景

续表

内容	核心经验		学习与发展目标		
	概念	示例	初始阶段	稳定阶段	拓展阶段
文学作品的形式 文学作品的形式指作品内容赖以显现的文学的体裁、结构和表现手段等。 文学作品形式经验是指幼儿对经常接触的诗歌、故事、散文等文学作品的结构和表现手段的学习	诗歌的形式特征 诗歌的形式特征表现为分行排列。在分行排列的基础上，通过句式长短的变化，按照音韵和谐规律塑造出诗歌独特的形体美。对诗歌分行排列结构的了解要求儿童理解这种分行排列的结构所带来的美，即音乐美（节奏与韵律）、绘画美（或生动或优美的画面内容）和形式美（句式多样而灵活）	如诗歌的节奏和韵律；诗歌的多种句式特征	能够感知儿歌朗朗上口如有韵律的特征。 跟读韵律感强的儿歌或童谣	知道诗歌语言有节奏的形式。 对于诗歌短小精悍的句式组成有初步认识	有对不同类型，比如汉语独特的数字歌、连锁调、谜语和绕口令等儿童诗歌形式的感知。 借助动作或口头语言表现诗歌的节奏和韵律。 调动自己的生活经验，尝试用文学语言根据诗歌重复句式进行仿编
	故事的形式特征 故事（包括童话与生活故事）的形式经验以学前儿童对作品中的人物特征和情节结构的理解为主。儿童对故事中人物特征的认识主要通过对人物的语言和行动两个方面来认识。儿童对情节结构的理解是儿童故事理解的基本表现，包括儿童对故事主要情节乃至主题的概括	如对故事中人物的对话和动作的理解与模仿，对故事主要情节结构的认识与表现	知道故事中的主要人物。 理解故事的起始与结尾	初步理解故事中人物的对话和动作。感知故事情节发展的主要脉络。理解故事起始、发展、高潮和结尾	运用书面语言和句式表达故事中的人物特征。 获得有关童话故事幻想、拟人的表现特点。 初步概括故事的主要情节。 根据故事的部分情节预测故事情节的发展，或续编、创编故事

续表

内容	核心经验		学习与发展目标		
	概念	示例	初始阶段	稳定阶段	拓展阶段
	散文的形式特征 散文具有灵活多样的表现形式，联想自由而无拘束，但仍有一个内在的结构线索将所有材料有机地纳入一个结构之中，这就是散文形散而神不散的文体特征。对散文线索结构的学习是儿童理解与仿编散文的基础	如知道散文中所要表达的主要事物、人物等的组织线索并能按照这样的结构进行创意仿编	了解散文中所描绘的主要人、事、物或景	知道散文中所描绘的各个画面的内容与意境	理解不同情境画面之间的联系与线索结构。 按照散文的某一线索结构（事物形象、时间、空间或人物等），尝试用口语、动作或绘画等形式仿编散文中的语句或者段落
文学想象 幼儿在学习和欣赏文学作品的过程中，能通过想象理解文学作品中的词汇概念，能想象出文学作品所传达的情节画面、人物特征和主题意境等内容；体会作品的情感和意境；初步根据文学作品创造性地想象出新的内容或情节	再造文学作品的想象 对文学作品中词汇含义、人物特征、人物关系、故事背景、故事情节、蕴含情感、主题意境的想象，从而准确理解作者所欲表达的内容	如用动作表现文学作品中的情节；用讲述或绘画的方式表达自己对文学作品意境或主题的感受	跟随成人讲述或朗读，形成对作品中的具体实物的想象（如地点、天气、物品等）。 根据成人讲述或朗诵，形成对作品中人物的动作、表情的想象，在教师的要求下做出相应的动作、表情	倾听文学作品后，能形成作品中典型人物特征的基本形象，如外貌、语言、动作以及心理状态等。 复述出文学作品中的主要情节，初步意识到故事发生的线索和前因后果。 结合已有生活和文学作品学习经验，表达对作品的初步感受	较为完整地回忆文学作品的主要内容和主要情节。 能初步理解文学作品的主题含义或意境，能较深刻地理解作者的基本态度，并能结合自己的生活经验，谈论自己的态度和做法

续表

内容	核心经验		学习与发展目标		
	概念	示例	初始阶段	稳定阶段	拓展阶段
	创造文学作品的想象 幼儿在理解文学作品内容、结构和主题的基础上进行想象，从而创造出一个新的结构片段、情节或结尾	如仿编诗歌或散文句子；续编故事片段或结尾；创编一个新的文学作品片段或情节	理解文学作品的结构。 根据自己的经验和想象，替换作品中的单个要素（如角色、动作、对象），初步仿编文学作品	通过替换文学作品中的多个要素，完整仿编一个文学作品片段。 续编文学作品的一个情节，续编的内容与已有故事的情节有关联，并且合理有逻辑	依据主题，初步编构一个新的文学作品，情节完整，内容、结构、主题合理，有逻辑。 初步使用文学性、书面化的语言来表现编构的情节和作品。 在编构的情节中表现出初步的创造性。 用表演等方式来展现所编构的内容

[资料来源：周兢.学前儿童语言学习与发展核心经验［M］.南京：南京师范大学出版社，2014.]

三、幼儿文学作品活动的类型

一般来说，幼儿文学作品活动可以分为幼儿故事活动、幼儿诗歌活动和幼儿散文活动三种类型。

（一）幼儿故事活动

幼儿故事活动是指围绕故事而展开的幼儿语言教育活动。幼儿园常见的故事包括童话故事和生活故事。童话故事是一种具有浓厚幻想色彩的虚构故事，通过夸张、象征、拟人的语言表现形式塑造形象，表现生活，是儿童文学基本的、重要的题材之一。生活故事取材于社会现实生活，以叙述事件为主反映幼儿熟悉或需要了解的生活，向幼儿展示经过提炼、概括或虚构的人物和事件。

（二）幼儿诗歌活动

幼儿诗歌活动是指围绕幼儿诗歌展开的语言教育活动，幼儿诗歌包括儿歌和幼儿诗两种类型。

1. 儿歌

儿歌是以低幼儿童为主要接受对象的具有民歌风味的简短诗歌，它是儿童文学古老的、基本的体裁之一。儿歌的内容浅显、主题单一，节奏明快、音韵和谐，结构简单、易唱易记；多反映幼儿的生活情趣，传播生活、生产知识等，主要包括：摇篮曲、数数歌、问答歌、绕口令、连锁调、颠倒歌、谜语歌、字头歌、游戏歌等。

2. 幼儿诗

幼儿诗是为幼儿创作的符合幼儿的心理和审美特点，适合幼儿欣赏、吟诵、阅读的诗歌（图4-3）。它运用凝练的语言和明快的节奏，创造优美的意境，抒发纯真的情感。幼儿诗既包括成人诗人为幼儿创作的诗，也包括幼儿创作的诗，大致分为叙事诗、抒情诗、童话诗、讽刺诗、科学诗等。

图4-3　幼儿园古诗长廊

（三）幼儿散文活动

幼儿散文活动是指围绕幼儿散文组织的语言教育活动。幼儿散文以幼儿生活为题材或适应幼儿阅读的材料为内容，在取材、构思、语言等方面都应适合幼儿的年龄和心理特点，兼具故事性、趣味性和知识性。它不像故事具备完整的情节和生动的人物形象，可以通过一人、一事、一物来表达特定的思想感情，如《落叶》《爸爸的信》等。

知识点2　幼儿文学作品活动设计

在组织幼儿文学作品活动之前，教师最重要的工作就是设计活动方案，包括选择合适的幼儿文学作品素材，拟定具体的活动名称，确定科学的活动目标，做好充分的活动准备，构思翔实的活动过程，计划丰富的延伸活动等，下面将一一阐述。

一、幼儿文学作品活动内容的选择

幼儿文学作品肩负着对幼儿进行启蒙的重任。幼儿文学作品活动的选材，首先要符合幼儿的审美特点、认知方式和思维习惯。因此，在选择作品时既要考虑文学性，也要考虑教育性。具体体现在以下几个方面。

（一）主题简单明确，内容健康明朗

在幼儿文学作品活动中，所选的作品应聚焦一个主题，简单明确，易于幼儿理解。如《小花籽找快乐》《彩色的奶牛》等，都是幼儿喜欢的故事；在选择诗歌、散文时，可以选择朗朗上口的儿歌，如《问答歌》《比尾巴》《游戏歌》《小老鼠上灯台》；也可以选择生动有趣、主题明朗的叙事诗，如《青蛙给星星打电话》《小弟和小猫》；或是可以选择抒发幼儿纯真感受的抒情诗，如《春天是这样来的》《我只能是一个小孩子吗》；还可以选择广为流传，朗朗上口的古诗，如《咏鹅》《春晓》《静夜思》。

（二）情节生动有趣，结构简单明了

情节是幼儿文学作品的主体部分，优秀的幼儿文学作品情节生动、有趣，使用反复的手法不断推进情节的发展，幼儿跟随情节的发展沉浸在作品的场景中，"情"随"景"动。幼儿往往对新鲜的事物具有强烈的好奇心，但受年龄影响，理解能力有限，因此，选择的文学作品情节应简单有趣，多为"总—分"或"总—分—总"形式，以吸引幼儿兴趣并便于幼儿理解。例如，在叙事的过程中，幼儿故事多采用顺序叙述，根据时间线索、地点线索或事件线索吸引幼儿去寻找线索，体验故事，如《萝卜回来了》《小兔乖乖》《三只小猪》等。

（三）人物形象立体鲜明

人物是叙事性文学作品的六要素之一，鲜明立体的人物形象会使整个文学作品增色。幼儿文学作品中的人物形象往往有两种，一种是具体的形象，如幼儿喜闻乐见的动物形象，如小兔子、小老鼠、小鸡、小鸭、小鸟、狐狸等；另一种是通过情节渲染出的人物心理形象，如《三只小猪》中凶恶的大灰狼、懒惰的猪老大、聪明机智的猪老三（图4-4），《没有牙齿的大老虎》中聪明的狐狸和瘪嘴的大老虎等。这些鲜明的形象能让幼儿在欣赏文学作品时不自觉地想象人

图4-4 幼儿园故事素材教具

物形象，为表演文学作品时精准地把握角色特点做好铺垫。

（四）语言浅显易懂

3—6岁幼儿语言发展特点决定幼儿还不能很好地理解抽象水平较高的词汇和一些复杂的语句。因此，幼儿文学作品的语言要浅显易懂，在语言形式上体现生动、形象的特征，多采用简单句和短句来呈现。例如，传统儿歌《排排坐》中"排排坐，吃果果，你一个，我一个，弟弟睡着了，给他留一个。"这二十来字朗朗上口，清楚地说明了幼儿日常互动的情境，浅显易懂。但要注意的是，语言浅显易懂并非意味着将作品的书面语言全部转化为口头语言，或是把难以理解的新词汇都改为幼儿能接受的词汇。教师还应利用文学作品帮助幼儿提升语言能力，尤其对于中、大班幼儿，教师更应注意适当引导幼儿从作品中获得不同样式和不同风格的语言，感受文学作品的语言美。

（五）留有想象和思考的空间

幼儿活泼好动，想象力丰富，幼儿文学作品中"运用与表现"核心经验的获得就是强调文学作品要与幼儿的想象相结合。优秀的作品往往能引人入胜，激发幼儿的探究欲。选择幼儿文学作品时，要注重想象和思考空间，当幼儿看到某个情节时，能产生想要了解后面情节的欲望；看到一个场景时，立马在脑海中勾勒出立体空间。例如，故事《小老鼠的魔法棒》中三个地点就展现出了三种想象的立体场景，三段情节一一发生时给幼儿留下了无限的想象空间。教师要鼓励幼儿在学习诗歌、散文的过程中，将自己的生活经验或想象用诗歌、散文的方式表现出来。例如，学习诗歌《彩色的梦》，教师可以提问幼儿除了诗歌里出现的意象，还有哪些意象，他们的梦是什么颜色，这样也可以为活动设计中仿编诗歌、散文提供想象空间。

（六）题材贴近幼儿生活，有针对性、教育意义

幼儿文学作品的选择要有针对性，教师可以结合幼儿的实际情况、思想动态，以及季节、时令等因素选择相关的主题。例如，当发现幼儿存在情绪管理的问题时，教师可以选择故事《菲菲生气了》加以引导；当发现幼儿不注意保护牙齿时，教师可以选择故事《没有牙齿的大老虎》；当春天来临时，教师可以选择《桃树下的小白兔》，在秋天可以选择《秋姑娘》等。

二、幼儿文学作品活动目标的制定

活动目标是教学活动开展的出发点和归宿，制定适宜的活动目标可以为幼儿文

学作品活动指明具体方向，在幼儿文学活动目标制定中应注意以下要求。

（一）目标应全面，要着眼于幼儿语言发展，涵盖三维目标

幼儿文学作品活动目标的设计应涵盖认知、能力和情感三个维度。认知目标涉及语言、词汇、句型的获得，了解不同文学作品的表现形式、情节发展等；能力目标涉及清晰表达的能力、运用语言的能力、完整讲故事的能力、理解图意的能力等；情感目标涉及兴趣、态度和价值观。具体呈现如表4-2。

表4-2　幼儿文学作品活动的三维目标

认知目标	能力目标	情感目标
1．知道文学作品的体裁，懂得文学作品是规范而成熟的语言，了解语言的丰富性和多样性。 2．学会正确发音，扩大词汇量，了解多种句式表达，提高对语言多样性的认识。 3．理解作品内容，丰富作品中相关的社会知识	1．学会倾听，提高语言的理解能力。 2．提高灵活而富有创造性地运用语言的能力。 3．会说并说好普通话。 4．学会仿编儿歌，续编故事	1．对文学作品有浓厚的兴趣，喜欢并乐意欣赏文学作品，积极参加文学活动。 2．感受文学作品中的情感脉络，体验文学作品中的人物情感，发展艺术想象力和审美能力

（二）目标应符合语言领域总目标和幼儿年龄阶段的特点，满足幼儿发展水平和需要

幼儿文学作品活动目标的制定应首先符合《纲要》和《指南》的精神，着眼于不同年龄阶段幼儿的发展水平和具体特点，适应幼儿现有的发展需要，逐步提高幼儿对文学语言的理解和表达能力（表4-3）。

表4-3　幼儿文学作品活动语言教育阶段目标

小班（3—4岁）	中班（4—5岁）	大班（5—6岁）
1．喜欢欣赏文学作品，愿意参加文学活动，对文学作品的语言感兴趣。 2．能初步感受文学作品的语言美，知道童话故事、诗歌、散文是不同体裁的文学作品。	1．喜欢欣赏不同形式的文学作品，主动积极地参加文学活动。 2．知道文学作品语言与日常生活语言的不同，进一步感受文学作品的语言美。	1．乐意欣赏不同体裁、不同风格的文学作品，在文学活动中积累文学作品语言，并尝试在适当场合运用。 2．在理解文学作品人物、情节或画面情境的基础上，学习理解作品的主题或感受作品的情感脉络。

小班（3—4岁）	中班（4—5岁）	大班（5—6岁）
3．学习理解文学作品的情节内容或画面情境，能用语言、动作、表情等方式表达自己对文学作品的理解。 4．在文学作品原有基础上扩展想象，仿编诗歌、散文中的一句或续编故事结尾	3．学习理解文学作品中的人物形象，感受作品的情感基调，能运用较恰当的语言、动作、绘画形式表现自己的理解。 4．能根据文学作品提供的线索，扩展想象，仿编或续编一个情节或一个画面	3．初步感知文学作品语言和结构的艺术表现特点，开始接触文学作品的艺术语言构成方式。 4．依据文学作品提供的想象线索，联系个人已有经验扩展想象，并创造性地进行表述

（三）目标主体要保持一致，具体、可操作

活动目标是幼儿通过活动应该达到的学习结果。这种结果应尽可能用可以观测得到的行为表现出来，以便根据活动目标的要求设计活动过程，同时也便于对活动的效果加以衡量和评价。同时，三维目标的表述主体要保持一致，最好以幼儿的角度来表述。例如，能力目标"能够提高语言表达能力"就是笼统、抽象的表述方式，在操作过程中及检查活动效果时难以把握；"能够用连贯的语言大胆地描述三只小猪盖房子的情节"的表述就非常具体、可操作，易评测。

案例 中班语言活动：大象住哪儿呢

活动目标

1．引导幼儿知道小动物有不同的家。

2．丰富幼儿的词汇。

3．培养幼儿互帮互助的情感。

案例评析

1．建议统一以幼儿为主体。

2．目标要着眼于幼儿语言的发展，同时符合年龄阶段的特点。中班文学作品的目标是基本完整表达，包含大致讲出故事情节。目标二"丰富幼儿的词汇"，略显单一且不够具体。

调整后的活动目标

1．理解故事内容，知道不同的小动物有不同的家。

2．能根据画面内容，大致说出犰狳、河狸等为大象建造家的情节。

3．感受故事中动物之间相互关心、相互帮助的情感，萌发关爱他人的美好情感。

163

三、幼儿文学作品活动准备的思考

活动准备包括物质准备、经验准备和环境创设准备。这些准备应符合实现幼儿文学作品活动目标的要求，能帮助文学作品活动有效开展。设计时应做如下思考。

图4-5　幼儿园诗歌材料大转盘

1. 物质准备

物质准备主要包括小物件、材料、教玩具等（图4-5）。物质准备的材料数量要具体，保证每个幼儿能够操作。例如，欣赏完故事，教师引导幼儿进行角色扮演时，需准备和幼儿人数一致的头饰，保证每个幼儿都能体验。

2. 经验准备

要了解或提前安排幼儿具备一些与该活动相关的知识、技能与能力基础，以便有针对性地开展教育活动。例如，在"小老鼠的魔法棒"故事活动前，幼儿要有观看过魔术的体验，以更好地理解故事内容，在角色扮演环节做到"心中有数"。

3. 环境创设准备

环境创设准备主要指空间环境准备，包括场地要求、桌椅摆放、墙饰要求等。在准备时要和活动的文学作品内容相联系，布置好场景，营造文学氛围；可以采取围坐、小组讨论式的桌椅摆放形式；在欣赏文学作品时可播放音频烘托气氛，提升情感。

案例　中班语言活动：秋天的颜色

活动准备

1. 准备课件、音乐、图片若干。

2. 幼儿知道一年四季中有秋天，对秋天有一定的了解。

案例评析

1. 活动准备仅从物质准备和经验准备入手，建议增加环境创设准备。

2. 经验准备和物质准备中的描述不够具体，准备的材料建议描述清楚具体数量和名称。

调整后的活动准备

1. 利用家长资源，丰富幼儿对秋天特征的认知。

2. 自制绘本《秋天的颜色》，音乐，秋景图三幅，各色纸浆及背景图。

3. 请家长带孩子去公园、树林、田野等地秋游，并亲子交流秋游的乐趣。

四、幼儿文学作品活动过程的设计

幼儿文学作品内容丰富，体裁多样，蕴含着丰富的教育价值，因此，幼儿文学作品活动的开展首先应依据《纲要》中语言领域的目标，遵循幼儿的年龄特点，围绕具体的文学作品设计与组织，具体活动过程可以分为以下四个环节。

（一）创设情境、感知作品

幼儿文学作品活动首先要引导幼儿感知文学作品，好的开始是成功的一半，适宜的创设情境方式往往能起到事半功倍的效果。教师可以根据作品的难易程度，采用不同的方式组织教学，让幼儿在初步感知文学作品时，产生浓厚的文学兴趣。对于浅显易懂的作品，教师可以迅速进入作品本身，直接呈现。对于大多数文学作品，幼儿园常见的创设情境的方式（以下简称"导入"）表现为以下几种。

1. 图片、直观教具导入

幼儿的思维形象、直观，丰富的图片和精心制作的教具（图4-6）对幼儿的感官刺激明显，能有效吸引幼儿的注意力。例如，在讲述故事《小老鼠的魔法棒》时，就可以分别用小老鼠的图片、魔法棒教具导入，切入故事主题。

图4-6　幼儿园老师运用神秘袋导入

2. 语言导入

语言导入主要包括提问、谈话和谜语导入。教师可以通过故事中的关键要素询问幼儿的生活经验，从而引出故事主人公这个角色；也可以用富有情感的语调与幼儿进行简短的谈话，引出故事的主题；还可以通过猜谜语的方式将故事里的元素用谜底的方式引出。

3. 游戏导入

游戏是幼儿最喜欢的学习方式，教师可以结合教具，以生动有趣的游戏导入活动，例如，以手指操游戏导入；也可以结合故事内容，提前布置游戏场景让幼儿置身其中体验故事，例如，在故事活动"小乌龟开店"中，教师可以先布置动物商店，幼儿在"逛商店"游戏中进一步感知故事内容。

在设计和组织导入时，以上这些方法可以单独使用，也可以综合使用，但要注意的是导入时间不宜过长，在激发幼儿兴趣后应迅速进入欣赏文学作品的环节中。

（二）理解体验、深入作品

在初步感知作品之后，教师要组织幼儿围绕作品内容采用多种形式深入理解作品，比如，提问、讨论、模仿、表演等方式，引领幼儿深入挖掘文学作品中蕴含的主题和情感。在理解和体验作品这一环节中，教师可以设计和组织相关的活动，也可以紧接着上一环节的感知作品活动开展，但要注意从作品内容出发组织活动，引导幼儿利用多种感官深入思考和体验。

例如，《方脸和圆脸》故事中的主要情节和人物角色均与方形和圆形有关，教师在文学作品初步感知环节后，组织幼儿分别找一找方脸公公和圆脸婆婆身上方形的和圆形的元素，深入理解作品。接下来，教师还可通过提问"方脸公公身上有哪些地方是圆的"和"他们为什么不能分家"，引导幼儿进一步讨论，体验作品《方脸和圆脸》中相亲相爱、一家人不分家的情感。

（三）开展活动、迁移作品

文学作品向幼儿展示的是建立在幼儿生活经验基础上的间接经验，这种经验既让幼儿感到熟悉，又让他们觉得新奇。设计文学作品的第三个环节是在幼儿深入理解、体验作品的基础上进行的。教师可以围绕文学作品内容，整合幼儿相关经验，开展可操作的或具有游戏性质的活动，帮助幼儿提高语言理解能力，锻炼动手能力，并为下一步扩展想象和语言表述做好铺垫。活动的形式多种多样，如游戏活动、绘画活动（图4-7）、手工活动等。

图4-7　讲完故事后开展的绘画活动

（四）激发想象、表现作品

幼儿文学作品活动最终目的是提高幼儿语言学习和运用的能力。通过前面三个环节的学习，幼儿对作品本身的理解和体验基本已经到位，最后需要进一步总结提升和升华情感。教师要为幼儿提供更多的机会，引导幼儿开阔思路，想象并能创造性地表达。例如，教师可以组织幼儿续编故事、改编故事、表演故事、仿编诗歌、配乐诗朗诵等。在最后的环节中，幼儿通过大胆想象、交流讨论，将书面语言创造性地再加工，提高口语的表达能力和语言交际能力。

五、幼儿文学作品活动延伸的指导

幼儿文学作品活动的延伸是对文学作品经验的巩固和迁移，也是对文学作品本身内容的拓展和延伸，可以和活动结束环节中的任务布置结合，也可以围绕日常生活、区角活动、环境创设、其他领域活动、亲子活动、社区活动等进行拓展。

通常情况下，在故事活动结束后，教师可以在表演区投放相应的表演道具（图4-8），激发幼儿表演的兴趣，加强幼儿对故事的理解。例如，大班故事活动"理发师的奇遇"结束后，教师可以在表演区布置故事场景、投放"理发师""狮子"等角色头饰吸引幼儿进行故事表演游戏；也可以在阅读区投放绘本，幼儿自主阅读绘本《狮子的理发奇遇》，看一看绘本里的狮子和故事里的有什么不一样；还可以开展亲子活动，回家请爸爸妈妈拍下理发前后的照片，和爸爸妈妈说一说发型的变化。

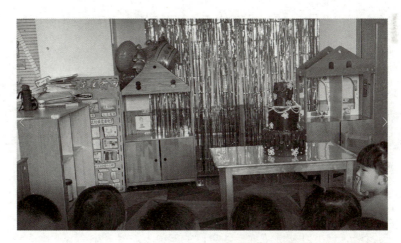

图4-8　故事活动后的道具投放

案例 大班语言活动：彩色的雨

设计意图

午后，天空乌云密布，闪电过后就"轰隆隆"下起了暴雨。这场突如其来的雨为班上小朋友们带来了一场有趣的讨论会。程程大声说：有一次下暴雨，我和妈妈在商店里躲雨，看见路边有棵树被雷劈倒了，差点就砸到路过的行人。下雨在生活中是一种常见的景象，下雨往往带给人一种潮湿、冰冷、孤单的感觉。但是散文《彩色的雨》从独特的视角描绘多彩、灵动的雨天。在幼儿看来，漂亮的雨伞、五彩的雨衣和跳跃的雨靴赋予了下雨天更多的灵动和生机，带来更多愉快的体验。大班幼儿以具体形象思维为主，在学习散文时，往往在感受和理解散文抽象的意境时比较困难。基于大班幼儿学习散文的实际问题，我以"彩色的雨"为切入点，在理解散文内容的基础上，帮助幼儿提高自己运用语言、组织语言的能力，并内化为自己的知识经验，将外显的事物（彩色的雨衣、彩色的伞儿和红雨靴）与内隐的含义（多彩、欢快）相结合，让幼儿在感受散文优美的意境时和自己的情绪情感产生联系，从而产生共鸣。

活动目标

1. 理解散文内容，欣赏散文优美的意境。

2. 结合生活经验进行合理联想，并能大胆表现下雨天彩色的情境。

3. 感受下雨天情绪的转折与变化。

活动重难点

1. 重点：理解散文内容，感受散文中和生活中下雨天的优美意境。

2. 难点：在感知散文内容的基础上，用自主创作的形式表现下雨天彩色的情境。

活动准备

1. 幼儿见过小雨，对雨中的景象有过观察和体验。

2. 幼儿座位摆放成 U 形。

3. 画板、彩色笔、音频、课件、伞、视频。

活动过程

（一）情境导入，引出"下雨"的主题

1.（点击下雨图片，播放下雨音频）幼儿在教师的带领下做撑伞的动作，听着雨声缓缓走进教室。

导入语：小朋友们，下雨了，让我们撑好伞，慢慢地向前走，伸出你的小手，小雨点滴在我们的手上。哇，凉凉的！小雨点飘落在我们的身上，嘶，感觉冷冷的！雨天路滑，请小朋友慢慢地走到自己的座位上。轻轻地闭上眼睛，让我们聆听雨声。

2. 幼儿轻轻闭上双眼，在雨声中进入下雨情境，直到雨声音频停止。

指导语：雨停了，小朋友们在听雨的时候有什么感觉？

3. 幼儿表达自己对下雨时的感受，通过外在温度的感觉引申到情绪情感的体验。

（评析：在下雨情境中通过肢体动作和语言引导，通过闭眼倾听雨声这种独特的导入方式，迅速将幼儿的注意力集中到活动中来，既自然地引出主题，又巧妙地激发幼儿参与活动的兴趣。）

（二）谈话活动，引发幼儿对下雨天的已有经验

1. 师幼谈话，幼儿自由表达对下雨天的感受。

指导语：小朋友们都见过下雨，也听过雨声，能说说你们在下雨的时候看到过哪些景象吗？下雨天你们有什么样的感受呢？

（1）幼儿根据自己的已有经验进行回答，教师及时梳理幼儿的答案和思路。

（2）重点指导：鼓励幼儿大胆说出他们在下雨天看到的景象，并能用不同的词汇表达自己在下雨天的感受。（下雨时，我们的身体冰冰的、凉凉的、冷冷的。我们的心情是伤心的、悲伤的、低落的。）

2. 听故事，理解散文具体内容。

（1）将散文内容创编成故事，引导幼儿理解内容。

指导语：有一个小朋友，他对雨天的感受和我们是不一样的，让我们来看一看、听一听这个故事吧！

（2）依次出示图片，教师完整讲述故事，幼儿观察图片，理解故事内容。

指导语："叮咚叮咚，叮咚叮咚！"雨下起来了，妞妞听见雨声，赶紧跑到窗户前，小手轻轻托着下巴，她看见了下雨的神奇景象：小雨点亮晶晶的，像一粒粒透明的珠子，敲打着地面。她说："真有趣，真有趣，这是一场彩色的雨！那黄色的、蓝色的雨衣，像一片片彩色的云，在街上飘来飘去；那绿色的、紫色的伞儿，像一朵朵彩色的花，在雨中盛开；还有那一双双红雨靴更像一只只小红船，划来划去。"妞妞把这个神奇的发现赶紧告诉给妈妈，分享她的喜悦。

提问：妞妞听到下雨的声音是什么样的？看到小雨点拍打地面是什么样子的？

提问：妞妞为什么要说这是一场"彩色的雨"呢？她看到了雨中哪些彩色的景象呢？

3. 欣赏散文《彩色的雨》，感受散文优美的意境。

（1）教师播放音频，幼儿完整欣赏散文《彩色的雨》。

指导语：妞妞的妈妈把这个神奇的发现记录下来了，让我们一起来听听吧！

（2）大胆表达下雨天身体和情绪的变化。

指导语：我们在下雨天身体是凉凉的、心情很悲伤，妞妞和我们的感受有哪些不同呢？

4. 结合散文的内容，合理进行经验迁移。

幼儿结合自己的已有经验，合理联想，说出自己在下雨天看到的彩色景象。

指导语：妞妞在下雨天发现彩色的雨衣、彩色的雨伞和彩色的雨靴，小朋友们在下雨天还见过哪些不一样的彩色景象？

提问：下雨天有那么多颜色，小朋友们还觉得冰冷吗？还觉得伤心吗？

（评析：教师以故事为载体，帮助幼儿在具体形象的故事情境中通过合理联想、大胆表达、谈话互动的方式理解散文内容，感受散文优美的意境，为下一环节——通过图画呈现下雨天的彩色场景做铺垫。）

（三）自由创作，表现散文优美意境

1. 将雨天彩色的事物用绘画的形式表现出来。

指导语：每个小朋友在雨天看到的彩色情境都不一样，现在请你们大胆想象，用画笔将它们画出来吧。

（1）教师讲解作画要求。

（2）教师为幼儿提供长卷画纸，引导幼儿在画纸上进行集体创作，教师巡回指导。

重点指导：教师鼓励幼儿结合已有经验，画出他们在下雨天看到的花园、房子、马路、天空、山坡、小河等彩色的景象。

2. 交流、分享创作的作品。

（1）鼓励幼儿结合自己的作品进行分享和表达，说出对雨天彩色的理解。

指导语：小朋友们用灵巧的小手画出自己观察到雨天最美的彩色景象，现在老师请小朋友们来分享一下！

提问：你的雨天是什么颜色的？×色的××像什么？

（2）活动小结。

指导语：小朋友们用自己灵巧的小手创作出生活中彩色的景象，让灰色的雨天变得多姿多彩，你们也像散文里的娃娃一样，用彩色的雨编织了一场彩色的梦。

（评析：教师秉着"动静交替"的活动原则，引导幼儿在充分理解散文内容的基础上，将自己观察到的下雨天彩色的景象在长卷画纸上画出来，既考虑到全体幼儿的表达兴趣，又照顾到个体差异，丰富了幼儿表达散文意境的形式。）

（四）律动游戏，结束活动

幼儿做撑伞的动作，跟着教师一起随着轻快的音乐，做欢乐的动作（踩水、转圈、弹雨滴），离开教室，结束活动。

（评析：教师紧紧抓住幼儿对下雨天彩色情境的积极情绪，通过做雨中嬉戏的律动游戏，自然地结束活动。活动紧扣主题，首尾呼应，使幼儿的语言学习在达到既定目标的同时又获得愉快的学习体验。）

活动延伸

1. 根据散文内容进行创编。

2. 引导幼儿再次丰富创作的长卷画，并将其用于装饰环境或者做主题墙。

活动反思

大班幼儿仍以具体形象思维为主，但也处于抽象逻辑思维的萌芽阶段，简单的散文学习对于大班幼儿来说具有一定的挑战性，但也有利于幼儿拓展学习经验。因此，在设计本次活动三维目标的时候应充分考虑幼儿的学习特点和认知规律，采用直接感知（故事情境）的方式调动幼儿的参与兴趣，通过直接操作（自由创作）的方式满足幼儿的表达欲望，采取亲身体验（律动游戏）的方式深化幼儿的情绪体验，使抽象的散文意境在多种表现形式中内化为幼儿的有益学习。

附散文：彩色的雨

雨，下起来了。

小雨点，亮晶晶像一粒粒透明的珠子，叮咚叮咚，叮咚叮咚，敲打着地面。

娃娃说："这是一场彩色的雨。你看，那黄色的、蓝色的雨衣，像一片片彩色的云，在街上飘动；那绿色的、紫色的伞儿，像一朵朵彩色的花，在雨中盛开；还有那一双双红雨靴，更像一只只小红船，驶来驶去，溅出一串串彩色的歌。"

雨，叮咚叮咚，落进——娃娃心田，娃娃心中就有了一个彩色的梦。

[资料来源：汪娟．大班语言活动：彩色的雨［J］．今日教育（幼教金刊），2020（12）：29-31.]

知识点3　幼儿文学作品活动指导

一、集体文学作品活动的指导

集体文学作品活动有共同的设计思路，但不同的文学作品形式有不同的指导要求。这里主要介绍幼儿园常见的文学作品活动形式：幼儿故事活动、幼儿诗歌和散文（以下简称"诗文"）活动的指导要求。

微课：
幼儿故事活
动的指导

（一）幼儿故事活动的指导

1．幼儿故事活动素材的选择指导

幼儿故事是幼儿极喜爱的文学体裁，故事素材的选择是故事活动组织的第一屏障，幼儿故事的选材除了要遵循一般幼儿文学作品活动的特点以外，还要符合不同年龄特点的要求。

小班幼儿可以选择含有熟悉的、生动可爱形象（动物）的，篇幅较短的故事。这些故事人物较少，情节简单，语言以丰富的对话为主，富含动作。例如，《小兔子找

图4-9　幼儿园故事素材

太阳》《拔萝卜》等。

中、大班幼儿可以选择含有熟悉的形象或不太熟悉、但感兴趣的形象的故事，故事情节充满奇特的幻想色彩，人物稍多，情节曲折，有悬念，语言机智、幽默。例如，《三只小猪》《方脸和圆脸》《谁咬了我的大饼》等（图4-9）。

2. 幼儿故事讲述的指导要点

感知文学作品是文学活动的首要环节，如何让幼儿很好地感受、理解故事对教师来说是一大挑战。一般来说，教师在此环节可以生动地讲述故事，并重复两三遍，每一遍讲述都应引导幼儿有更深层次的理解。

第一遍讲述时，教师要运用丰富的肢体语言和面部表情，感情充沛、生动流畅地讲述故事，引导幼儿初步感知故事内容，知道故事的基本信息。例如，故事的名字、角色名称、故事的主要情节等。

第二遍讲述时，教师可以借助幻灯片、多媒体，或加入直观教具生动呈现（图4-10），引导幼儿记住主要情节，理解故事内容。

第三遍讲述时，教师可以借助音频和视频，引导幼儿再次完整欣赏，总结提升。

教师在讲述故事时可以根据故事内容选择不同的方式，可以完整讲述或者分段讲述；在讲述过程中要注意讲述方式的灵活性，切不可因为多次重复故事使幼儿丧失兴趣，影响故事欣赏的体验感。

3. 幼儿故事活动中提问的指导

教师可以运用提问的方式组织幼儿讨论（图4-11），帮助幼儿深入理解故事内容，体验作品中的人物特点和情感。幼儿文学作品活动中的问题主要有描述性问题、

图4-10　故事讲述使用的教具

图4-11　幼儿园教师运用提问法导入

分析性问题和假设性问题。

描述性问题一般在教师讲完第一遍故事后提出，主要帮助幼儿回忆故事名称、角色和主要内容，问题中常常含有"是什么"。例如，"故事的名字是什么？""故事里有谁？"这类问题的答案不需要过多的思考就可以在故事中直接找到。

分析性问题一般在教师讲完第二遍故事、幼儿较为深入理解故事时提出，问题大多以"为什么"和"怎么样"提出。例如，"发生了什么事情，怎么办呢？""为什么××……"。分析性问题的答案需要幼儿在真正理解故事的基础上获得。

假设性问题一般是在体验或者总结提升环节提出，需要幼儿"换位思考"来解决问题。例如，"如果是你，你会怎么做？"这类问题在发展幼儿语言能力的同时，能给予幼儿充分的想象空间，锻炼幼儿的思维能力。

4. 创造性表现故事的指导方法

在幼儿对故事有了一定的理解和体验后，教师可以组织幼儿通过表演、创编等方式创造性地表现故事，激发幼儿的想象，巩固对故事的理解和体验。

（1）表演故事。表演故事一般从复述故事自然转入。从语言的复述到角色扮演（图4-12），都要符合幼儿具体形象思维的特点。表演故事通过对话、动作、表情再现文学作品，理解、体验作品的内容，是叙事性语言实践的好机会。故事表演的形式有整体表演、分段表演和角色扮演三种，角色扮演在故事集体教学活动中运用最为广泛。角色扮演时，幼儿可以挑选自己感兴趣的角色，按照故事情节自由发挥，享受表演故事的乐趣。

图4-12 幼儿园教师组织幼儿角色扮演

（2）创编、续编故事。与单纯复述故事相比，创编、续编故事是一种积极的创造性语言活动，具有一定的挑战性。编构故事建立在理解故事的基础上，多层次、多角度地展现故事。小班编构故事的重点是故事的结尾；中班的重点则是故事的高潮部分；大班可以挑战完整地改编故事。

（二）诗文活动的指导

1. 诗文素材的选择指导要点

幼儿诗歌包括儿歌和幼儿诗，和散文一样，在幼儿文学作品活动中承担着重要的作用，给幼儿美的享受和思想情感的陶冶。幼儿诗文作品本身具有含蓄美和跳跃美，语言高度凝练，且语义跨度较大，教师在选择幼儿诗文作品内容和主题时，都应考虑幼儿的已有经验水平和幼儿园的实际情况（图4-13）。小班应以儿歌为主，篇幅短小，主题单一，例如，儿歌《排排坐》《会叫的鞋子》；中班以儿歌和幼儿诗为主，篇幅稍长，多用重复结构，例如，幼儿诗《春天是这样来的》《风在哪里》；大班可以选择题材更加广泛，篇幅较长，形式多样的作品，例如，《落叶》《很大很大的爸爸》。

图4-13 渗透幼儿园园本特色的儿歌

2. 示范朗诵诗文活动的指导要点

优秀的诗文语言凝练，情感丰富，具有较强的节奏感、韵律感和音乐美，是最适合朗诵的文学体裁。因此，教师的示范朗诵尤为重要。朗诵诗歌时要语音正确，咬字清晰，语调生动，停顿恰当，感情丰富。为了便于幼儿整体感知和体验，一般提倡教师朗诵诗文时采取整首朗诵或分段朗诵的方式。

3. 理解诗文内容的指导要点

在幼儿诗文学习中，引导幼儿理解诗文是重点，也是难点。只有幼儿真正理解诗文，感受到诗文的美，才能有效实现文学作品活动的目标。因此，教师应采用多种方法帮助幼儿理解诗文。

（1）讲解法。讲解法是最传统也是最实用的方法，教师可以借助教具用生动形象的语言讲解难懂的字、词、句，也可以启发幼儿迁移经验自己解释。例如，讲解"白毛浮绿水，红掌拨清波"时，教师可以出示大白鹅的图片或是大白鹅在水中游的场景，也可以让幼儿迁移游泳的经验模仿大白鹅，理解"浮绿水"和"拨清波"的含义。

（2）逐层提问法。参考故事活动的提问方式，教师可以通过"三层次"提问法层层深入，引导幼儿深入理解诗文。例如，在诗歌《太阳和月亮》中，教师可以通过描述性问题"这首诗歌的名字是什么？""太阳出来了，谁醒了？"来帮助幼儿理解诗歌大意；通过分析性问题"白天的小花和晚上的小花有什么不一样？"引导幼儿体会诗歌的主题；最后，通过假设性问题"除了这些，还有哪些小动物呢？"引导幼儿创造性地表达诗歌内容。

（3）角色扮演法。诗文中人物形象立体鲜明，幼儿可以通过扮演不同角色深入理解诗文的内容，体会诗文的感情。例如，在诗歌《太阳和月亮》中，出现了白天和夜晚不一样的情境，幼儿可以通过模仿醒着的小鸟和小兔、睡着的小鸟和小兔的动作深入体验白天和夜晚的不同情感。

（4）游戏体验法。为引导幼儿更深层次地理解诗文内容，教师可结合诗文特点，组织幼儿用游戏的方式体验诗文。例如，儿歌中的《问答歌》《游戏歌》《颠倒歌》等，教师都可以通过组织表演游戏的方式引导幼儿在玩中诵读，做中体验（图4-14）。

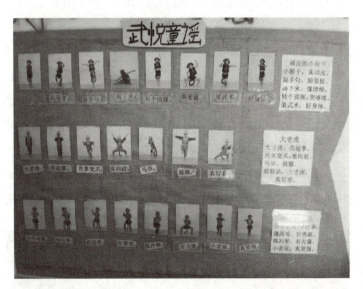

图4-14　幼儿园用游戏体验童谣

4. 组织幼儿朗诵诗文的指导要点

教师可采用以下两种方式指导幼儿朗诵诗文。

（1）完整朗诵。教师在示范朗诵过程中，幼儿可以低声跟随朗诵；幼儿基本掌握内容后，教师可以逐渐压低自己的声音，在重点词、句的地方着重强调，慢慢过渡到幼儿独立朗诵。在这个环节中，教师应该不断变化形式进行朗诵，避免机械记忆、枯燥乏味，可以采用大小声朗诵、对答式朗诵、集体朗诵、分组朗诵、分角色朗诵等。

（2）分句朗诵。为使幼儿听清楚每句的内容，教师在朗诵重点句和难点句时，可以一句一句示范，使幼儿更快更准确地掌握诗文。在学习朗诵时，教师也可以指导幼儿配上相应动作或者边拍手边朗诵。同时，教师应该注意指导幼儿朗诵的节奏、声调和声音大小，注意不要"一字一顿地拖腔朗诵"。

5. 迁移经验，创造性地表达诗文的指导要点

教师在幼儿对诗文有一定理解、体验的基础后，可以围绕诗文开展相关活动，发展幼儿的想象力和创造力。常见的活动有以下几种。

（1）配乐诗朗诵。对于一些意境优美、音韵和谐的诗文，教师可以配上符合意境的音乐，引导幼儿跟随音乐反复诵读。例如，在欣赏诗歌《太阳和月亮》时，朗诵白天的诗句可以播放轻快的音乐，引导幼儿感受白天的热闹；朗诵夜晚的诗句可以播放舒缓的音乐，让幼儿体会夜晚的静谧。

（2）表演诗文。对于一些朗朗上口、节奏感强的诗文，教师可以引导幼儿边做动作边表演，引导幼儿在活动中理解、体验诗文。例如，幼儿在学习游戏歌《拍手歌》时边拍手边朗诵儿歌，也可以和同伴合作朗诵儿歌。

对于一些情节有趣、人物形象鲜明的叙事诗，教师可以引导幼儿通过角色扮演来表演诗歌，在表演中体验诗歌的情感。例如，在叙事诗"青蛙给星星打电话"活动中，教师可以组织幼儿扮演青蛙和星星来演绎诗歌内容。

（3）仿编诗文。诗文的仿编活动一般放在整个教学活动的末尾，是幼儿在欣赏诗文、理解诗文内容及结构的基础上进行的一种创造性表现活动。幼儿根据自身经验扩展想象，仿照某一段落的结构编构出自己的作品。

在仿编过程中，教师充分发挥指导作用，将仿编活动的设计与组织过程潜移默化地传递给幼儿（图4-15）。首先，要做好仿编前的准备，幼儿不仅要理解诗文的内容，同时还要熟悉作品的思路和句式。其次，教师要组织幼儿讨论仿编中关键的思路和句式，并进行示范仿编，启发幼儿的想象。教师示范后，可以引导幼儿尝试仿编，并提供多样化的材料拓展幼儿的思路。最后，幼儿仿编出自己的诗文后，教师需要对仿编作品进行串联和总结。

图4-15 幼儿园利用教具开展填词仿编游戏

二、其他形式文学作品活动的指导

（一）日常生活中的文学素养渗透

幼儿对文学作品的理解和欣赏，对语言美的追求除了通过集体教学的方式实现外，更应渗透在幼儿园一日生活的方方面面，教师应抓住机会进行文学素养的渗透。互动墙饰上的故事和诗歌内容，进餐环节和洗手环节前的念儿歌，户外活动时融合体育特色活动的诗歌（图4-16），睡眠环节时的听故事都是有效的文学素养渗透的好时机。例如，《穿衣歌》中"我的小手真能干，自己的事情自己办。穿衣服，脱鞋袜，勤劳聪明人人爱。"可以在幼儿起床时播放，幼儿一边听儿歌，一边学穿衣，仿佛在游戏中就穿好了衣服，增加了生活的情趣，文学语言和良好习惯在潜移默化中渗透进了幼儿的大脑中，内化在了幼儿的心中。一些在墙饰中出现的作品，幼儿在迁移到正式的学习活动时，往往也会出现"似曾相识"的感觉。

连线幼儿园：
洗手歌

图4-16　幼儿园根据武术儿歌编制的武术操

除此之外，教师也可以在日常生活中通过培养幼儿独立自主地选择图书、影像资料，操作电脑等多媒体设备来观看或收听文学作品，提高幼儿主动学习的能力。

（二）语言游戏中的文学素养渗透

游戏是幼儿的天性，也是幼儿学习的主要方式。幼儿语言游戏能提供锻炼语言、词汇和句法的机会，为欣赏和理解文学作品奠定基础。语音游戏帮助幼儿练习正确发音，提高幼儿辨音能力，为有感情地讲述故事和朗诵诗歌做好准备。词汇游戏以丰富幼儿的词汇和正确运用词汇为目的，幼儿通过词汇游戏积累大量词汇，增加口语表达的内容，运用丰富的词汇创造性地表达文学作品。句子和语法的练习游戏引导幼儿在游戏中组词造句，让幼儿逐渐从简单句过渡到复合句，为表演和创编文学

连线幼儿园：
语言游戏
"蔬菜宝宝
去旅行"

作品提供知识保障。

拓展阅读

语言游戏：狐狸与鹅

游戏目的：在游戏中巩固对儿歌"狐狸与鹅"的理解和体验，锻炼幼儿语音（e，g，h）的准确性和反应能力。

游戏准备：狐狸头饰一个，鹅头饰若干；在场地中间画平行线作为河界。

游戏玩法：一个幼儿扮演狐狸，教师扮演鹅妈妈，带着几个扮演鹅宝宝的幼儿到河边散步，边走边念儿歌："东边一条河（hé），西边一群鹅（é），鹅儿鹅儿唱着歌（gē），一只狐狸来追鹅，鹅飞鹅跑跳下河。"

游戏规则：只有儿歌念完以后，扮演狐狸的幼儿才能出来抓鹅，当鹅的幼儿才能跳下河。游戏前，先要确保幼儿会念儿歌，注意发音准确；游戏中，发现幼儿发音不准，教师要帮助纠正。

［资料来源：舒阳花，李振江. 幼儿语言活动指导［M］. 北京：北京师范大学出版集团北京师范大学出版社，2013，有改动.］

（三）区角活动中的文学素养渗透

连线幼儿园：区角活动"表演故事"

幼儿园的语言区、角色扮演区和表演区的教具为幼儿讲述故事和朗诵诗歌提供了支持（图4-17）。提供一个与故事情节相符的舞台场景能营造良好的文学作品表演氛围；制作与故事角色相符的木偶、头饰、面具等，能够帮助幼儿更好地理解故事内容；展示与故事内容贴合的桌面情境教具可以引导幼儿自由讲述故事，进而引导幼儿开展故事创编活动，促进幼儿创造性语言的表达。

图4-17 幼儿园的表演区

（四）其他领域活动中的文学素养渗透

连线幼儿园：健康领域"武术系列童谣"

其他领域的教育活动中也可以进行幼儿文学素养的渗透。例如，在健康领域活动中，教师分享了刷牙的重要性后，可以在体验活动中加入《刷牙歌》的内容"小牙刷，手中拿，我呀张开小嘴巴。刷左边，刷右边，上下里外都刷刷。早上刷，晚上刷，刷得牙齿没蛀牙。张张口，笑一笑，我的牙齿白花花。"达到生活与文学活动的有机融合；也可以在科学活动"探究影子"实验结束后，总结环节加入散文诗《我的影子》，升华情感。

案例
分析

活动案例1

小班诗歌活动：太阳和月亮

江门市第一幼儿园　黄嘉琪

活动目标

1. 理解诗歌内容，感受诗歌所营造的氛围。

2. 有感情地朗读诗歌，尝试用"……醒来了""……睡着了"仿编诗歌。

3. 体验"热闹"与"安静"所带来的不同情绪。

活动准备

1. 背景音乐《安妮的仙境》。

2. 太阳、月亮、小花、小动物的简笔画。

教学活动
现场：
小班诗歌活动"太阳和月亮"

活动过程

一、教师出示太阳和月亮的图片，激发幼儿兴趣，引出诗歌主题

指导语：今天，老师请来了两位神秘的客人，我们一起来认识一下它们。

提问：（1）太阳是什么时候出来的？

（2）月亮是什么时候出来的？

小结：太阳在白天出来，白天很热闹，大家都出来玩耍；月亮在晚上出来，晚上大家都睡着了，夜晚静悄悄。

二、教师跟随音乐边出示图片，边有感情地朗读诗歌

指导语：老师这里有一首好听的诗歌，名字叫《太阳和月亮》。

提问：（1）刚才老师朗读的这首诗歌的名字叫什么？

（2）太阳出来了，谁醒来了？

（3）月亮出来了，谁睡着了？

三、教师跟随音乐边做动作边引导幼儿朗读诗歌（两遍）

指导语：（1）请小朋友们白天用开心的声音、夜晚用轻柔的声音朗诵诗歌。

（2）我们一起来模仿白天和夜晚小兔、小花、小鸟的动作。

四、教师出示小鸡的图片，启发幼儿创编

指导语：白天，除了小花、小鸟、小兔子醒来了，还有谁也醒来了？叽叽叽，谁在叫呀？让老师找一找。

提问：（1）谁醒来了？

（2）醒来了的小鸡喜欢跟谁在一起？

（3）睡着了的小鸡喜欢跟谁在一起？

——创编儿歌，引导幼儿朗读。

"太阳出来了，小鸡醒来了，白天真热闹。

月亮出来了，小鸡睡着了，夜晚静悄悄。"

五、教师提供不同的动物图片，启发幼儿进行匹配创编

指导语：请幼儿找到自己喜欢的小动物，将小动物和太阳、月亮贴在一起。

六、教师引导幼儿随音乐有感情地朗读创编的诗歌

指导语：我们来一起把它们都编进诗歌里，好吗？

活动延伸

将小动物图片投放到语言区供幼儿游戏。

附诗歌：

太阳和月亮

太阳出来了，小花醒来了，小鸟醒来了，小兔醒来了，白天真热闹。

月亮出来了，小花睡着了，小鸟睡着了，小兔睡着了，夜晚静悄悄。

案例评析

活动内容评价：选择了幼儿熟悉的生活场景和人物形象，句式简单，意境优美，符合小班幼儿的年龄特点。

活动目标评价：能从三维目标思考幼儿的全面发展，以幼儿为主体，引导幼儿感受诗歌意境，发展小班幼儿尝试朗诵诗歌的能力。

活动准备评价：从经验和物质材料进行准备，为诗歌的不同场景配备不同类型的音乐，准备充分；可以在创编环节再为幼儿补充提供一些合适的玩教具。

活动过程与方法评价：活动通过提问导入激发幼儿兴趣；教师以多种方式朗诵，引导幼儿理解诗歌内容，感受诗歌意境；创造性表达环节同时兼顾了情感和素质的培

养，多种方法综合符合小班幼儿的认知特点和文学作品学习的需要。

活动效果评价：活动既提高了小班幼儿参与文学作品活动的能力，又给幼儿提供了完整朗诵诗歌和创编诗歌的空间，效果良好。

活动案例2

中班故事活动：会动的房子

江门市第一幼儿园　孙仰珊

活动目标

1. 初步理解故事的内容，知道房子会动的原因。

2. 尝试表演小松鼠的房子会动的有趣情节，并尝试创编故事结尾。

3. 萌发探索大自然的兴趣，体验故事情节发展的乐趣。

活动准备

1. 经验准备：了解小松鼠、乌龟等动物的特点。

2. 物质准备：准备一间小房子；小松鼠、小乌龟、小马故事角色的头饰；"会动的房子"课件。

教学活动现场：中班故事活动"会动的房子"

活动过程

一、教师出示图片，引发幼儿的兴趣，引出故事内容

提问：小朋友们，你们见过的房子是什么样子的？

指导语：刚刚小朋友们说的都是生活中见到的不一样的房子，老师今天给大家带来一间不一样的房子，这间房子藏着一个有趣的故事呢，让我们一起来听听吧。

二、教师有感情地完整讲述故事，引导幼儿理解故事内容

提问：（1）在故事中，谁要建房子？

（2）它的房子为什么会动？

（3）它的房子去了哪些地方？听到了什么声音？

小结：小松鼠要建房子，建在了小乌龟身上，去了山脚下、大海边、大草原，听到了"呼呼呼""哗哗哗""哒哒哒"的声音。

三、教师利用课件，分段讲述故事，引导幼儿深入体验故事

提问：小松鼠第一次到的是什么地方？听到了什么声音？（教师播放音频）

指导语：小朋友们可以跟着音频模仿声音吗？"呼呼呼"的声音是谁发出的呢？

提问：小松鼠第二次到的是什么地方？听到了什么声音？（教师播放音频）

指导语：小朋友们可以跟着音频模仿声音吗？"哗哗哗"的声音是谁发出的呢？

提问：小松鼠第三次到的是什么地方？听到了什么声音？（教师播放音频）

指导语：小朋友们可以跟着音频模仿声音吗？"哒哒哒"的声音是谁发出的？

四、幼儿角色扮演，完整体验故事

指导语：哪个小朋友想做小松鼠？哪个小朋友想做小乌龟？我们请小朋友们一起把"房子第二天带小松鼠去了哪里"连起来说一说。

提问：小朋友们，你们喜欢这个故事吗？为什么呢？

小结：这间房子真神奇，可是好像还没有名字呢，我们来给故事起个名字吧！

五、幼儿大胆想象，创编故事结尾

提问：如果你是小乌龟，会带小松鼠去什么地方？小松鼠会听到什么声音？

指导语：请小朋友们把小松鼠第三天去了哪里讲给同伴听一听，一会儿请想要分享的小朋友讲给我们听哦。

小结：原来小松鼠又去了这么多地方呀，小朋友们一会儿可以去美工区把你想象的故事画出来哟。

活动延伸

1. 回家尝试给爸爸妈妈讲一讲会动的房子这个故事。

2. 在美工区创作一幅会动的房子的画。

附故事：会动的房子

小松鼠在树顶上住腻了，于是决定在地面上重新建造一座房子。

在大树底下，它发现了一块大石头，由七块小石头拼成，很硬，也很光滑。小松鼠说："嘿，就在这上面造一座房子！"

房子终于造好了，忙了一天的小松鼠也累了，在新家里睡着了。

"呼呼呼！"什么声音？小松鼠被吵醒了。推开窗一看，呀！自己是在美丽的山脚下，小风奏起了动听的山歌。真奇怪，昨天还在大树下，今天却来到了山脚下。可小松鼠又一想：没关系，山脚下也挺好的，有动听的山歌做伴。

第二天，又传来"哗哗哗"的声音。小松鼠推开窗一看，呀！又来到了大海边，浪花唱起了欢乐的歌。小松鼠这下可乐了，"我的房子会动，我的房子会动！"现在，小松鼠又有浪花声做伴了。

第三天，小松鼠想，今天我又到哪儿啦？推开窗一看，呀！眼前是一片大草原，小马在"哒哒哒"地奔跑，小松鼠禁不住地在房子里手舞足蹈。

突然，传来一个声音："小松鼠呀，快别乱跑。""咦，是谁呢？是这块硬硬的石头？""小松鼠你真粗心，把房子盖在我的背上，我驮着你走过了许多地方。"

小松鼠低头一看，原来是小乌龟，那硬硬的大石头竟然是小乌龟的背。小松鼠惭愧得脸都红了，赶紧说："你，你累坏了吧？"小乌龟说："不，这下我们俩可以做伴了。"

案例评析

活动内容评价：选择了幼儿喜欢的故事类型和人物形象，情节生动有趣，符合中班幼儿的年龄特点和需求。

活动目标评价：能从三维目标思考幼儿的全面发展，以幼儿为主体，启发幼儿创编故事，发展了中班幼儿创造性语言表达的能力。

活动准备评价：从经验和物质材料进行准备，准备充分。创编部分给每个幼儿分发头饰，提供了自我表达的机会，体现了以幼儿为主体的理念。

活动过程与方法评价：活动通过教师提问导入和生活息息相关的问题，激发幼儿兴趣；教师讲述故事环节层层递进，帮助幼儿理解故事内容；创造性表达环节同时兼顾了情感和素质的培养，多种方法综合符合中班幼儿的认知特点和文学作品活动学习的需要。

活动效果评价：活动既提高了幼儿欣赏故事的能力，又提高了幼儿文学语言的表达能力，幼儿参与性高，效果好。

活动案例3

大班诗歌活动：秋天的信

中山市小榄镇明德中心幼儿园　周圣丹

活动目标

1. 了解《秋天的信》的节奏和语调，知道秋天到来的意义。

2. 能够完整地、有感情地朗诵诗歌，尝试仿编诗歌。

3. 感受秋天的美，萌发热爱大自然的情感。

活动准备

1. 物质准备：落叶、信件、笔、教学课件、诗歌配乐。

2. 经验准备：认识松鼠、青蛙、大雁等动物，对秋天的自然景象有一定了解。

活动过程

一、谈话导入，激发兴趣

指导语：天气变冷了，小朋友们都已经穿上了长袖衣。

提问：（1）小朋友们知道一年中都有哪些季节吗？

（2）知道秋天的变化有哪些吗？

小结：小朋友们都知道有春夏秋冬四个季节，还知道秋天树叶会变黄、会掉落，到了秋天大雁南飞、燕子南归，秋天还是一个丰收的季节。我们的小朋友真聪明。

教学活动现场：
大班诗歌活动"秋天的信"

衔接语：今天啊，秋天姐姐来到了我们的课堂。

二、多种形式欣赏诗歌，感知诗歌基调

1. 教师有感情地配乐朗诵，引导幼儿倾听欣赏，初步了解诗歌内容。

指导语：秋天姐姐给她的朋友们写了信，信的名字叫：秋天的信，小朋友们认真听听秋天姐姐在信里写了什么。

提问：（1）这首诗歌的名字叫什么？

（2）是谁写的这些信呢？

（3）这些信都是怎么来的呢？

小结：小朋友们很棒，这首诗歌的名字就叫《秋天的信》。秋天姐姐的信呢，是用叶子当信纸，让风儿当邮差。

2. 出示教学课件，幼儿再次熟悉诗歌内容，教师用手指到相应的画面朗读诗歌，帮助幼儿掌握诗歌的内容。

指导语：下面老师再来朗读一遍诗歌，请小朋友们认真听。

提问：哪些小动物收到了信？

指导语：许多小动物都收到了信，现在请小朋友们看着图片和老师一起来朗读一下这首诗歌吧。（适当的地方加入动作）

3. 教师引导幼儿用欢快的语气朗读一遍这首诗歌。

提问：小动物们都收到了信，它们的心情是怎样的呢？我们应该带着怎样的心情去读这首诗歌呢？

指导语：小朋友们现在就和老师一起用欢快的语气朗读这首诗歌，感受一下秋天小动物们收到信后开心的心情吧。

4. 教师邀请小朋友们朗诵诗歌。

指导语：小朋友们读得真好听，哪个小朋友愿意来向全班朗诵一下？

小结：xx小朋友读得真棒，让老师感受到了小动物们收到秋天姐姐来信的快乐。

三、创编诗歌，提升情感

1. 引导幼儿进行想象。

指导语：秋天姐姐的信除了被大雁、青蛙捡到，也会被其他的小动物捡到。

提问：小朋友们想一下秋天姐姐的信还会被谁捡到？

小结：秋天姐姐的信被这么多的小动物捡到，它们收到秋天姐姐的信之后都开始忙着过冬了。

2. 创编诗歌内容。

指导语：这么多的小动物都捡到了秋天姐姐的信。

提问：秋天姐姐的信会掉在哪里？

指导语：现在我们把刚刚编好的两句句子加到诗歌中，一起来欣赏一下我们创作

的成果吧。注意要记得我们要用轻快欢乐的语气朗读哦。(边朗诵边加入动作)

秋天要给大家写信，用叶子当信纸，让风儿当邮差。偷懒的邮差每到一个地方，就把信一抛。有的信，落在兔子的头顶上；有的信，掉在小熊身边；赶路的麻雀，也衔了一页回家。山顶上，草坪上，到处都有秋天的信，小动物们这才忙着过冬。

结束语：现在已经是秋天了，小朋友们要注意保暖哦！

活动延伸

1. 区角活动：请小朋友们去美工区画一幅秋天的落叶。
2. 家园共育：请小朋友们回家和爸爸妈妈分享今天所学的这首诗歌。

附散文诗

秋 天 的 信

秋天要给大家写信，

用叶子当信纸，

让风儿当邮差。

偷懒的邮差每到一个地方，

就把信一抛。

有的信，落在松鼠头顶上；

有的信，掉在青蛙身边；

赶路的雁，也衔了一叶回家。

池塘里，草丛中，

到处都有秋天的信，

小动物们这才忙着过冬。

案例评析

活动内容评价：选择了符合当时季节的优美散文诗《秋天的信》，情节丰富，意境优美，符合大班幼儿的年龄特点。

活动目标评价：能从三维目标思考幼儿的全面发展，以幼儿为主体，引导幼儿感受诗歌意境，发展了大班幼儿有感情地朗诵诗歌的能力。

活动准备评价：从经验和物质材料进行了准备，可以根据秋天的情境布置环境。

活动过程与方法评价：活动通过谈话导入与幼儿息息相关的生活情境，激发幼儿兴趣；教师以多种方式朗诵，引导幼儿理解散文诗内容，感受秋天的意境美；创造性表达环节同时兼顾了情感和素质的培养，多种方法综合符合大班幼儿的认知特点和文学作品活动学习的需要。

活动效果评价：活动既提高了大班幼儿朗诵诗文的能力，又给幼儿提供了创造性表达的空间，效果良好。

项目一　围绕主题选择适宜的文学作品素材

1．目标

（1）巩固幼儿文学作品活动的特点。

（2）运用故事、诗歌素材选择的理论知识为幼儿选择合适的文学作品。

2．内容和要求

（1）为各年龄阶段的幼儿各选择两个故事和两首诗歌。

（2）分享选择的理由并分析该文学作品。

项目二　观摩评价幼儿文学作品活动

1．目标

（1）巩固幼儿文学作品活动设计的理论知识。

（2）能运用幼儿文学作品活动设计理论评价活动方案。

2．内容和要求

（1）评价往届同学或幼儿园教师撰写的幼儿文学作品活动方案。

（2）评价学前教育相关杂志中发表的幼儿文学作品活动方案。

（3）观摩幼儿园现场文学作品活动或视频，记录全过程，并进行分析评价。

（4）评分标准参考本书附录6。

项目三　设计与组织幼儿文学作品活动

1．目标

（1）巩固幼儿文学作品活动设计的理论知识。

（2）能根据学前教育专业活动设计项目国赛要求和文学作品活动设计要求设计幼儿文学作品方案，遵循幼儿教育规律，严谨细致，追求卓越，弘扬精益求精的工匠精神。

（3）尝试模拟开展幼儿文学作品活动的试讲或实践活动，重视幼儿教师的榜样作用，爱岗敬业，细致耐心，树立潜心培幼育人的理念。

2．内容和要求

（1）联系幼儿园获得实践周活动主题，或根据实际情况自选主题，设计幼儿文学作品活动方案。

（2）根据学前教育专业学生国赛说课要求，开展幼儿文学作品活动说课比赛。

（3）模拟幼儿教师资格面试要求进行幼儿文学作品活动试讲。

（4）教学活动方案、说课、试讲活动评价标准请参考本书附录4～附录7。

国考
链接

一、活动设计题（笔试）

请围绕"春天"，为大班幼儿设计主题活动，应包括三个子活动。

要求：

（1）写出主题活动的总目标。

（2）采用诗歌《春风》（见下面所附诗歌）设计一个具体的语言活动方案，包括活动的名称、目标、准备和主要环节。

（3）写出另外两个子活动的概要，包括名称、目标。【2018年上】

国考链接参考答案

附诗歌

春　风

春风一吹，

芽儿萌发。

吹绿了柳树，

吹红了山茶，

吹来了燕子，

吹醒了青蛙。

吹得小雨轻轻地下。

二、活动展示题（面试）

（一）儿歌

1. 题目：儿歌《小熊过桥》。

2. 内容

（1）模仿对幼儿表演儿歌。

（2）模拟组织幼儿学儿歌活动。

小　熊　过　桥

小竹桥摇摇摇，有只小熊来过桥。

立不稳站不牢，走到桥上心乱跳。

"妈妈妈妈快来呀！快把小熊抱过桥！"

头上乌鸦哇哇叫，桥下流水哗哗笑。

河里鲤鱼跳出水，对着小熊大声叫。

小熊小熊别害怕，眼睛向着前面瞧。

一二三向前跑，小熊过桥回头笑，鲤鱼乐得尾巴摇。

3. 基本要求

（1）表演儿歌。

运用普通话，语气、语调、动作、表情符合儿歌内容，有感染力。

（2）模拟组织一个5～6岁幼儿学儿歌的活动。

教学方法得当，能吸引幼儿参与。

（3）请在10分钟内完成上述任务。

（二）故事

1. 题目：故事《爱上厕所的小鸽子》。

2. 内容

（1）模拟对幼儿讲故事。

（2）模拟向幼儿提问。

爱上厕所的小鸽子

森林学校开学了，大象老师说："今天我们班上来了一位新同学，它就是小鸽子。"小动物们都对小鸽子的到来表示热烈的欢迎，小鸽子也挥动翅膀向大家行礼、问好。

开始上课啦！大象老师刚刚讲了故事的开头儿，小鸽子就举起手来，说："老师，我要上厕所！"大象老师向它点点头。小鸽子飞快地冲到了厕所很快又飞了回来。

大象老师继续讲故事，故事还没讲到一半儿，小鸽子又举起手说："老师，我还要去厕所！"大象老师关心地问："孩子，你肚子不舒服吗？"小鸽子不好意思地说："没事儿！我很好！"于是，小鸽子又去了一次厕所。就这样，小鸽子在一节课中上了五次厕所。一个上午就去了十几次厕所。大象老师很担心，还带小鸽子去了学校的医务室，让天鹅医生看一看它是不是闹肚子了。小动物们对小鸽子的这个表现觉得很奇怪，小猪憨憨地说："它一定是今天早上吃多了，所以老上厕所。"小兔想了想说："它一定是刚来咱们学校太紧张了，我紧张的时候也爱上厕所。"小鹿接着说："我觉得它可能生病了，所以才总去厕所。"小猴抓头说："不对！不对！我看它什么事儿也没有，就是不想上课，想出去玩。"

过了一会儿，大象老师高兴地带着小鸽子回到班里，它对小动物们说："我要告诉大家一个秘密，小鸽子的身体没有生病，总上厕所是小鸽子身体的正常现象。由于鸟类要在天空飞翔，所以它们会将身体中的粪便随时排出，减轻身体的负担，这样才能飞得更高，飞得更远。"小动物们都高兴地点点头。于是大家把离门最近的一个座位让给小鸽子，如果在上课时它想去厕所，不用打招呼，可以直接去。小鸽子觉得这个学校可真好！

3. 要求

（1）模拟对幼儿讲故事。

① 有幼儿意识，表现出正在对幼儿讲故事。

② 普通话标准，口齿清楚，语速适宜、有感染力。

（2）回答问题。

在讲故事过程中，你认为5—6岁幼儿最感兴趣、最容易兴奋和难以理解的内容是什么？为什么？

（3）请在10分钟内，完成以上两项任务。

赛场直击

一、单项选择题（幼儿教师职业素养测评）

赛场直击参考答案

1. 讲完故事《小猪变干净了》后，幼儿自己找伙伴结成小组进行表演，这种方式比较适合（　　）。

A. 大班　　　　　　　　　B. 中班

C. 小班　　　　　　　　　D. 托班

2．春天来了，李老师组织了"我喜欢春天"的语言活动，带领幼儿使用"我喜欢春天的×××，因为×××"的句式编出一首儿歌，这是语言活动中的（　　　　）。

A．诗歌创编　　　　　　　　　　　B．诗歌欣赏

C．故事创编　　　　　　　　　　　D．古诗欣赏

二、幼儿园教育活动设计与说课

1．内容

（1）主题网络图设计（书面作答）。

（2）教学活动设计（一课时）（书面作答）。

（3）说课（口头作答）。

2．基本要求

（1）根据下面提供的素材之一，综合幼儿发展各领域以及幼儿园活动的类型，围绕主题设计主题网络图。主题网络图绘制要具有丰富性、科学性、具体化和操作性强等特点，充分考虑到生活化、兴趣性、适宜性、幼儿的主体性和家园合作等因素。

（2）根据主题素材与年龄阶段，设计一课时（30分钟左右）集体教学活动的教案（请根据本单元内容设计幼儿文学作品活动）。教案格式完整规范，语言清晰、简洁、明了，目标设计、内容选择、方法运用符合幼儿年龄特点和领域特点。

（3）根据已设计的教案，就内容、目标、方法、过程设计等进行说课，说清楚"学什么、教什么""怎么学、怎么教"以及"为什么"等问题，语言规范，条理清楚，逻辑性强，表达流畅。说课时间在7分钟内完成。

3．附素材

（1）素材一：故事《不守时的烦恼》

小虎从来没有时间观念。妈妈说吃饭时间到了，小虎不听，还要玩。爸爸说睡觉时间到了，小虎不理睬，继续看电视。老师说上幼儿园不要迟到，小虎经常迟到。小朋友说："如果大家都像你，这个世界要乱套。"小虎不相信。

小虎早上起床，想吃早点。妈妈说："早餐时间已过，早点都吃完了。"小虎只好自己去买早点，可是所有的食品店都关门了。小虎问："上班时间到了，你们怎么不开门？"营业员说："我们没有时间表，想什么时候营业就什么时候营业。"小虎气坏了。他来到幼儿园，老师说："厨房阿姨上班迟到了，来不及做早点。"这可好，小虎饿得受不了了。下午放学，别人都回家了，小虎的爸爸还没来接他，急得他打电话问爸爸："爸爸，您怎么到时间不来接我？"爸爸说："急什么，我还要同朋友聊天呢。"这天，小虎很晚回到家，他想看的儿童片已经播完了，急得他直叫唤："今天真是乱成一团。"

（2）素材二：儿歌《爱惜白米饭》

白米饭，喷喷香，农民伯伯种的粮。

我们爱惜白米饭，浪费一粒不应当。

（3）素材三：古诗《悯农》

锄禾日当午，汗滴禾下土。

谁知盘中餐，粒粒皆辛苦。

三、片段教学

1. 内容：谁去给猫挂铃铛（小班）。

2. 要求：以"谁去给猫挂铃铛"为题，设计并进行片段模拟教学，要求在活动过程中完整展示故事讲述。时间在9分钟内。

（1）根据提供的故事内容进行合理加工，富有童趣，表现富有个性；运用一定的语言技巧，动作、表情符合角色形象；普通话标准，脱稿讲述。

（2）模拟教学活动过程要自然流畅，师幼互动充分，教学实效高。

3. 附故事：《谁去给猫挂铃铛》

很久以前，在一个小镇上，住着一户人家。

由于这户人家老鼠太多了，家里存的粮食一大半都被老鼠给吃掉了，这可把主人苦恼坏了。这位主人想：老鼠的天敌是猫呀。于是主人就买了一只猫来捕捉老鼠。

果然不久，老鼠减少了许多，主人非常高兴，猫儿也很得意地继续担任守卫的工作，现在轮到老鼠苦恼了。

有一天，在这栋房子的一个偏僻角落，正有一场热烈的讨论会在举行着！老鼠酋长站在场地中央，大声说着："各位女士、先生，我今天召开这次讨论会的目的，是找出一个办法来对付那只可恶的猫。它已经杀害了我们许多同胞，如果再不想办法对付它，迟早我们的性命都不保。请各位踊跃发言。"

老鼠们听了，纷纷举手想要发言。老鼠酋长只好让他们一个一个来。首先是瘦小的老鼠站起来发言："我建议，趁那只猫在追我们时，故意把他引到老鼠夹旁边，让他被老鼠夹夹到。这样，他以后就再也不能追我们了。"

一只身材高大的大老鼠听了，很不以为然，就站起来说："这个办法对我们很危险，万一还没跑到老鼠夹边，就先被它吃了怎么办？"

"是啊，怎么办呢？其他的老鼠也议论起来，大老鼠继续说着："所以我认为，趁他睡着时，拿火去烧它是最好的办法。"

一只一直没说话的灰色老鼠听到这里，再也坐不住了，"不，这种办法太危险了，恐怕没烧到猫，倒把我们烧到了！"

"对对对！"其他的老鼠也纷纷摇头。"我有一个最好的办法，就是趁它睡着时，在它脖子上挂上一个铃铛。这样，以后只要听到铃铛的声音，我们就可以赶快逃跑，再也不怕被它抓到，你们认为如何？"灰色老鼠得意地看着大家。老鼠间突然爆发出了雷鸣般的掌声，看来大家都同意这个方法。

"既然大家都赞成了，那有谁自愿去替那只猫挂上铃铛呢？"老鼠酋长的问题刚一出口，场地里立刻鸦雀无声了。

"既然没人愿意去，这个建议是你提的，我看就由你去好了。"

"谁？！我？！我不敢去，您还是找别人吧！"说完，灰色老鼠就不再说话了。结果，没有老鼠敢去，所以到现在，那群老鼠仍然被那只猫追得死去活来呢！

四、保教活动分析

赛场直击：
幼儿园保教
活动分析

1. 内容：大班散文诗活动"滑滑梯的回忆"。

2. 要求：请选手根据视频内容，回答问题。

（1）对师幼互动中幼儿的心理发展，如认知、情感、意志等心理过程进行分析。对幼儿的个性、社会性发展以及学习心理等特点进行分析。

（2）根据《纲要》与《指南》的精神，对教师的保教言行进行评价分析。

（3）对教育活动中存在的问题提出建议。

单元
测试

一、单项选择题

单元测试参
考答案

1. 以下属于儿歌特点的是（　　　）。

A. 符合儿童已有的经验水平　　　　B. 作品题材广泛

C. 音韵和谐　　　　　　　　　　　D. 作品通俗易懂，充满童趣

2. 幼儿文学作品内容的选择要点包括（　　　）。

① 作品脱离幼儿的生活经验　　　② 作品中的形象鲜明生动

③ 作品结构简单，情节单纯而有趣　④ 作品深奥难懂

A. ①②   B. ②④

C. ③④   D. ②③

3. 教师在引导幼儿理解诗歌时，可采用以下方法（   ）。

① 教师讲解法   ② 逐层提问法

③ 情境表演法   ④ 游戏法

A. ①②③   B. ①②④

C. ①③④   D. ①②③④

4. 学习文学作品对儿童想象方面培养的目标包括（   ）。

① 理解作品的主要内容

② 运用恰当的语言表现自己对作品的理解

③ 画出文学作品

④ 仿编诗歌

A. ①②   B. ①④

C. ③④   D. ①③

5. 教师在指导儿童复述故事时应注意（   ）。

① 复述故事应发挥儿童的积极性

② 复述时自始至终都要注意保护儿童的复述愿望和自信心

③ 复述故事的形式应多种多样

④ 应让儿童反复复述直至背诵下来

A. ①②③   B. ①②④

C. ①③④   D. ①②③④

二、判断题

1. 教师在组织语言活动中制作的教具越新奇，活动效果越好。（   ）

2. 故事教学中，只要提一些帮助幼儿回忆故事内容的问题就可以了。（   ）

3. 教师在讲述故事时，一些情节有趣，能激发幼儿想象的故事可以完整讲述，也可在高潮处或转折处暂停，让幼儿参与讨论。（   ）

4. 诗歌教学中，要针对不同年龄班的幼儿选择适当的作品。其中，小班可选择篇幅较长、画面和语言丰富、结构形式多样化的诗歌和散文作品。（   ）

5. 儿歌都是可以仿编的，没有相同句式的儿歌也是可以仿编的。（   ）

单元五

幼儿早期阅读活动

学 习 目 标

知识目标

☐ 理解幼儿早期阅读活动的特点。

☐ 了解幼儿早期阅读活动的类型。

☐ 明确幼儿早期阅读活动的目标。

☐ 掌握不同类型早期阅读活动的设计与指导要求。

能力目标

☐ 能为不同年龄阶段的幼儿选择恰当的早期阅读素材。

☐ 能运用幼儿早期阅读活动设计的理论要求设计活动方案，并进行试教。

素养目标

☐ 在早期阅读内容选择时，尊重幼儿心理发展特点，主动选取我国优秀的原创阅读素材，传播中华优秀传统文化，树立民族自信、文化自信。

☐ 在设计和组织早期阅读活动时，遵循学前教育的基本规律，关注幼儿的全面发展，培养热爱教育事业的情怀。

☐ 在早期阅读活动中重视幼儿教师的榜样作用，爱岗敬业，细致耐心，树立潜心培幼育人的理念。

知 识 导 图

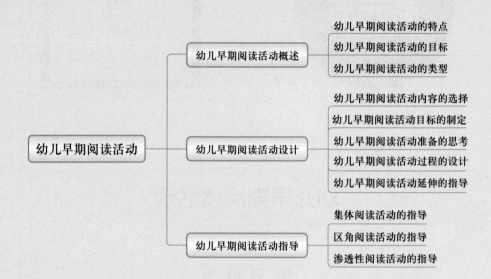

幼儿早期阅读活动
幼儿早期阅读活动概述
幼儿早期阅读活动的特点
幼儿早期阅读活动的目标
幼儿早期阅读活动的类型
幼儿早期阅读活动设计
幼儿早期阅读活动内容的选择
幼儿早期阅读活动目标的制定
幼儿早期阅读活动准备的思考
幼儿早期阅读活动过程的设计
幼儿早期阅读活动延伸的指导
幼儿早期阅读活动指导
集体阅读活动的指导
区角阅读活动的指导
渗透性阅读活动的指导

职场
体验

　　在开展了幼儿早期阅读活动试教后，进入了试教评议环节，同学们都积极发言，各抒己见。陈雨说："我们组选择了图画书《母鸡萝丝去散步》，故事情节非常有趣，我们把活动重点放在边看图边讲故事上，这是阅读活动吗？是不是和故事活动差不多？"吴玲说："我们组选择了图画书《我爸爸》，小朋友们都非常喜欢，我们重点引导幼儿仔细观察和理解每一幅画面，启发幼儿讲述自己的爸爸是什么样子的，这样可以吗？好像又和讲述活动类似。"王路说："我们组和你们都不一样，我们利用图片和字卡引导幼儿认识了提手旁的字，采用图文结合、猜字游戏等有趣的方式，高效率地让幼儿认识了一些提手旁的文字，突出了认字和识字的教学重点，这才是真正的阅读活动。"……

　　听了同学们的发言，大家陷入了沉思，也产生了很多困惑，早期阅读等同于识字吗？幼儿早期阅读活动与讲述活动、文学作品活动有哪些异同？如何有效地实施早期阅读活动呢？

知识
探究

　　阅读作为社会个体的主要学习手段，对人们的生活和工作有着重要的影响。良好的早期阅读能力，是一个人成为成功阅读者的必要准备。对于幼儿来说，早期阅读活动能培养良好的阅读习惯、浓厚的学习兴趣，能提升观察、想象、语言表达等能力，促进其健康成长。

　　《纲要》中指出："培养幼儿对生活中常见的简单标记和文字符号的兴趣。利用图书、绘画和其他多种方式，引发幼儿对书籍、阅读和书写的兴趣，培养前阅读和前书写技能。"《指南》也提出："为幼儿提供丰富、适宜的低幼读物，经常和幼儿一起看图书、讲故事，丰富其语言表达能力，培养阅读兴趣和良好的阅读习惯，进一步拓展学习经验。"早期阅读正在成为幼儿语言教育中极其重要的内容，不管是幼儿园，还是家长，都应高度关注幼儿的早期阅读。

知识点1　幼儿早期阅读活动概述

　　阅读是学习的基础，是获取知识、增长智慧的重要方式，也是教育的核心，是传承文明、提高国民素质的重要途径。2020年10月，中宣部印发《关于促进全民阅读工作的意见》，指出要在全社会大力营造爱读书、读好书、善读书的良好氛围，引导人民群众提升阅读兴趣、养成阅读习惯、提高阅读能力。这是我国构建公共文化服务体系的一项重要部署，对培育和践行社会主义核心价值观，提高国民思想道德素质和科学文化素质，建设社会主义文化强国，实现中华民族伟大复兴的中国梦具有重要意义。

　　提到早期阅读，社会上有很多人会把它和古代的启蒙教育联系起来，《三字经》《百家姓》《千字文》等启蒙读物至今仍在广泛流传。但其实古代启蒙教育中幼儿的朗读、识字和书写与我们今天研究的早期阅读有很大不同。3—6岁是培养儿童阅读能力、兴趣、习惯的最重要时期，幼儿早期阅读是幼儿从口头语言向书面语言过渡的前期阅读准备和书写准备，包括了解图书和文字的重要性，乐意阅读图书和辨认文字，掌握一定的阅读和书写准备技能等。

　　早期阅读是指幼儿凭借色彩、图像、符号、文字等信息，在成人帮助下，理解各种阅读材料的活动。早期阅读并非传统意义上以阅读文字为主的阅读，也不是单纯的读书、识字教育，而是建立在幼儿的自身生活经验基础上，与他人交流的活动。对于幼儿来说，凡是与阅读活动有关的行为，都可视作阅读行为。幼儿参与早期阅读的形式多种多样，可以借助自身的视觉、听觉甚至触觉接触阅读材料，比如，用手指一页一页地翻书，浏览图画、符号；也可以倾听成人阅读文字等。

　　早期阅读作为幼儿语言学习不可缺少的一部分，对促进幼儿语言发展具有重要的价值。早期阅读能够促进幼儿大脑的发育和成熟，发展幼儿的智力；早期阅读中的图画书，能够促进幼儿审美意识的建立；早期阅读能够开阔幼儿视野，促进幼儿社会性的发展；早期阅读中的亲子沟通，有利于促进亲子关系的和谐；早期阅读还能够培养幼儿良好的阅读习惯，为以后的学习奠定基础。

微课：
幼儿早期阅
读活动的特
点

一、幼儿早期阅读活动的特点

（一）活动过程的综合性

　　早期阅读活动不是单纯的语言活动，而是一个有效学习的综合性教育活动，其综合性主要体现在以下几方面。

1. 综合运用多方面的认知

幼儿在参与早期阅读活动时，需要借助注意、观察、想象、思维、记忆等多种认知能力对阅读内容进行理解，在提升听、说等阅读能力的同时综合发展多种认知技能。

2. 综合发展口头语言和书面语言

幼儿的早期阅读活动是在语言发展的关键期建立口头语言与书面语言的联系，在促进口语表达规范性的同时培养幼儿对书面语言的敏感性和兴趣。

3. 综合学习语言与其他领域内容

早期阅读活动将幼儿园各领域的教育活动综合到一起，全面发展幼儿的各方面能力。早期阅读材料涵盖自然科学、社会生活等多方面内容，幼儿在感受语言、学习语言的同时也能从中学到大量自然和社会的知识。

（二）阅读内容的丰富性

幼儿的早期阅读活动不同于传统意义上的阅读，其阅读内容不局限于早期读物等传统阅读材料，还涵盖影像、声像、符号等多种材料。具体可分为两类。

1. 图文并茂的阅读材料

幼儿通过图文并茂的图书和画报欣赏儿歌、故事、散文、童话等，了解生命、情感、科技、社会、环境等丰富的内容。

2. 源自周围世界的阅读内容

生活中经常出现的文字、图案、标记等各种符号以及能感知的周围环境都可以成为阅读的内容。通过这些积累，幼儿在早期阅读过程中能够充分调动已有的经验与书面符号建立联系，构建书面符号的意义。

（三）阅读主体的参与性

早期阅读和成人阅读很大的一个不同点是参与主体不同。成人阅读时，自己就是阅读的主体。幼儿独立自主地进行阅读是早期阅读的终极目标，但在幼儿时期很难达到。绝大多数情况下，在早期阅读过程中，幼儿、教师、家长都是阅读的主体，要共同参与，从阅读内容的选择、阅读方法的指导，到阅读中的陪伴与坚持，都是一个多主体参与的过程。

早期阅读还需要社会大环境的参与，从政府部门的推广、图书馆等机构的支持，到家庭成员的有效参与、幼儿园的真正落实等，只有社会各主体共同参与，早期阅读才能够蓬勃发展。

（四）阅读形式的多样性

幼儿充分利用视觉、听觉、触觉等多方面的感知经验，通过成人的语言转述以及与成人的交流等方式获得早期阅读的主要信息。幼儿早期阅读活动形式多种多样，有专门性的阅读活动，如幼儿园集体阅读活动、区角阅读活动等；还有渗透性的阅读活动，如幼儿园一日生活中的阅读活动、渗透在其他领域的阅读活动、家庭亲子阅读活动等。幼儿在日常生活中通过与成人随机的对话，完成对广告牌、常见标志的理解等，都属于阅读的范畴。

拓展阅读

读写萌发技能始于学前

传统的阅读发展观认为，读写能力的发展始于儿童正式接受学校的读写教育。20世纪六七十年代，Clay、Teale和Sulzby等研究者提出了一种与之不同的观点，即"读写萌发"（emergent literacy）。这种观点指出，儿童的读写能力并非是等到他们进入小学，接受正式读写教育后"突然"出现的。在生命早期，幼儿就已显露出了对阅读和书写的兴趣和能力。例如，幼儿喜欢看图画书、能识别广告牌或者包装袋上的字。幼儿在早期阶段萌发出的读写兴趣和诸多能力是他们之后阅读能力的重要预测指标，也是进行正式读写学习的重要基础。

早期读写萌发技能包括阅读态度、文字意识、口语能力、语音加工能力、简单的阅读和书写能力。

［资料来源：李向飞，李甦. 为幼儿读写萌发技能发展创造良好环境［J］. 学前教育，2021，（19）：19-23.］

二、幼儿早期阅读活动的目标

（一）幼儿早期阅读活动的总目标

《纲要》指出，要"利用图书、绘画和其他多种形式，引发幼儿对书籍、阅读和书写的兴趣，培养前阅读和前书写的技能"。根据《纲要》和《指南》的要求，幼儿早期阅读活动的目标主要有三个方面：一是激发幼儿的阅读兴趣；二是培养幼儿良好的阅读习惯；三是帮助幼儿掌握正确的阅读技能和方法。具体表现为以下三个方面。

微课：
幼儿早期阅读活动的目标

1. 认知方面

认识图书的结构；知道阅读的基本方法，懂得逐页翻阅图书；初步感受口头语言和书面语言的转换关系；知道文字符号区别于图画符号。

2. 能力方面

掌握正确的阅读方法；初步形成阅读能力，如认读能力、理解能力、分析能力、归纳能力等；逐步获得前阅读、前书写、前识字的经验与技能。

3. 情感方面

主动阅读图书，乐意参与各种阅读活动；热爱书籍，爱护图书；乐意观察图像、符号、标志、文字等各种书面语言信息；对文字有好奇心和探索欲望。

（二）幼儿早期阅读活动的年龄阶段目标

1. 3—4岁幼儿（小班）

（1）认知方面。了解图书的结构有封面、内页、封底；知道简单的图示、标记、符号的意义；知道书中有图画，有文字；知道看书的基本方法，知道如何正确拿书，如何翻阅图书。

（2）能力方面。会按顺序一页一页地看书；能区分文字和其他符号的不同；会观察画面的主要内容，能初步看懂适合的、单页单图的图画书；能讲述图画书的主要内容。

（3）情感方面。喜欢翻看图书，喜欢和家人、同伴一起阅读图书；喜欢听成人讲述或朗读阅读物；对文字符号感兴趣，喜欢模仿成人看书读报；爱护图书，不撕书、不卷书，不乱扔图书。

2. 4—5岁幼儿（中班）

（1）认知方面。进一步了解图书的结构，如扉页、环衬、目录等；知道口头语言和书面语言有转换关系；知道图画书中的画面和文字有对应关系。

（2）能力方面。能按顺序观察画面，能看懂单页多图的图画书；能理解图文指示，并能大胆猜测情节变化和图书内容；能清楚地讲述阅读材料的主要内容。

（3）情感方面。喜欢阅读图书，愿意和同伴分享、共同阅读图画书；爱护图书，会在成人的指导和帮助下修补图书、整理图书；喜欢指认标识、符号和文字；喜欢模仿制作图画书。

3. 5—6岁幼儿（大班）

（1）认知方面。知道按书的结构认真阅读；知道图画书中的画面和文字的对应关系；初步了解汉字的基本结构。

（2）能力方面。能全面、仔细地阅读画面，理解图书的主题和内容；能领会阅读材料所蕴含的简单寓意；能推测图画书的内容，并能够伴随阅读过程进行调整；在阅读的基础上能完整、连贯地讲述阅读内容。

（3）情感方面。喜欢阅读各类书籍；阅读习惯良好，会自己分类整理图书；对图书和生活情境中的文字符号感兴趣，知道文字表示一定的意义；乐意将阅读内容通过讲述的方式分享给他人听；喜欢与他人一起谈论图书和故事的有关内容。

拓展阅读

《指南》中关于早期阅读目标的描述

在阅读与书写准备方面，《指南》对各年龄阶段幼儿从以下三个方面提出了具体的目标，如表5-1、表5-2和表5-3所示。

表5-1　喜欢听故事，看图书

3—4岁	4—5岁	5—6岁
1. 主动要求成人讲故事、读图书。 2. 喜欢跟读韵律感强的儿歌、童谣。 3. 爱护图书，不乱撕乱扔	1. 反复看自己喜欢的图书。 2. 喜欢把听过的故事或看过的图书讲给别人听。 3. 对生活中常见的标识、符号感兴趣，知道它们表示一定的意义	1. 专注地阅读图书。 2. 喜欢与他人一起谈论图书和故事的有关内容。 3. 对图书和生活情境中的文字符号感兴趣，知道文字表示一定的意义

表5-2　具有初步的阅读理解能力

3—4岁	4—5岁	5—6岁
1. 能听懂短小的儿歌或故事。 2. 能看画面，能根据画面说出图中有什么，发生了什么事等。 3. 能理解图书上的文字是和画面对应的，是用来表达画面意义的	1. 能大体讲出所听故事的主要内容。 2. 能根据连续画面提供的信息，大致说出故事的情节。 3. 能随着作品的展开产生喜悦、担忧等相应的情绪反应，体会作品所表达的情绪情感	1. 能说出所阅读的幼儿文学作品的主要内容。 2. 能根据故事的部分情节或图书画面的线索猜想故事情节的发展，或续编、创编故事。 3. 对看过的图书、听过的故事能说出自己的看法。 4. 能初步感受文学语言的美

表5-3　具有书面表达的愿望和初步技能

3—4岁	4—5岁	5—6岁
喜欢用涂涂画画表达一定的意思	1. 愿意用图画和符号表达自己的愿望和想法。 2. 在成人提醒下，写写画画时姿势正确	1. 愿意用图画和符号表现事物或故事。 2. 会正确书写自己的名字。 3. 写画时姿势正确

[资料来源：教育部. 3~6岁儿童学习与发展指南，2012年9月]

三、幼儿早期阅读活动的类型

幼儿早期阅读活动按照不同的标准，可以划分为不同的类型。

按照阅读目标的不同，可以分为认知性阅读、理解性阅读、欣赏性阅读、批判性阅读；按照阅读场所的不同，可以分为幼儿园早期阅读活动、家庭早期阅读活动、社会早期阅读活动等；按照阅读在幼儿园一日生活中渗透的角度，可以分为语言活动中的阅读、科学活动中的阅读、游戏活动中的阅读等；按照阅读形式的不同，可以分为集体阅读活动、区角阅读活动、渗透性阅读活动等。

微课：
幼儿早期阅读活动的类型

幼儿园教师不仅要有计划、有目的地组织集体开展幼儿早期阅读活动，还要将其渗透到日常生活中，根据不同阅读活动的类型，开展相应的指导。下面主要谈谈集体阅读活动、区角阅读活动和渗透性阅读活动三种类型的幼儿早期阅读活动。

（一）集体阅读活动

集体阅读活动是幼儿园教师有目的、有计划、有组织开展的集中阅读活动，它面向全体幼儿，旨在培养幼儿阅读兴趣、阅读习惯和阅读能力。例如，图画书的集体阅读活动在幼儿园中极为常见。此类活动中，教师通常应先进行周密的设计与准备，选择经典图画书，设计一系列相关活动，幼儿在参与图画书阅读活动时既能够享受阅读的快乐，也能在集体活动中获得语言和其他领域的综合能力的发展。

集体阅读活动是幼儿园中非常重要的早期阅读活动方式（图5-1）。在教师和幼儿的共同作用之下，集体阅读活动能够帮助幼儿获得极佳的阅读效果；幼儿在集体环境中学习阅读，可以与同伴分享阅读的快乐，最大限度地激发幼儿的阅读兴趣。

图5-1　集体阅读活动

（二）区角阅读活动

图5-2　阅读区

区角阅读活动是指在班级或园内创设的阅读区内，在教师的间接指导下，幼儿自主开展的阅读活动。虽然区角阅读活动不像集体阅读活动一样需要教师的直接参与，但是阅读区的创设和布置、阅读材料的选择和投放、阅读规则的制定和执行都离不开教师的安排和设计。幼儿在阅读区进行自主阅读时（图5-2），教师还应关注幼儿的阅读情况，并适时地进行个别指导。

（三）渗透性阅读活动

渗透性阅读活动发生在集体阅读活动和区角阅读活动之外，通过日常生活及其他领域的教育活动等方式，渗透性地拓展阅读内容和阅读经验。渗透性的阅读教育具有随机性。

1. 一日生活中的自由阅读

教师可以在幼儿园一日生活的各个环节随机开展阅读活动，如阅读幼儿园的区域标志图、区域规则图，或在幼儿午餐时，将菜谱自制成图文结合的阅读材料供幼儿自行阅读。午睡之前、户外活动之后、离园之前这些碎片化的时间都可以利用起来，一本简单的绘本，一个温馨的故事，都可以让幼儿享受自由阅读的快乐。

2. 其他领域活动中的阅读

教师也可以在其他领域的教育活动中渗透早期阅读。如在相关领域活动中，让幼儿阅读有关艺术、健康、社会、科学的画报，观看展板、视频等，或让幼儿制作相关的观察记录、手抄报等。尤其是科学和艺术领域，与阅读的联系最为紧密。教师在组织科学、艺术领域活动时，可以有机地将领域内容以早期阅读的形式呈现出来，实现不同领域的融合。

比如，幼儿园在进行自行车主题活动时（图5-3），当涉及工作原理的科学领域时，教师可将自行车的组成

图5-3　"自行车"海报

部分、运动原理等内容用图片和文字的形式做成海报，张贴在墙上让幼儿观看，直观地让幼儿认识各部件的名称和作用。教师还可以列出问题启发幼儿思考，在培养幼儿科学素养的同时渗透早期阅读。

3. 家庭生活中的亲子阅读

家庭是社会的基本细胞，是人生的第一所学校。家庭教育是孩子人生的基础和起点，家庭在幼儿健康成长过程中发挥着不可替代的作用。很多幼儿良好的阅读习惯和能力最早是在家庭中养成的。

亲子阅读是幼儿园早期阅读的有效补充。幼儿园集体阅读活动中，教师顾及不到每个幼儿，而在家庭阅读中，家长则可以有针对性地进行阅读的有效渗透。亲子之间每天可固定一段时间进行阅读，包括共同阅读、家长读给幼儿听、讲述图画书内容、讨论故事情节、开展亲子游戏等形式。亲子阅读不仅能够增进亲子之间的情感交流，还能够培养幼儿的阅读能力和习惯。

4. 社会生活中的阅读

日常生活中，除了家庭之外，幼儿还是社会中的一员。幼儿园和家长可以利用社会公共资源为幼儿开展多样化的阅读活动。图书馆、博物馆、科技馆、青少年宫、儿童活动中心和相关爱国主义教育基地等场所蕴含着丰富的早期阅读教育资源，如幼儿在少儿图书馆阅读绘本（图5-4）。这些社会资源如果能得到有效利用，不仅能够开阔幼儿的阅读视野，还能够促进幼儿与外界交往能力和积极情感的发展。

图5-4 在少儿图书馆阅读

知识点 2 　幼儿早期阅读活动设计

幼儿早期阅读活动是指幼儿以自身生活经验为基础，在一定的情境中，对文字、符号、标记、图片、影像等材料的认读，理解和运用，是一种有目的、有组织、有计划的活动。早期阅读不是单纯的看书、识字活动，而是一种结构相对完整、体系相对独立、能促进幼儿全面和谐发展的活动。

早期阅读活动主要发展幼儿阅读能力，培养幼儿良好阅读习惯。《纲要》明确指出要"利用图书、绘画和其他多种方式，引发幼儿对书籍、阅读和书写的兴趣，培养前阅读和前书写技能"；《指南》将"阅读与书写准备"作为两大语言目标之一，要求为幼儿提供良好的阅读环境和条件，激发幼儿的阅读兴趣，培养阅读习惯和阅读方法，掌握一定的阅读技能，体验作品中美好的情感。

一、幼儿早期阅读活动内容的选择

　　幼儿早期阅读活动包括前阅读、前识字、前书写三个方面的活动。在内容选择上，要兼顾这三种经验，用"前"来表示是为了强调这些属于幼儿期特有的语言学习经验，与小学后的正式语言学习存在着质的不同。

（一）为幼儿提供前阅读经验

　　为幼儿提供前阅读经验不是单纯利用图书阅读来培养幼儿的阅读能力，而是教师通过生活中常见的菜单、说明书、广告纸、图书等多种多样的阅读材料来丰富幼儿与阅读相关的经验。这些经验主要包括：① 翻阅图书的经验，包括图书的阅读规则、方法；② 读懂图书内容的经验，能够从图画中发现人物表情、动作等的变化，感知阅读背景，学会串联情节；③ 理解故事内容，讲述主要情节的经验；④ 理解画面与文字、口语与文字之间关系的经验；⑤ 制作图书的经验等。

（二）为幼儿提供前识字经验

　　前识字经验不是集中、快速、大量地认识文字，而是教师通过早期阅读活动帮助幼儿获得与识字相关的经验，提高幼儿对文字的敏感度。这些经验主要包括：① 把文字、口语及概念对应起来的经验，知道文字有具体意义，如文字可以读出来，知道文字和语音的对应；② 理解文字功能作用的经验；③ 初步了解文字来源等相关知识的经验；④ 了解汉字识字规律的经验；⑤ 了解世界上的文字和语言具有多样性的经验等。

（三）为幼儿提供前书写经验

　　学前期幼儿不要求写字，因此前书写经验并不是真正的书写，而是教师通过游戏化的书写活动帮助幼儿获得与汉字书写相关的前书写经验。这些经验的获得有助于幼儿在进入小学后正式的书写学习，主要包括以下内容：① 了解书写最初步的规则，学习按照规则写字，如从左往右，从上到下等；② 了解汉字的基本间架结构，如左右结构、上下结构；③ 了解汉字的独特书写风格，如以图代字等；④ 了解汉字有哪些书写工具，如铅笔、钢笔、毛笔等；⑤ 学会书写时需要的正确姿势，如坐姿、握笔姿势等。

教师在采取多种方式帮助幼儿获得这些经验的同时，必须认识到早期阅读的核心经验与阅读、识字和书写的系统学习有着本质的区别。幼儿早期阅读教育不是小学的阅读教育，要严防幼儿园教育"小学化"倾向。

《指南》强调，"通过语言获取信息，幼儿的学习逐步超越个体的直接感知"，教师要科学地引导幼儿通过阅读进行学习。教师在为幼儿选择早期阅读内容的时候，应根据以上阅读经验进行筛选。同时，还应考虑到阅读主题的多样化，既要有传统叙事类的文学作品，又要有说明性或纪实性等科学类的内容；阅读内容既要考虑到儿童性，与幼儿身心发展特点相匹配，又要考虑到发展性；阅读内容还要注意与其他领域的融合等。

拓展阅读

强化课程资源意识
引导童书与区域游戏、领域学习连接

《幼儿园教育指导纲要（试行）》（以下简称《纲要》）明确指出"各领域的内容要有机联系，相互渗透，注重综合性、趣味性、活动性"，这也就意味着早期阅读不应停留于文学欣赏和阅读本身，在重视阅读对儿童语言发展和阅读能力形成的价值的基础上，要重视儿童读物对学前教育课程的支持。《指南》明确提出"当幼儿遇到感兴趣的事物或问题时，和他一起查阅图书资料，让他感受图书的作用，体会通过阅读获取信息的乐趣"，并通过多种活动帮助幼儿加深对作品的体验和理解，这些描述体现了阅读应与教育活动、儿童生活有机地结合这一基本思想。例如，《纲要》在幼儿社会教育中提出"适当向幼儿介绍我国各民族和世界其他国家、民族的文化"，儿童读物就是极为便利的素材。透过阅读展现我国少数民族人民情感与智慧的优秀童书作品《梅里的雪山怪兽》《鄂温克的驼鹿》等，可以极大地增进民族了解和民族团结，从而形成你中有我、我中有你、谁也离不开谁的多元一体格局。因此，儿童读物的推荐应思考如何与儿童各领域的学习与发展、各领域教育进行衔接与融合，从而能够有效地使儿童读物服务于促进儿童全面发展这一教育目标。此外，大量研究也证明，科学的早期阅读对儿童亲社会性行为、情绪调节、数学、科学、艺术等方面发展均具有明显的促进作用。因此儿童读物推荐工作必须重视其与幼儿园游戏活动和五大领域学习活动的有效衔接。

首先，重视语言经验中的叙事、说明、韵律和戏剧语言形式，关注儿童读物的语言类型，为儿童全面的语言发展提供经验基础。其次，关注戏剧语言与儿童的表演游

戏之间的密切联系，通过科学的图书提供使阅读与表现、图书角和表演游戏之间形成内在连接，形成对幼儿园区角游戏活动的有效支持，适当推荐《鸭子？兔子？》《你千万别上当啊！》等以戏剧语言为主要表现形式的读物。最后，避免过度倚重文学读物的现象，重视儿童读物与五大领域课程之间的联系。例如，重视推荐《我的连衣裙》《霉菌》等优秀的儿童读物，使儿童读物能够真正支持幼儿园艺术、科学等领域的课程实施。在幼儿园儿童读物推荐过程中强化课程资源意识，使儿童读物真正服务于综合主题活动和游戏课程的实施。

［资料来源：刘晓晔，李叶兰. 幼儿园儿童读物推荐的基本原则［J］. 学前教育（幼教），2021（Z1）：8-11.］

二、幼儿早期阅读活动目标的制定

此处所说的"早期阅读活动目标"是指具体早期阅读活动中幼儿要达成的目标。目标内容涉及认知目标、能力目标和情感目标，教师在制定目标时需要从以下几方面来考虑。

（一）以《纲要》《指南》为依托，符合总目标和年龄阶段目标

早期阅读活动目标的制定，必须符合《纲要》精神，突出情感、态度、兴趣、个性等方面的价值取向。依托于《指南》中年龄阶段目标，全面体现早期阅读的认知、能力和情感等方面的相互联系和促进，全面落实文件中总目标和年龄阶段目标的要求。

（二）目标设计应注意细化分解

设计目标时要依照完整的目标体系来进行，时刻思考总目标和年龄阶段目标的要求。但同时，还要做到根据早期阅读的价值、内容和幼儿的身心发展水平对目标进行分解。这里的分解主要指年龄阶段目标到具体活动目标的分解，将高层次的要求转化为低层次的目标，将完整的目标分解为片段化的小目标，再依据选择的具体内容来执笔。如早期阅读经验包含了前阅读、前识字和前书写，要细化到具体的前阅读经验中的某一条，如知道翻书的方法，知道根据图片观察细节，理解故事情节等。

（三）目标表述具体明确、可达成，以幼儿为主体，促进幼儿的全面发展

目标的表述一定要具体明确，采用行为目标的表述方式，直接提出什么样的活动能够达成什么样的效果，以幼儿为主体提出具体目标，避免使用以教师为主体的

目标描述，如"引导幼儿……""让幼儿……"等。目标是通过设计的活动可以达成的，在阅读方法、习惯、兴趣等方面促进幼儿早期阅读能力的全面发展。

案例1　小班早期阅读：你好你好

活动目标

1. 理解故事内容，欣赏故事情节。

2. 教师通过游戏的方式教会幼儿用对话表演的方式讲故事。

3. 学会一页一页地按顺序阅读，体验阅读的快乐。

案例评析

这三个活动目标的设计都不太符合要求。目标一表述太过笼统，任何内容都可以用这个模板来套。目标二没有突出以幼儿为主体。目标三"体验阅读的快乐"太过概括，要根据阅读内容再细化。

调整后的活动目标

1. 理解故事内容，知道与人见面要有礼貌地打招呼。

2. 用动作表演故事情节，尝试用对话的方式讲故事。

3. 学会一页一页地按顺序阅读，感受与人友善相处的快乐，做有礼貌的孩子。

案例2　中班图书阅读：长不高的小熊

活动目标

1. 欣赏阅读故事，根据图画感受小熊的心理活动，知道故事中小熊长不高的秘密。

2. 积极参与讨论小熊长不高的原因，尝试用画图的方式将小熊与大树的高度按比例画下来。

3. 表演故事，体验合作探秘的快乐，感受成长乐趣。

案例评析

此活动目标的设计符合目标制定的要求，认知目标具体、可操作，能力目标有方法、有过程、有成果预期，情感目标契合主题。此活动目标符合中班幼儿的年龄特点，能够评测，可操作性强，幼儿阅读能力通过活动可以得到提升。

三、幼儿早期阅读活动准备的思考

早期阅读活动前的准备工作对于阅读活动效果的达成非常重要，需要建立在教师对阅读材料非常熟悉的基础之上。活动准备工作包括阅读材料的准备、阅读环境的创设和幼儿阅读经验的准备。

教师需要考虑阅读材料的数量、如何呈现、阅读区的设置，营造温馨的阅读氛围。集体阅读活动的开展还应该建立在幼儿对阅读内容熟悉的基础之上，因此在阅读活动前要调查幼儿是否具有相关的生活经验。如果有，便可以顺利开展；如果没有，最好要引导幼儿先接触、熟悉阅读材料，为正式活动的开展奠定良好的基础。引导幼儿接触阅读材料并不是正式的阅读活动，在准备阶段，教师可以通过出示阅读材料，播放相关音频材料，配合有趣的游戏等多种方式让幼儿感知阅读内容。这种感知只是一个大概了解，不能过细，否则对阅读内容过于熟悉，同样会影响开展正式阅读活动的质量。

拓展阅读

父亲节快到了，笔者计划结合父亲节开展阅读《爸爸的秘密》的活动。活动之前，笔者在分析绘本的过程中，将狗能赶走野兽、马会跑、猪贪吃以及公鸡的本领形成调查表，并对幼儿进行调查，发现幼儿对猪贪吃、马会跑以及公鸡的本领有直接和具体的经验，但对于狗能带小羊上山吃草并能赶走野兽并不理解。因为现在的幼儿所见的狗多为宠物狗，很难理解牧羊犬的功能。笔者便搜集有关牧羊犬的视频，引导幼儿观看，丰富他们有关牧羊犬的经验，保证了活动的顺利进行。

[案例来源：邓美琼. 早期阅读活动中的幼儿生活经验准备 [J]. 幼儿教育研究，2018（5）：5-6.]

四、幼儿早期阅读活动过程的设计

微课：
早期阅读活动过程的设计、活动延伸的指导

（一）创设情境，引发阅读兴趣

兴趣是最好的老师，是人们学习与行动的动力。在阅读中激发幼儿的阅读兴趣能够提高阅读活动的效率。教师可以用语言、玩教具、封面等激发兴趣，创设情境，趣味导入。在创设情境时，教师需要注意以下两点。

1. 调动幼儿的已有经验

幼儿的已有经验包括生活经验和阅读经验。教师可以通过提问，引导幼儿讲述自己与阅读内容相关的经历，激发阅读兴趣。

2. 提供不同的情境支持

为了激发幼儿的阅读兴趣，教师可以创设或利用与阅读内容有关的情境，如故事情境、游戏情境等，根据阅读内容，选择一定的情境，利用幼儿的好奇、共鸣等心理，激发幼儿的阅读兴趣。

（二）有步骤阅读，开展阅读指导

早期阅读能够促进幼儿大脑的发育与成熟，对发展幼儿的观察能力、注意力、想象能力和思维能力等有很大的帮助。阅读过程是幼儿综合运用多种感官对阅读素材进行感知，改组原有的知识经验，生成新的认识。在这个过程中，幼儿与作者展开心灵上的沟通和交流。开展有步骤的阅读，教师进行有效指导，更符合幼儿的心理发展过程。

1. 幼儿自主阅读

在这一环节中，教师将图书呈现给幼儿，并给予幼儿自由阅读的空间，让幼儿自主地接触阅读内容，自由翻阅图书，获得阅读信息。教师组织幼儿自主阅读之前要提出具体要求，如按照页码翻看，指读，观察图片，猜测画面内容等。幼儿自主阅读时，教师要关注幼儿的阅读习惯和方法，如是否按顺序阅读等，并给予适当的指导。在这个阶段以幼儿自主阅读为主，教师指导为辅，教师可以通过启发性的提问，引导幼儿的思路，帮助幼儿进行有效阅读。

2. 师幼集体阅读

在幼儿自由阅读之后，教师可以采取集体或小组的形式，带领幼儿共同阅读。教师可以综合利用多种阅读指导方法，如提问法、观察法、复述法、角色扮演法等。在分享阅读的过程中，教师应保证幼儿的主体地位，充分利用师幼互动和幼儿间的同伴互动，引导幼儿感受阅读带来的愉悦感，调动幼儿阅读的积极性。在这个过程中，教师要避免直接将图书内容告知幼儿，而是要带领幼儿一起感知图书的画面内容，通过启发、互动、联想等方式去理解图书内容，鼓励幼儿说出自己的想法，交流各自的观点，自然体会阅读的乐趣。

（三）围绕阅读重点开展活动

每一次的集体早期阅读活动中都会有一定的重难点，或是有关语言的学习，如关键词汇的理解，几幅理解起来比较困难的图画，语法结构等；或是有关情感体验的，如《象老爹》中老鼠妹妹和象老爹关于大象天堂的对话，因为关乎生死，幼儿理解起来可能比较困难。教师可以针对阅读中的重难点组织幼儿开展活动，活动形式可以灵活多样，如游戏、模仿、表演等，加深幼儿的阅读体验，帮助幼儿掌握早期阅读的核心经验。

（四）归纳总结阅读经验

在阅读活动的最后对阅读内容进行归纳总结，有助于幼儿对所学内容更有效地消化和吸收。教师可以采用竞赛法、游戏法、对话法、表演法等形式组织幼儿对本次阅读进行归纳总结。

五、幼儿早期阅读活动延伸的指导

早期阅读对幼儿前阅读、前识字、前书写能力的影响，是一个循序渐进、逐步积累提高的过程。教师要树立长期教育的观念，在活动结束后，做好延伸活动的设计。例如，区角活动中的朗读、表演、创编，或者亲子共读、亲子图书制作等活动，能够帮助幼儿将自己的生活经验与阅读经验相结合，并将阅读中的经验迁移到生活中，最好能够做到解决生活中的实际问题，为以后的阅读打下坚实的生活经验基础，这样就是一个完美的阅读经验循环。每一次的阅读活动都能够有意义，与生活相联系，幼儿的阅读经验就能够得到巩固和发展。

知识点 3　幼儿早期阅读活动指导

幼儿在社会中表现出来的多种行为，都与自己的早期认知基础有关。教师应指导幼儿进行阅读的训练，当幼儿未来遇到生活中困难的时候，能够从阅读经验中找到相对应的解决方法。随着社会的不断发展，人们也需要通过广泛的阅读来积累知识，增长智慧，为终身学习奠定重要的基础。早期阅读，是阅读的基础与发端，是人类终身学习的起点，在人的一生中有着不可替代的作用。

一、集体阅读活动的指导

集体阅读活动主要包含前阅读活动、前识字活动和前书写活动，有时也会以以上活动的整合形式出现。集体早期阅读活动的指导存在一些共性，教师可以从以下几点展开。

第一，尊重个体差异。每一个幼儿都是独一无二的，他们的成长存在着一定的差异性。每个幼儿呈现的阅读特点和阅读需要也不同。教师应该尊重幼儿发展的差异性，关注幼儿的实际情况，采取适宜的阅读指导方式，保障阅读活动的丰富性和多样性。

幼儿在自主阅读的过程中，对于图画的理解会出现个体差异，有的幼儿对于预期、假设、验证等阅读策略的运用可能会落后于同龄人，这时教师的适当介入就非常重要。有的幼儿各方面能力的发展超出于同龄人，教师对这部分幼儿的指导不能仅停留于关注和表扬，而是应能够根据幼儿的现有能力对其提出更高的要求，促使其向更高水平发展。教师要尊重幼儿的年龄、个性、认知差异，根据个体差异因材施教，帮助能力强的幼儿在原有基础上更有所长，能力较弱的幼儿能够达到一般水平，最终能做到让每个幼儿都得到充分发展。

第二，建立多重互动关系。对于幼儿来说，阅读活动往往不是个人的、静态的活动，而是开放互动的动态过程。教师要帮助幼儿建立师幼之间以及同伴之间的互动关系，提升幼儿阅读兴趣，提高阅读能力。

首先是师幼互动。在幼儿园的早期阅读活动中教师是重要的引导者、观察者、回应者，而非主导者。良好的师幼互动（图5-5）可以更好地激发幼儿的阅读兴趣和理解力。师幼互动可以是面向班级整体的，可以是面向分组幼儿的，也可以是面向个体幼儿的。在互动中，教师要注意观察幼儿的行为、语言，根据幼儿的经验和能力进行提问、回应，给予幼儿充分自主自由的空间。阅读过程中，教师要与幼儿共同融入阅读环境中，促进师幼交流，而不是将阅读活动当成是完成任务。

图5-5　师幼互动

其次是同伴互动。在幼儿园的早期阅读活动中，幼儿能从与同伴之间的共同阅读中体会到分享的快乐，从而提高阅读的积极性，获得更好的阅读效果。因此，教师要为幼儿提供与同伴合作交往的机会。在幼儿阅读遇到困难时，教师要启发幼儿开动脑筋，尝试与同伴进行交流（图5-6）。幼儿在与同伴互动时，双方能够碰撞出火花，发展信息双向交流的能力。这种良性互动既能提升幼儿的阅读兴趣和能力，也有助于幼儿建立良好的人际关系。

图 5-6　同伴互动

最后是合理整合外部资源。从表面上看，幼儿早期阅读活动是由教师组织指导，幼儿配合完成的，这仿佛是教师的事情，是幼儿园的事情。但从宏观上来说，幼儿的早期阅读，涉及面十分广泛，绝不仅仅只是幼儿园的事情。开展早期阅读活动需要默契的家园沟通，家长的配合对于幼儿早期阅读活动的顺利开展极为重要。早期阅读活动的开展还需要与社会各界进行多方面的沟通交流，比如，图书供应商、教育系统中的其他单位等。幼儿园只有在宏观上调配好各种资源，教师才能够更好地组织开展幼儿早期阅读活动。阅读关乎幼儿终身的发展，阅读习惯需要长期培养，这不仅需要教师的努力，也需要家长的配合，同时还需要幼儿园与社会各界共同努力，为幼儿营造一个良好的阅读环境。

除了以上共性的指导要求以外，前阅读活动、前识字活动、前书写活动的指导还有各自不同的要求，以下分别论述。

（一）前阅读活动的指导

微课：
幼儿早期阅
读活动之前
阅读活动的
指导

前阅读活动是从各种语言材料中获取信息的过程，主要指幼儿以图书为载体的阅读活动。《纲要》指出要培养幼儿"喜欢听故事、看图书"的习惯和能力，《指南》提出要"培养阅读兴趣和良好的阅读习惯"。前阅读不同于成年人的阅读，主要体现在阅读材料和阅读对象上。幼儿园教师在组织前阅读活动时，在遵循早期阅读活动过程设计步骤的要求之外，还应从以下几个方面展开指导。

1. 创设良好的阅读环境

环境是重要的教育资源，应通过环境的创设和利用，有效促进幼儿的发展。在幼儿园的前阅读活动组织中，教师应重视阅读环境的创设，努力为幼儿创设开放、互动、支持的阅读环境，给予幼儿充分的尊重与自主，激发幼儿的阅读兴趣，鼓励幼儿自主阅读，满足幼儿的阅读需要，培养他们自主阅读的意识和习惯。

（1）划分区域，创设适宜的物质环境。皮亚杰说："适宜的物质环境能激发幼儿的学习欲望，增强幼儿主动活动的意识，从而促进幼儿语言的发展。"幼儿的阅读过程是一个动态发展的过程，受到诸多因素的制约，如阅读材料、环境因素以及认知和情感等因素，其中，环境对幼儿阅读的进行和开展起着特别重要的作用，幼儿园在阅读环境创设时应考虑以下要求。

首先，应设置不同的阅读区域。根据幼儿园内部空间的分布，每个班级设置一个阅读区，主要供班级幼儿平日阅读；公共楼道、大厅等公共区域设置阅读走廊，张贴阅读宣传画，可用于向家长宣传；有条件的幼儿园还可以设置阅览室、绘本馆等，用于专门的集中的阅读教育活动。

其次，班级阅读区应避免喧闹，设于远离入口的安静的位置，通常应靠窗，光线要明亮。班级阅读区一般为6~10平方米，能容纳4人以上同时阅读。如果没有独立的空间，靠墙放置一个小书架也可以。阅读区的布置主要用色彩柔和的书架书柜自然隔开，旁边放置适合幼儿身高的小沙发或柔软的地垫，坐垫和靠垫要柔软，如果空间足够，再放一张小桌子用来共同阅读。教师尽量将阅读区打造成一个相对独立、私密的空间，让幼儿在阅读时能够沉浸其中，感觉到安全和温馨，如图5-7。

图5-7　阅读区

（2）变换阅读方式，创设和谐的心理环境。除了看得见的物质环境，心理环境对幼儿阅读的影响也不容忽视。幼儿的注意力集中时间短，容易受外界因素的影响，教师要根据幼儿的年龄特点和阅读需要，不断变换阅读方式，调整幼儿阅读的心理环境，让幼儿的阅读过程丰富多彩，从而培养幼儿阅读的兴趣和持久性，养成良好的阅读习惯。

小班幼儿适合与成人共同阅读，他们在成人的陪伴下能较快安静下来，保持心情愉悦，并能在较长时间内集中注意力，提高倾听能力和阅读理解能力。教师应鼓励家长在家里开展亲子阅读活动，并推荐合适的读物，为家长提供有针对性的阅读指导。

所有年龄阶段的幼儿都喜欢师幼共读，即教师参与到幼儿的阅读活动中，与幼儿共同观察、探讨画面内容，幼儿可以直观地感受画面与故事内容之间的联系。五六个幼儿围坐在教师身边，每人一本图画书，边看边听教师讲述图画书中的情节。这是幼儿极喜欢的阅读方式。在阅读中，教师还可以边讲边观察幼儿，引导幼儿观察图画中都有谁、在做什么。教师的适时提问可以激活幼儿的思维，促使幼儿仔细观察并理解图画书的内容。在师幼共读的过程中，幼儿既能掌握正确的阅读方法和阅读技能，又能从中体验阅读的乐趣，从而产生再阅读的愿望。

互动式阅读即师幼共同朗读、轮流朗读，这是教师与幼儿在阅读中进行互动交流的一种方式，也是引发幼儿阅读兴趣的好方法。幼儿在聆听教师朗读时，能够学会集中注意力，有助于倾听能力的提高；教师在幼儿阅读的过程中，可以了解幼儿的阅读现状，并有针对性地进行指导。在互动式阅读中，幼儿能直接感知教师的阅读技巧，温馨平和的氛围也为幼儿创设了良好的心理阅读环境。《纲要》指出"语言能力是在运用的过程中发展起来的，发展幼儿语言的关键是创设能使他们想说、敢说、喜欢说、有机会说并能得到积极应答的环境。"在这种环境中，幼儿的语言能力提升较快。

2. 选择恰当的阅读材料

宽松、自由、和谐的阅读环境为前阅读活动的开展提供了环境保障，教师也应为幼儿选择恰当的阅读材料。选择阅读材料时主要考虑以下几个方面。

首先要考虑幼儿的年龄特点。不同年龄阶段的幼儿具有不同的阅读特点和阅读偏好，教师要根据不同年龄幼儿的特点提供不同的阅读材料。小班幼儿处于直觉行动思维阶段，教师可以提供立体书、有声书、洞洞书等不同类型的玩具书，增强阅读的趣味性。小班幼儿对亲人、对日常生活中熟悉的事情会比较感兴趣，可选择《我妈妈》《我爱洗澡》等；中班幼儿更喜欢剧情比较丰富的故事绘本，可以选择《小猪变形计》《城里来了大恐龙》等语言幽默、情节曲折的绘本；大班幼儿喜欢现实和超现实题材的内容，可以选择具有创造性和科学性特点的绘本，如《找洞》《揭秘太空》《我们的身体》等科普类绘本，拓展幼儿已有的知识经验。

图5-8　主题书架

其次要考虑班级目前的主题内容。教师可以选择与主题内容相匹配的阅读材料，拓展幼儿的经验，满足幼儿的阅读需求。如航空航天主题，结合神舟十三号航天员出舱等幼儿感兴趣的时事，教师可以选择《揭秘太空》《漫步太空》《想当航天员的兔子》《我想做个宇航员》等集科学与幻想为一体的绘本，满足幼儿的好奇心（图5-8）。

最后还要考虑为幼儿的全面发展服务。教师给幼儿选择的阅读材料要具备主题多元化、内容多样、形式丰富的特点，避免单一。阅读材料要能够促进幼儿文学语言的发展，如丰富幼儿的词汇量，体会文学语言的优美，拓展幼儿对多种文学作品的了解等，因此要提供故事、诗歌、散文等多种文学体裁的阅读材料。阅读还要关注促进幼儿在认知、社会、科学等领域不断探索，因而教师要尽可能地提供科学类、体育类、生活类等各式各样题材内容的阅读材料。

值得注意的是，阅读区的材料不能一成不变。如果幼儿看到的图书始终不变，他们的阅读兴趣和阅读效果便会大打折扣。教师可以按学期制订每个阅读区投放书目的计划，定期更换阅读区的材料，更换的依据可以是班级活动的主题，也可以是每本书的受欢迎程度。教师还可以鼓励幼儿把家里的图书带到幼儿园和同伴共享，这样不仅充实了幼儿园的阅读资源，也增强了幼儿的分享意识。

拓展阅读

支持性自主阅读环境的绘本呈现

　　绘本作为阅读区中最重要的阅读材料，其呈现方式会在很大程度上影响幼儿的关注度和使用频率。因此，教师需根据幼儿的年龄特点、绘本的特点、绘本投放时间的长短等，合理调整绘本的呈现方式。

　　一、有序陈列，呈现封面

　　为了吸引幼儿自主阅读，阅读区的图书陈列必须一目了然、整齐有序。实践中，教师常选用高度为80～100厘米、外侧隔板深度为10厘米的层级书柜来陈列图书，这样每一本图书都能直立起来，且能露出书名和大部分封面的画面，方便幼儿快速寻找自己需要的图书。此外，还可以根据区域空间的特点，运用悬挂式的书袋陈列图书。考虑到幼儿身高和取放方便，书袋在悬挂高度上，小班不超过1米，中班不超过1.1米，大班不超过1.2米。为了帮助幼儿养成不乱扔乱放图书、阅读后将图书放回原位等阅读习惯，教师可以在图书封面的左上角和书柜上，以图形、数字、点卡等方式进行标记，便于幼儿阅读后自主归还、整理图书。

　　二、分类陈列，归类摆放

　　为了满足幼儿多元的阅读需求，阅读区的图书投放必须多元，若这些图书随意陈列，则会影响幼儿的使用率和阅读率。因此，教师可根据一定的分类标准陈列图书：一是根据图书和当下课程主题的关联程度进行分类，包括主题拓展阅读类、其他类两个类别，且主题拓展阅读类陈列在最为显眼的书柜上；二是根据图书使用功能的不同进行分类陈列，包括常规阅读类、有声阅读类，其中有声阅读类包含有声书和点读书，一般摆放在小竹篓、小盒子里，以便于相关配套材料的使用与管理。

　　三、重点推荐，特殊陈列

　　在每个课程主题下，根据幼儿主题经验积累的需要和阅读兴趣，班级通常会生成重点推荐的共读图书。为了使这些重点推荐的图书受到幼儿的重点关注，常运用特殊陈列的方式，如借助铁艺置物架、木质三脚架等将其陈列在小桌子、重点图书推荐区等显眼位置，并确保这些图书的封面能够完整呈现。

　　[资料来源：张丽霞，张铃萍. 幼儿园支持性自主阅读环境创设 [J]. 早期教育（教育教学），2021（9）：14-16.]

3. 培养幼儿全面的前阅读经验

周兢认为，前阅读的核心经验包含三个方面：一是良好的阅读习惯和阅读行为；二是阅读内容的理解和阅读策略的形成；三是阅读内容的表达与评判。教师在进行前阅读活动指导时，应从以上三个方面着手，培养幼儿前阅读核心经验。

如阅读活动之前，教师要和幼儿说明翻阅图书的规则，按页码顺序轻轻地翻页，不乱涂乱画，不撕书；幼儿在空余时间积极翻阅图书，愿意和教师、其他幼儿共同阅读图书等。阅读图书的时候，教师引导小班幼儿能够通过封面初步了解图书的主角，猜想故事中的情节；鼓励中班幼儿学会观察图书中主要人物的动作、表情的变化，理解关键词，推测故事情节的发展；帮助大班幼儿细致观察画面中的人物姿态，理解角色的情绪和想法，有意识地观察图画中的细节，预测故事情节发展和结局，能够评价不同角色的行为。

这些经验不是短时间可以获得的，而是贯穿在整个幼儿园教育活动之中，教师通过一次一次的活动引导幼儿逐步获得前阅读经验，幼儿在丰富的阅读活动之中逐渐从感知理解到表达交流，从而获得全面的阅读经验。

（二）前识字活动的指导

微课：
幼儿早期阅读活动之前识字活动的指导

随着生活环境中文字的逐渐增加，幼儿很小就已置身于文字环境中。一些幼儿在生活中能够习得一些文字，不少幼儿在3—4岁时能够阅读周围环境中经常出现的文字，如餐厅广告牌、医院、学校名称等。根据周兢的研究，我们将幼儿在正式学习识字之前，在生活环境中自然萌发的、对文字的习得和文字概念的获得称之为"前识字"或"识字准备"。它是早期读写的重要组成部分，是从不识字到识字的发展过程。

思考

2018年7月，教育部办公厅发布了关于开展幼儿园"小学化"专项治理工作的通知。该通知明确指出，要纠正"小学化"教育方式，"针对幼儿园以机械背诵、记忆、抄写、计算等方式进行知识技能性强化训练的行为，要坚决予以纠正。"以前那种教师拿着识字卡直接教幼儿认字的教学方式受到了遏制，但是也出现了另外一个极端，幼儿园教育环境中包括教师教学活动中不能出现汉字，只要出现就被冠之以"超前识字""小学化"。你认为幼儿园教育中可以出现文字吗？是不是只要有文字就是"小学化"呢？

周兢认为，"4—6岁汉语儿童在图画书独立阅读过程中仍然首先注视图画，并在阅读过程中主要关注图画。随着年龄的增长，幼儿会越来越关注文字，并且更多地关注文字，反映出幼儿文字意识的发展。独立阅读情境下，汉语学前儿童在图画书阅读中对文字的视觉关注比例远远高于亲子阅读研究中所发现的比例。"幼儿到了一定的年龄会自然而然地对生活中经常出现的文字、符号产生兴趣，适时的引导和教育能够促进其前书写能力的发展。超前教育、机械识字固不可取，但回避幼儿的识字需求也是不明智的，不符合幼儿的心理发展特点。相反，进行适当的前识字教育，有助于发展幼儿学习书面语言的行为，培养幼儿对书面语言的兴趣。

《纲要》指出，"培养幼儿对生活中常见的简单标记和文字符号的兴趣"。《指南》提出，"对生活中常见的标识、符号感兴趣，知道它们表示一定的意义""在阅读图书和生活情境中对文字符号感兴趣，知道文字表示一定的意义"。"前识字"与"识字"一字之差，区别在于"前识字"是在有意义的生活化的场景中，激发幼儿对符号和文字的兴趣，引导幼儿理解文字有特殊的意义，及其与图画符号等的不同，理解汉字的阅读规则、组成规律等。在前识字活动中，教师可从以下几个方面展开指导。

1. 创设良好的前识字教育环境

我们生活在文字的世界里，看书学习自不必说，出门坐公交车、地铁，要看站名；去餐厅吃饭前点餐，要看菜谱；去超市购物，要看物品说明书；幼儿园里班级序号、幼儿姓名、图书、宣传栏等，无一不与文字密切相关。前识字环境的创设，要按照前识字经验的基本内容来设计，并在丰富多彩的活动中不断生成。

（1）设计明白易懂的符号标记。前识字活动不仅包含文字，还包含符号、标记、图片等，在幼儿园的生活环境中，可以设计明白易懂的各种符号来帮助幼儿建立符号与实物的联系，建立初步的前识字经验。

在传染病流行期间，幼儿园非常重视培养幼儿洗手的好习惯，教师经常强调洗手要点，要求幼儿按照七步洗手法去洗手，但是有的幼儿记不清楚，这时就可以在洗手池的上方贴上洗手步骤图，第一步、第二步、第三步等分别怎么做，以图片标识为主，配以简单的文字，让幼儿看着图片就能规范地按照步骤来操作，同时建立文字功能的意识。再比如，在幼儿园的草地上竖立"禁止踩踏"的图片，可以画一个小人站在草地上，图片上覆盖一个大红叉，幼儿就能一目了然，知道这样做是不被允许的。还有禁止吸烟、小心地滑、禁止喧哗等都可以设计成图片，粘贴在墙面、地面等幼儿容易看到的地方。

教师在组织其他活动的时候也可以设计图文并茂的符号标记，帮助幼儿理解活动流程和规则等，如表演活动的规则和流程（图5-9）。

图5-9 活动流程

（2）教学活动中的前识字环境。教师在教学过程中，根据具体活动的需要向幼儿呈现的图画、标识、文字等就是典型的前识字内容。这些图画、标识、文字与教育活动密切相关，对于幼儿理解内容极为重要，幼儿在活动中能够将这些图画、标识、文字与学习内容联系起来，获得文字功能的经验、文字规律的经验等。这样的前识字环境不仅可以在语言教学活动中呈现，同样可以在艺术、科学等其他领域应用。

拓展阅读：甲骨文应用于幼儿园课程的进一步思考

在阅读绘本《小猪变形计》活动中，教师呈现小猪、长颈鹿、斑马、大象、袋鼠、鹦鹉等动物图片时，很自然地将对应的文字搭配图片相继出现，让幼儿进行"猜猜小猪变成谁"的游戏。一般来说，中班幼儿能够认识"小""大""长""马"这样一些简单的文字，通过游戏很容易就能感知这几个动物的名称。在提到"鹦鹉"这两个笔画比较多的字时，可以从"鸟"这个偏旁着手去理解，让幼儿了解偏旁与文字本身的关系，获得文字规则的经验。教师还可以试着写一写或者画一画"马""鸟""象"这些象形文字的不同写法（图5-10），感受文字的古今变化，帮助幼儿获得文字来源及演变的经验。

早期甲骨文　　晚期甲骨文　　大篆　　金文　　小篆

楷书繁体　　楷书简体

图5-10　"马"字的演变

（3）区角活动中的前识字环境。区角活动是幼儿全面发展的重要依托，在区角活动中创设前识字环境能够让幼儿在潜移默化中感受文字的意义和文字的多样性等。区角活动中的前识字环境主要体现在阅读区，其他区角也有一定的体现。

在幼儿园班级活动室中，阅读区是最重要的前识字环境展示的平台。最常见的就是各种图画书的展示，每本图画书封面都有标题和图画，幼儿在经常阅读某本图画书之后，能够认识书名。在师幼共读时，通过教师的朗读，幼儿也能够渗透性地知道一些文字的意义。

能提供前识字环境的还包括阅读规则等内容的展示。阅读区中一般会展示进入阅读区的规则，如爱护图书和一些阅读方法等。这种展示大多是图文并茂的，画面可以由教师制作，或是幼儿共同参与制作，能让幼儿对此有更深的体会。

阅读区的其他材料，如白纸、彩纸、画笔、剪刀、手偶等，也是前识字环境的重要组成部分。有的幼儿在阅读到相关的图画书时，会想把自己看到的内容写画出来，或者即兴进行角色表演（图5-11）等。他们在写画、裁剪、表演、游戏的过程中，加强了对文字功能的理解，同时也掌握了文字与口语对应的经验。

图5-11　阅读区表演

2. 确定前识字核心经验，选择合适的教学内容

前识字核心经验中包含"文字功能""文字形式"和"文字规则"三个方面，教师在开展前识字活动时，要先明确活动的重点是组织幼儿学习哪方面的核心经验，并再将其进一步具体化。比如，要开展关于"文字规则"经验的前识字活动，首先要确定选择"文字规则"中具体的核心经验，是文字阅读的顺序，还是汉字组成的规律，或是利用部件线索猜测文字含义等。假如要在中班开展有关文字演变相关经验的活动，我们可以先梳理一下文字的演变过程，即从甲骨文、金文、小篆、隶书到楷书、行书，再结合3—6岁幼儿具体形象思维的特点及这几个阶段的文字特点，最终选择甲骨文或金文等具有明显象形特点的文字来开展活动。甲骨文，作为中国历史上汉字演变的开端，具有记录语义的功能，同时甲骨文也是中华民族留传下来的文字，是优秀传统文化的彰显。幼儿在接触甲骨文的同时，可以感受社会的变迁、文明的进步。

3. 采用游戏化的教学活动形式

培养幼儿前识字的能力，不是通过强化训练和机械记忆让幼儿认识某个具体的文字，而是在日常生活中，在有意义的生活情境中，通过科学有趣和游戏化的活动来激发幼儿对文字的兴趣，了解文字的意义和功能，将符号、文字的学习与实际运用结合起来。比如，早晨入园时，幼儿可以轮流点名，加深对同伴及自己姓名的印象；还可以通过不同符号的展示来进行天气预报，如用太阳来表示晴天，几朵白云表示多云，几滴雨点表示下雨，小旗子表示刮风等。

前识字和前书写是联系紧密，不可分割的。前识字和前书写并无先后关系，而是相辅相成，相互促进的。幼儿在涂涂画画和书写表达的前书写经验积累的同时，也促进了前识字能力的发展，激发了对文字的探究兴趣。

在活动中，教师要尽可能地为幼儿提供接触和探索文字的环境和机会，注重让幼儿在阅读与游戏中了解文字的功能和运用文字。教师通过创设丰富的文字环境，组织有趣的游戏活动，鼓励幼儿自由表达和自由书写，让幼儿在形式多样的活动中获得前识字的快乐。

（三）前书写活动的指导

连线幼儿园：
阅读区角中
的前书写

前书写是指幼儿在进入小学接受正规的书写教育之前，通过图画、标记等简单的文字进行游戏化和生活化的书写活动，是幼儿对书面语言进行探索的一种行为。幼儿通常在学会写字前，会有用纸笔表达意思的愿望，但受到读写能力的限制，他们往往会用画图或符号来表达。前书写不需要用规范的汉字来书写，与正式的、系统的书写有着原则性的区别。

教师在组织前书写活动时，应注意以下几个方面。

1. 提升幼儿前书写的兴趣

（1）创设幼儿园书写环境，鼓励幼儿进行创意书写。幼儿天生具有一种吸收文化的能力，可以直接从环境中吸收文化元素。例如，张贴一些文字，如主题墙的标题、区角的名字，让幼儿触摸凸起的字，通过感受汉字的轮廓和形状，感知文字组成的基本规律；鼓励幼儿在自己物品上写上自己的名字，如水杯、姓名卡、家园联系本等。要合理摆放教室、活动室的桌椅，让每个幼儿有足够的书写空间。要为幼儿提供较大的书写纸，过于窄小的书写纸会影响幼儿的书写姿势和书写兴趣。

幼儿受年龄及手部小肌肉发育等限制，要学会像成人一样书写是很困难的，因此幼儿可以用符号、图画等来进行创意书写。周兢认为，创意书写就是"引导学前儿童通过图画、符号或接近文字的方式学习前书写，帮助幼儿积累早期书写经验"。在幼儿园一日生活中，教师可以通过帮助幼儿制定计划、写备忘录等方式培养幼儿前书写的兴趣和动机。比如，大班幼儿要毕业了，师幼共同制作了微电影，要邀请家长们来园观看，教师就可以组织幼儿一起用心设计邀请卡（图5-12），在邀请卡上用幼儿能够展现出来的方式，如画画、做标记等，书写出活动的时间、地点、主题等。

再比如，在"名字的由来"活动中，教师指导幼儿在询问父母后"书写"自己的名字，文字部分请父母或者教师帮忙代写，名字的特殊意义由幼儿自己运用图画、符号等创意书写方式表达出来（图5-13）。

（2）认同、接纳幼儿各具特色的表达方式。幼儿期自主阅读能力非常重要，幼儿自由、自主的书写是幼儿自主阅读能力的重要组成部分。教师要认同、接纳幼儿的个性表达，不强求统一、刻板、模式化。前书写能力的养成，让幼儿又增加了一种表达自我的方式。

（3）展示幼儿的书写作品，通过分享交流，对幼儿前书写行为进行正强化，提

图 5-12　毕业典礼邀请卡　　　　　图 5-13　"名字的由来"展板

升幼儿的自信心以及对前书写的兴趣。

2. 提供生动有趣、适合幼儿书写的材料，鼓励幼儿进行前书写活动

幼儿的思维从最初的直观表象开始，逐渐过渡到抽象思维。最初幼儿不理解不同的文字代表不同的含义，对具体的文字体系、规范的书写方法都一无所知。幼儿早期的涂画往往出于好奇或是对成人的模仿，是假装书写，因此这个阶段要通过游戏情境激发幼儿对书写的兴趣，降低书写的难度，而不是教给他们规范的书写方法和规则。可以采用的方法如下。

教师在硬纸板上写上字，把文字剪或刻成镂空的形式，并将这些镂空的文字固定在特定的画面中，幼儿可以用彩笔在镂空处涂写。例如，可以把"大"和"小"分别放在大象和小老鼠的头上，通过涂写这两个字，增强幼儿对"大小"的感知。或者幼儿依据文字笔画，将橡皮泥搓成条状，填充镂空处，把握文字的笔画、笔顺，感受文字的空间结构组成。

教师提供纸张、画笔及装订材料，鼓励幼儿自制图书。教师鼓励幼儿运用绘画、符号、文字等制作有故事情节的图画书，设计有个性的封面，完成一本属于幼儿自己的图画书，增强幼儿对书写的自信，提高幼儿对书面语言的兴趣。

幼儿通常在这类活动中会表现出强烈的探索兴趣和求知欲望。在此过程中，幼儿与教师、幼儿与同伴的交流机会增多，在一定程度上很好地实现了师幼互动和同伴互动，提高了幼儿的思维能力和动手能力，促进了幼儿书写能力的培养。

3. 前书写活动形式多样化

（1）情境游戏。游戏是幼儿的天性，幼儿喜欢在富有情境性、趣味性的游戏活动中自主进行书写。如在购物游戏中，教师可以根据内容设置情境："小动物们要去野餐啦，它们需要准备一些食物，请小朋友们帮忙记录。小猫喜欢吃鱼干，它要买5条鱼干。"幼儿在准备好的记录卡上画上一条小鱼，并写一个数字5，或是画上5条鱼干。教师也可以让部分幼儿扮演小动物，说出自己想吃的某种食物的数量，请其他幼儿记录下来。

幼儿可以和教师玩"我的时间我做主"游戏，游戏中师幼一起制定一日活动计划（图5-14），用一次性纸盘当作钟表，画上每个时间节点，相应的时间段安排用图画来表示。

图5-14　一日活动计划

（2）儿歌引导。幼儿前书写活动的过程比结果更为重要，幼儿正处于生长发育高峰期，书写活动中的坐姿、握笔姿势，对幼儿脊椎和小肌肉灵活度的发育有着非常重要的影响，因此要重视幼儿书写的姿势。教师可以将书写姿势、握笔姿势等内容编成韵律性儿歌来帮助幼儿记忆，"小朋友要记牢，写字姿势很重要。写字时，脚放平。头不歪来身坐正。手离本子一尺远，胸离桌子一拳头，写出字来真好看。"既让幼儿感到歌谣语言的生动有趣，也提醒幼儿养成良好的书写习惯。还可以将这些儿歌写在纸上，投放于阅读区，以作提醒。

（3）区角活动。幼儿是教育活动的主体，教师要充分利用区角活动的各种材料，充分挖掘各区角活动对前书写活动的潜在价值，并充分尊重幼儿在前书写活动中的主体地位。

在美工区里，幼儿可以用手指作画，提高手指灵活度；在重要节日时制作贺卡，画画并"写上"祝福语送给教师、父母和小伙伴，在实际生活中感受文字的巨大用处。

在职业体验区中，幼儿可以在小医院记录"生病"小伙伴的名字、一天吃几次药等，在角色扮演中练习正确的坐姿和握笔姿势，提高手对笔的控制力。

图5-15　书签功能展示

在阅读区中，师幼共同制作、张贴"书签"的标志及用法的图文（图5-15），提高幼儿对文字的敏感度，同时积累图书阅读的方法经验。

（4）与其他领域活动有机结合。幼儿前书写能力和习惯是在游戏活动和其他自主性活动中，在与其他领域有机结合的书写活动中获得和养成的。比如，在绘画活动中自主涂抹描画；在科学活动中的观察记录等。教师指导幼儿用图画和符号结合的方式，书写自己的计划、日记、制作的卡片和观察记录等。如图5-16所示，在"种子的秘密"科学活动中，幼儿用图画、标记和简单的文字等形式将活动内容记录了下来。

图 5-16 "种子的秘密"展板

（5）家园合作，共同致力于幼儿前书写习惯的培养。对幼儿前书写习惯的培养，家长的作用不容小视。一方面，家长的生活方式、兴趣、习惯和对待子女的态度都会成为幼儿模仿的对象。家长在家看书、写字时要注意保持良好的姿势，为幼儿树立良好书写习惯的榜样，并时常提醒幼儿保持正确姿势。另一方面，教师要和家长经常沟通，通过家访、家庭教育讲座、家园专栏等途径，丰富家长对前书写的认识，保持家园要求的一致性，共同培养幼儿良好的前书写习惯。

案例　大班早期阅读：点点和多咪的信

设计意图

《指南》大班幼儿语言领域目标包括"对图书和生活情境中的文字符号感兴趣；愿意用图画和符号表现事物或故事。"大班幼儿开始主动关注感兴趣的事物和现象，喜欢观察、阅读画面精美的图书，能随作品内容展开丰富的想象和创造，并产生愉悦的情绪。《点点和多咪的信》中的"图画信"对幼儿来说较为新奇，而绘本本身简单、有趣味的内容，又给了幼儿想象和思考的空间。活动设计结合幼儿的兴趣点以及绘本的特点。在活动中幼儿能够自主观察图书的故事情节，读懂图画信，并尝试想象和创造。

对故事的理解，可以把幼儿带入故事情节中，引起幼儿情感上的共鸣，使幼儿感受点点与多咪之间温馨、友好的朋友情谊，懂得有朋友的快乐，学会交往。

活动目标

1. 读懂点点和多咪的图画信的内容，并能大胆表达自己的想法。

2. 尝试运用绘画和符号的形式写信，并完整地讲述信的内容。

3. 体验朋友之间温馨、美好的情感。

活动准备

1. 物质准备：大书一本、小书若干、课件"点点和多咪的信"、白纸、彩笔、背景音乐。

2. 经验准备：了解写信是一种联系方式，有阅读图画书的经验。

活动重难点

1. 重点：看懂故事中点点和多咪的信，理解和体验他们之间的情感。

2. 难点：尝试运用绘画和符号的形式写信，并能较完整地讲述信的内容。

活动过程

一、主题引入

幼儿角色扮演"点点"和"多咪"，表演两个好朋友想要见面的情境，引入主题。

二、出示课件，幼儿观察分析封面

点点和多咪是好朋友，一段时间不见面就会想念对方。你们有好朋友吗？你想念好朋友的时候，会怎么做呢？

三、幼儿自主阅读

教师提出要求：请幼儿认真阅读每一幅图画，看看图书里的两个好朋友是怎么做的。

教师重点指导：重点关注幼儿的坐姿及阅读方法，帮助幼儿养成良好的阅读习惯。

四、结合课件，引导幼儿分析信的内容，了解信的基本格式

1. 观察分析第一封信。

（1）出示第一个信封。你知道这封信是谁写的？写给谁的？你是怎么看出来的？

（2）多咪给点点的信上写了些什么？我们一起来看看。出示第一封信。

（3）多咪对点点说了什么？

（4）逐一分析每幅图画的意思及冒号和箭头的意思。注意归纳出时间、地点和事件。

（5）多咪是这个意思吗？我们一起来看看。

（6）好朋友在一起玩真开心啊，他们一起度过了一个快乐的下午。回到家后，他们又会怎么做呢？

2. 观察分析第二封信。

（1）这封信是谁写给谁的？你是怎么看出来的？信上说了些什么？

（2）点点对多咪说了什么？你是从哪里看出来的？

（3）看看故事里是这个意思吗？

（4）两个好朋友一起度过了一个美好的夜晚，真快乐啊。

3．观察分析第三封信。

（1）一天早上，多咪收到点点的一封信，看看信上点点要告诉多咪什么？你是怎么看出来的？

（2）引发幼儿大胆猜想，鼓励幼儿积极举手，用洪亮的声音回答问题。丰富理解词语：满头大汗、急急忙忙，可认读汉字。

（3）一起观察画面。原来点点在干什么？

（4）多咪问点点："你到哪儿去了？不是病了吗？"点点说："我去钓鱼了。"多咪又问："你信上画了你躺在床上，不是病了吗？"点点恍然大悟地说："我是说我睡觉的时候梦到你了。"两个好朋友你看看我，我看看你，忍不住笑了起来。

（5）点点的这封信多咪没有看明白，闹了这么大个误会，白担心了一场，为什么会这样呢？

（6）我们来把这两封信比一比，你们有没有什么发现？

（7）一般我们写信的时候，收信人写在上面，写信人写在下面，中间是信的内容，要说清楚时间、地点和要做的事情，这样别人就容易明白，否则就要闹出误会。等你们以后会写字了，就能把信写得更明白了。

（8）师幼共读，完整欣赏故事

五、请幼儿用绘画的方法写信

1．故事里的两个好朋友真让人羡慕。你们有没有好朋友？马上就要毕业了，当你想念自己的好朋友时，你会不会也给好朋友写信？写信的时候要注意什么？

2．幼儿写信，教师巡回指导。

（1）从内容、画面和写信步骤上进行观察指导。

（2）鼓励幼儿富有创意地进行构想。

六、幼儿相互分享信件，体验写信的快乐

1．请个别幼儿读信，并说说写信、收信的感觉，体验写信的快乐。

2．针对个别信件的内容，和幼儿一起进行简单的评价。

活动延伸

和同伴分享自己写的信，根据幼儿的兴趣需要，把写好的信寄出去。把自己写好的信与同伴和教师分享。

（天津市幼儿师范学校附属幼儿园　曹冰）

案例评析

本次活动能够将大班幼儿前阅读和前书写的目标与幼儿生活经验结合，在幼儿感

227

兴趣的基础上感受与好朋友间的美好情谊，同时主动学习写信的具体方式并尝试用图画和符号给好朋友写信，将自己写好的信与同伴和教师分享。

但在活动实施过程中也存在一些问题：在解读第一封信时，可以更大胆地让幼儿猜测，等幼儿将感兴趣的事情说完以后，再研究"冒号"和"箭头"的含义，从而将整封信连起来解读。这部分，要分析得详细，将信的时间、地点、事情都分析清楚，让幼儿知道信上的图画表示的含义，以及写信格式，收信人的头像画在左上方，写信人的头像画在右下方。

二、区角阅读活动的指导

区角活动，是教师根据教育目标和幼儿的发展水平，有目的、有计划地投放活动材料，创设活动环境，让幼儿在宽松和谐的环境中按照自己的意愿和能力，自主地选择活动内容与活动伙伴，主动地进行操作、探索和交往的活动。区角活动轻松快乐，自主性强，幼儿能够实现探究式的学习。从语言学习与发展的角度来看，区角活动是自由宽松且交流机会丰富的语言环境。幼儿园区角活动是日常生活中幼儿语言教育的重要组成部分。

幼儿园活动区角包含阅读区、科学区、美工区等，区角活动的开展伴随着语言交流，其中幼儿能够自行进行早期阅读活动的是阅读区。其他区角如美工区、游戏区等也可以进行一些渗透阅读活动，如幼儿对自己作品的解读，对游戏规则的熟悉内化等。教师在阅读区或者其他区角开展早期阅读活动指导时，可以从以下几方面着手。

（一）创设适宜的阅读区环境

适宜的阅读环境、良好的阅读氛围，有助于吸引幼儿积极主动地进行阅读活动。

1. 阅读区的环境布置

阅读区的环境布置，可以参考本知识点中"前阅读活动的指导"中"创设良好的阅读环境"的内容。总的来说，环境布置要根据幼儿园的条件因地制宜，教师可以让幼儿带着参与感和使命感共同设计、布置区角环境，如此，幼儿对阅读区更能产生亲切感和认同感。

2. 阅读区的材料投放

阅读区最主要的材料就是图书。根据《指南》"提供一定数量的、符合幼儿年龄特点、富有童趣的图画书"的要求，阅读区材料的投放应选择适合幼儿阅读经验和阅读水平的图书。概括而言，阅读区的材料应以色彩鲜明、画面形象、情节生动有趣、文本长度适宜、内容健康且具有启发性的图书为主。

投放图书时要考虑不同年龄阶段幼儿的欣赏偏好，为托班或小班幼儿尽量选择色彩鲜明、材质结实的图书，内容上应符合幼儿生活经验，图书情节相对简单，形象突出，以画面为主或配有简单词汇、短句，如文字简短的《大卫不可以》《好饿的毛毛虫》，无字书《雪人》《下雨天》等；为中班幼儿可以选择情节较为复杂、画面间关联较为明显、背景细节较为丰富、可以发挥幼儿想象力的图书，如《想吃苹果的鼠小弟》《猜猜我有多爱你》等；为大班幼儿可以选择内容较丰富、复杂，画面情节关联紧密，可伴有较多常用字、独体字的图书，如《小猪变形记》《爷爷一定有办法》等。除幼儿园统一投放的图书外，教师还可鼓励幼儿从家中带来图书与同伴分享，或与幼儿一起动手制作图书。

书架的选择要符合不同年龄阶段幼儿的身高特点，教师可以在书架一角放置小书签和代书牌，帮助幼儿养成良好的阅读习惯。图书可以分类摆放，并配备一些幼儿极易辨识的书签与书卡，幼儿能够根据书卡迅速找到自己想要的图书。图书可以按时间进行分类，也可以根据内容分类，幼儿可以明确知道自己喜欢的图书在哪个区域。

3. 定期更换阅读区的图书

反复阅读是幼儿早期阅读的特点之一，但扩大阅读范围同样重要。班级内部的阅读区容量虽小，却是幼儿每天接触的阅读天地，阅读材料应该丰富、新颖。教师应在观察幼儿阅读情况的基础上及时更新阅读区的图书。教师可将幼儿十分熟悉、不再关注的图书换成新书，将新书放在醒目的位置上，并制作推荐、介绍新书的小卡片，吸引幼儿的兴趣；也可将大批图书交替、轮流放置在书架上，持续带给幼儿新鲜感。

（二）阅读区活动指导要点

1. 制定阅读规则

教师与幼儿共同制定阅读规则，培养幼儿良好的阅读习惯。阅读规则包含以下内容。

（1）阅读区的进区规则。为保证幼儿在阅读区自主活动的质量，教师应规定、限制阅读区的人数。教师可使用"阅读卡"，持有"阅读卡"的幼儿可进区阅读，"阅读卡"被全部使用时，没有"阅读卡"的幼儿可先到其他区角进行活动。

拓展阅读：有效使用评估量表，提升图书区游戏质量

（2）阅读环境的保持规则。在阅读区阅读要保持安静、不大声喧哗，取书要轻拿轻放，行走时要放轻脚步，交谈要轻声细语；阅读完毕后将图书放回原处；不在阅读区饮食，不乱扔垃圾，保持桌椅不乱摆放等。

（3）合作阅读的规则。在合作阅读时，两个人要友好协商彼此的阅读行为，不能争吵。

（4）爱护图书的规则。阅读时要爱护图书，不在书上乱涂乱画，不可撕扯、折角图书，不要把口水沾到书上。

阅读规则建立后，教师要明确告知幼儿，教给幼儿遵守规则的方法，并监督规则的执行。阅读是伴随人一生的好习惯，幼儿学会阅读、喜欢阅读，从各类图书中了解更多新事物，学习优美生动的语言表述，有助于提高认知水平和语言质量。

2. 开展多种形式的阅读区活动

在阅读区活动中，教师的有效介入十分重要。教师在仔细观察的基础上掌握幼儿的阅读情况，有针对性地组织和指导幼儿的阅读活动，是帮助幼儿发展语言能力的重要途径。教师可根据不同年龄阶段幼儿的特点，组织丰富多彩的阅读区活动，如故事复述、角色扮演、图书制作和修补、读书会等。小班幼儿可以开展辨识书中的人名和物体的活动，中、大班幼儿可以讨论书中的情节，修补损坏的图书，树立爱护图书的意识。教师可组织各种形式的幼儿讲述图书的活动，巩固习得的新词汇，锻炼口语表达能力。教师也要针对幼儿的疑问适时做出解答，并从图书的内容拓展，鼓励幼儿各抒己见，畅所欲言。

连线幼儿园：
幼儿自制图书《太空的秘密》

拓展阅读：
电子绘本阅读中伴读方式对大班幼儿视觉注视的影响

思考

随着信息技术的普及与教育信息化的推广，移动互联网终端进入千家万户，对幼儿的日常生活也产生了一系列的影响，甚至开始融入幼儿园教育活动之中。电子绘本就是幼儿教育信息化的典型代表之一。教师应该如何对待绘本阅读方式的改变呢？在日常的教育活动之中，可以应用电子绘本吗？思考这些问题，扫描二维码，看看专家的分析。

三、渗透性阅读活动的指导

（一）一日生活中的阅读指导

日常生活是对幼儿进行早期阅读指导的好时机。已有研究证明，在幼儿的日常生活及自由游戏之中融入早期阅读教育，让幼儿得到充分的自主阅读机会，探索开发文字材料等活动，能够有效促进幼儿早期阅读能力的发展。在日常生活中，教师可以从以下几方面随机开展阅读活动。

1. 重视幼儿日常生活中早期阅读环境的创设

语言能力是在运用的过程中发展起来的，除了集体活动，幼儿语言能力提高的关键是拥有一个想说、敢说、有机会说的日常生活环境。教师在日常生活中，应积极为幼儿创设随处可见的阅读环境。

每个幼儿在幼儿园都有一个属于自己的柜子，教师可以在柜子上面写上幼儿的名字，也可以让幼儿参与设计自己柜子的标志图案，帮助幼儿识别。幼儿的毛巾、水杯、被子、床等物品上，都可以设计个性化的图标符号等。教师还可以和幼儿一起制作值日表（图5-17）。这些方式让幼儿不仅能快速辨认自己的名字，还能认识同伴的名字，感知到文字的功能。

图5-17　值日表

2. 主动参与幼儿日常生活中的早期阅读活动

教师应主动参与幼儿日常生活中自发的阅读活动，并给予积极的反馈。教师要关注幼儿自发的读写活动，对他们遇到的困难提供必要的帮助，示范正确的阅读方法，培养幼儿良好的阅读习惯，拓展幼儿对阅读内容的认识。教师在参与幼儿的阅读和讨论时，要鼓励幼儿勤于思考，敢于创造，提出新的想法，鼓励他们将自己的想法用文字或图画书写出来，让幼儿共同参与阅读区的创设等。

（二）其他领域活动中的阅读指导

1. 树立大阅读观，增强领域的整合意识

《指南》中明确提出："儿童的发展是一个整体，要注重领域之间、目标之间的相互渗透和整合，促进幼儿身心全面协调发展。"幼儿语言的发展与科学、健康、社会、艺术等领域的活动有着密不可分的联系。领域间的互相融合可以为幼儿提供不断感知和练习语言的机会，提高口语表达的熟练度，增强对书面语言的兴趣。教师不仅可以充分挖掘幼儿日常生活中丰富多彩的阅读内容，在其他领域的教学中也要积极思考阅读教育实施的可行性。

2. 创设多元主题环境，提高幼儿阅读兴趣

良好的多元阅读环境能激发幼儿的阅读兴趣。教师可以结合班级活动主题，将多元"早期阅读"融入主题的各个子活动，提供多层次的操作材料。幼儿参与环境布置，和环境互动，在互动中阅读，体验阅读的快乐。比如，在主题活动"美丽的春天"中，幼儿尝试自己创编"春天的图书"，并把自己创编的图书放在阅读区，既丰富了阅读的材料，又美化了环境。而且幼儿面对自己制作的图书，他们的阅读兴

趣会更高，还会想方设法和同伴交换图书阅读，既能促进幼儿间的交流，发展幼儿的人际交往能力，又能提高幼儿的阅读水平。

3. 将早期阅读与其他领域活动有机融合

教师要努力挖掘早期阅读材料与其他领域相关的内容，进行分析研讨，正确定位，把握重点、难点，根据幼儿年龄特点、身心发展的需要，寻找恰当的融合切入口。如在早期阅读活动"老鼠娶新娘"中，教师可以选用一段迎亲唢呐演奏导入，营造浓郁的民族风俗气息，吸引幼儿的学习兴趣，流露出作品所要表达的情感，就是典型的早期阅读与艺术领域的融合。

在进行其他领域活动教学时，教师可以从目标、内容等方面找到与早期阅读相融合的要点。科学领域活动目标"对周围的事物、现象感兴趣，有好奇心和求知欲"，蕴含着丰富的环境阅读资源与价值；"能运用各种感官，动手动脑，探索问题"，包含了观察、思考、想象等阅读能力。社会领域教育活动包括调查、参观等实践活动，若将早期阅读融入其中，能有效地促进幼儿观察、认知、阅读、思考能力的发展。比如，幼儿要了解周围的社会生活，可以通过参观公共机构如博物馆或超市实现，教师可以引导幼儿对机构的名称，超市内的商品、包装、价格牌等进行有目的的观察和阅读，使参观活动更深入。

（三）家庭生活中的亲子阅读指导

陈鹤琴在《为幼儿创造良好的环境》一文中指出："要孩子学会阅读，我们的家庭，我们的社会，必定要先有阅读的环境。父母要为孩子营造一个读书的环境，重视家庭藏书，可以为孩子建立自己的书架或者在家中建立阅读角，家长也要在家里多读书，给孩子做好榜样，形成亲子共读的家庭氛围。"家长在思想上和行动上都成为一个真正的阅读者，孩子也更容易成长为一个终身阅读者。

幼儿园和家庭通过幼儿这个纽带联结在一起，双方共同的目标是促进幼儿的全面发展。在早期读写方面，家庭教育起着至关重要的作用，教师可从以下几个角度对亲子阅读进行指导。

1. 开展多种活动引导家长参与

幼儿园要开展丰富多彩的阅读活动，引导家长参与到早期阅读中。对于低龄幼儿来说，亲子互动式的阅读更适合。亲子互动阅读中教师只是指导、建议、协作、帮助的角色，家长则处在活动的前台。幼儿园通过各种活动向家长传达先进的教育理念，让家长重视亲子阅读（图5-18），真正地参与亲子阅读。

图书漂流活动是一种不错的亲子阅读方式。教师设计漂流记录表，让每个幼儿都有机会选择喜欢的图书带回家中与父母共同阅读，并把自己的感想记录在表格内。这种活动鼓励家长与孩子一起进行阅读和思考，给家庭与家庭之间创造了读书交流

图 5-18　亲子阅读

的机会，更可贵的是教师可以了解到每个孩子阅读的兴趣、能力与方法，为进一步开展阅读研究保存了珍贵的第一手资料。图书漂流活动使家庭、幼儿园教育同步，对促进家长参与阅读活动有着重要意义。

2. 对家长开展阅读指导和培训

家长对幼儿教育的重视程度在提高，在早期阅读方面，体现在为幼儿购买图书方面的投入增加，部分家长也会每天抽时间陪伴幼儿阅读。但是家庭成员结构不同，文化知识背景差异较大，对早期阅读价值的理解和重视程度不一。此外，现在自媒体发达，家长从移动互联网终端获取了大量信息，这些碎片化、不成系统的信息让很多家长更加茫然。这就容易导致家长有心与孩子共读，却不知如何入手。幼儿园作为教育主体，应该承担起向家长开展阅读指导和培训的责任。

教师可以根据班级幼儿年龄特点有针对性地开展早期阅读讲座、沙龙等，或是邀请一些阅读推广人开展相关活动，将有关早期阅读的一些科学知识传达给家长，主要是阅读内容的选择、阅读方法的推介等。教师也可以利用零散的时间与家长随机交流，如在家长接送孩子时、参加幼儿园主题活动时，通过聊天的方式了解家庭亲子阅读现状，及时地予以指导。

拓展阅读

讲好中国故事，为儿童未来筑梦

——幼儿图画书遴选活动回顾

拓展阅读：
幼儿图画书
推荐书目

日前，教育部在全国范围内组织开展了幼儿图画书遴选活动，意在为 3—6 岁儿童选择一批体现中国优秀文化和现代生活特色、突出儿童视角、贴近儿童生活的图画书，意义非凡。从项目启动到结束，不同领域的专家进行了组织严谨的精心评选，为最终产生的"幼儿图画书推荐书目"的专业性和公信度提供了保障。这样一份书目，既为家庭和幼儿园为幼儿选书提供了指南，也为图画书创作者和出版机构提供了参照。

本次遴选活动非常重视图画书的原创性。中国原创图画书作为原创儿童文学的一部分，近年来越来越受到重视，这是因为它与幼儿的成长密切相关，能为我国幼儿的发展提供不可替代、不可或缺的养分。有研究者认为，原创图画书的质量直接关系到如何回答"培养什么人、怎样培养人、为谁培养人"这一根本问题。很多优秀的中国原创图画书都带有独特的文化印记，能够增强幼儿的文化自觉和文化自信，非常适合对幼儿进行启蒙教育。而且，优秀的原创图画书，其语言浅白凝练、生动传神，对处于读写萌发阶段的幼儿来说，这种高质量的、富有文学韵味的纯正母语，能够很好地契合幼儿语言学习的需求。

在评审过程中我们欣喜地发现，中国原创图画书已呈现出蓬勃发展的态势。具体表现为：第一，创作者阵容庞大，风格各异。老、中、青三代创作者都贡献出了优秀作品，展现出对于图画书创作的热情和实力。第二，作品内容丰富，与幼儿生活密切相关。作品题材的广泛度、对幼儿和当下生活的关注度都很高，且创作手法各具特色。第三，作品风格多样，符合幼儿欣赏特点。创作者对图画书的特点表现出了清晰的认识，并自觉地对其表现形式进行着孜孜不倦的探索和尝试。可以说，这些生长在中华文化土壤中的图画书，已成为中华优秀传统文化传承发展体系中重要的组成部分，既符合幼儿园的教育目标，也以特有的审美形式让幼儿品味到了独具魅力的"中国味道"。

图画书是一个非常宽广的创作领域。图画书的王国，应该是琳琅满目、包罗万象的。幼儿也需要阅读多种多样的作品，实现更多元、更全面的发展。我们期待创作者们能将中国原创图画书的体系构建得更立体、更丰富一些，虚构类作品的创作能够更加飞扬，更具有想象力和创造力，非虚构作品能够更加有趣，更有科学魅力。这不仅是我们对图画书教育价值的期许，也是对创作者们能够走入更广阔的创作空间、收获更丰硕的创作成果的真挚祝愿。

［资料来源：广西师范大学教育学部侯莉敏．讲好中国故事，为儿童未来筑梦——幼儿图画书遴选活动回顾［DB/OL］．（2021-10-27）．中华人民共和国教育部官方网站．］

（四）社会生活中的阅读指导

幼儿的语言学习需要相应的生活经验支持。幼儿日常主要生活在幼儿园和家庭之中，早期阅读资源不免受到限制，幼儿园和家庭应该充分利用社会各种阅读资源，通过多种活动帮助幼儿拓展生活经验，丰富语言内容，增强语言理解和表达能力。当前国家和社会都提倡全民阅读，尤其重视幼儿早期阅读，大量的社区儿童中心、公共图书馆等场所都提供了相关的早期阅读资源，书店、大型超市等都是阅读的场所。教师可以结合相关的课程主题，带领幼儿外出参观、实践，在社会生活中阅读，将阅读拓展到社会各个阅读场所之中。

案例
分析

活动案例1

小班早期阅读活动：小蝌蚪找妈妈

天津市幼儿师范学校附属幼儿园　周蕾

活动目标

1. 在游戏情境中理解故事内容，了解青蛙妈妈的外貌特征。

2. 初步了解图书阅读规则，知道要一页一页翻书。

3. 愿意与成人共同阅读，有初步独立阅读的意愿。

活动准备

成人大书一本，幼儿小书若干，大图画纸，画笔，小蝌蚪和青蛙手偶，轻柔音乐。

活动过程

一、导入

1. 教师出示小蝌蚪手偶，问：小朋友们，看看这是谁？它的妈妈是谁？你们知道吗？

2. 出示大书，说：小蝌蚪找不到妈妈了，书宝宝来告诉我们它的妈妈在哪里，让我们一起看一看吧！

二、师幼共读

1. 教师逐页朗读故事内容，配合小蝌蚪手偶。

教学活动
现场：
小班早期
阅读活动
"小蝌蚪找
妈妈"

2．讲到鸭妈妈、鱼妈妈、乌龟妈妈时，将几位妈妈说的青蛙特征画在白纸上。

3．阅读的同时提示翻书时要一页一页轻轻翻，注意不要折等。

4．讲到青蛙妈妈要出现之前，问：小蝌蚪最后找到自己的妈妈了吗？小朋友们自己翻书找到答案吧！

三、幼儿独立阅读

1．请小朋友们到自己的位置拿出小书，独立阅读，播放音乐。

2．教师巡回指导，提示翻书规则。

3．鼓励幼儿与成人交流或者互相交流。

四、总结

1．将小书合起来放在书桌上，回到小椅子坐好。

2．教师表扬认真阅读的幼儿，问：小蝌蚪最后找到自己的妈妈了吗？随幼儿回答出示青蛙手偶。

3．总结青蛙特征，说：原来小蝌蚪的妈妈是青蛙呀，青蛙有大眼睛、四条长腿、白肚皮，穿着绿衣服！

活动延伸

教师播放音乐"小蝌蚪找妈妈"，幼儿随音乐跟书宝宝和手偶们再见。

案例评析

"小蝌蚪找妈妈"是我国传统民间故事，故事中小蝌蚪根据鸭子、鱼和乌龟提供的外形线索多次对照寻找，最终成功找到自己的妈妈"青蛙"。故事中，小蝌蚪三次反复询问，并且有礼貌地说谢谢，这些重复的语言对小班幼儿来说既有趣又有节律，很容易理解。

在本次活动中，教师将前阅读经验有意识地渗透给幼儿，让幼儿在观看大书和自主阅读小书之间灵活切换，将习得的翻书经验即刻操作运用，使幼儿了解图书阅读规则，树立初步的独立阅读的意愿，幼儿也获得了自己实际操作的乐趣。

活动案例2

连线幼儿园：
中班语言活动"花格子大象艾玛"

中班前识字活动：花格子大象艾玛

天津市幼儿师范学校附属幼儿园　郭丽媛

活动目标

1．能对应画面内容理解"高""矮""胖""瘦"等文字的具体意义，知道文字的功能作用。

2．认真观察画面细节，理解故事内容，能够大胆表达。

3．理解每个人都有自己的特点，要学会尊重、欣赏别人和自己不一样的地方。

活动准备

1．经验准备：掌握大象基本的外形体征。

2．物质准备：《花格子大象艾玛》小绘本若干、课件、轻音乐。

活动过程

一、根据幼儿阅读兴趣提出问题，支持幼儿自主阅读

教师出示花格子的局部图案："这是什么？"

"那到底发生了什么有趣的故事呢？一会儿小朋友们自己从绘本里找一找答案。请小朋友们阅读时从右下角轻轻翻书，一页一页仔细观察。"

二、幼儿自主阅读，寻找问题的答案（封住部分页面，播放轻音乐）

1．观察幼儿完成阅读任务的情况，了解幼儿寻找问题答案的方式。

2．教师巡回指导，关注幼儿的阅读姿势及翻书方法等，帮助幼儿养成良好的阅读习惯。

三、集体分享

教师引导幼儿回忆绘本内容，鼓励幼儿大胆表达自己的想法

1．梳理阅读方法，表扬正确的阅读行为。

2．提出问题，引导幼儿大胆、清晰、连贯地表达自己对图书内容的理解。

师：现在你们知道这是什么了吗？它的名字叫花格子大象艾玛。

谁能告诉我们，书中讲了关于艾玛的什么故事？

四、师幼共读

教师提出开放性问题，引导幼儿仔细观察画面细节，大胆猜测画面表达的内容。

1．引导幼儿将课件画面内容与文字、口语及概念对应起来，理解"象""与众不同""开心果""高""矮""胖""瘦""大""小"文字的具体意义，通过提供具有相反外形特点的大象的图片帮助幼儿理解反义词，理解文字的功能作用。

你能通过这幅图说说大家是怎么把艾玛当作开心果的吗？小朋友们仔细看，这些大象长得一样吗？哪里不一样？

"与众不同"是什么意思？"开心果"在这里是什么意思？

2．引导幼儿更加细致地观察画面并大胆讲述，进一步理解绘本内容。

（1）原来艾玛有什么苦恼呀？你能帮艾玛想出什么办法变得和大家一样吗？

艾玛是怎么做的呢？我们一起来看一看。

（2）看到森林的颜色，你有什么想法？心情是怎样的？

（3）艾玛在哪里？你注意到它了吗？怎么认出来的？

五、引导幼儿理解绘本含义，学会尊重、欣赏别人和自己不一样的地方

1. 看完这个故事，你有什么感受？或对艾玛有什么样的认识呢？回顾故事内容，艾玛改变颜色的原因是什么？其他大象认为艾玛为什么改变颜色？你喜欢这群象吗？为什么？

2. 与自己的实际生活相联系，互相分享优点和长处。

教师小结：象群对艾玛的"与众不同"表现出的是包容与尊重。我们每个人都有自己的特点，要学会尊重、欣赏别人和自己不一样的地方。

活动延伸

语言能力是在运用的过程中发展起来的。活动结束后，将阅读活动延伸到班级区角中。在语言区投放此绘本供幼儿反复阅读、分享；定期投放花格子大象艾玛系列绘本支持幼儿的持续兴趣。同时延伸到家庭中，请小朋友们和爸爸妈妈一起阅读、思考、讨论艾玛的故事。

案例评析

活动中幼儿对《花格子大象艾玛》绘本充满了兴趣。他们认真阅读、大胆发言、积极参与，整个过程专注投入，不仅建构了文字与事物对应关系的认知经验，更收获了尊重、欣赏他人不同点的情感体验。

《纲要》中提出：发展幼儿语言要"鼓励幼儿大胆、清楚地表达自己的想法和感受，发展幼儿语言表达能力和思维能力"。本活动之所以成功，源于选材来自幼儿的兴趣和需求，花格子大象艾玛的形象备受幼儿喜爱，故事充满趣味性的同时还蕴含着深刻的教育价值。

在活动中教师充分尊重幼儿，以幼儿为本，适时提问，提供生动的课件，支持幼儿的自主阅读，引导幼儿观察画面细节，引发幼儿的思考，鼓励幼儿大胆表达，让幼儿大胆地说，允许幼儿说得与书中不一样，真正创设一个能使幼儿想说、敢说、喜欢说、有机会说并能得到积极应答的环境。要始终做到心中有幼儿，以幼儿为本，耕耘一方沃土，培育幼儿成长！

活动案例3

教学活动
现场：
大班早期阅
读活动"小
象消防员"

大班前书写活动：小象消防员

天津市幼儿师范学校附属幼儿园　杨杨

活动目标

1. 阅读图书，仔细观察画面，了解小象找工作的经历。

2. 理解动物特征与其工作之间的对应关系。

3. 尝试从表情变化来推测角色的心理状态及语言。

4. 能大胆用写、画等方式表达自己的想法。

5. 学会用简单的图表进行记录，养成良好的阅读习惯以及书写时正确的坐姿和握笔姿势。

活动准备

1. 经验准备：了解长颈鹿、袋鼠、猎豹、河马等动物的特征；会按标记取放图书。

2. 物质准备：小书 16 本、教学课件、记录表、轻音乐、椅子 32 把、桌子 4 张、小筐 4 个。

活动过程

一、利用游戏"变魔术"，激发幼儿参与活动的兴趣，了解生活中的各种职业

1. 师："小朋友们，我们一起来玩个小游戏，你们伸出自己的魔术棒，和我一起说变变变，看看这些彩色方框会不会变出别的东西来。"

"我们一起来，变变变。""变出什么啦？"

2. 帮助幼儿了解文字和图画之间的对应关系，认识并了解常用的职业名称。

二、师幼共读，通过课件理解故事内容

1. 播放课件，讲述故事内容。"波波也想找份工作。"

2. 提出问题，引发幼儿思考。"波波遇到了谁？成功了吗？发生什么事啦？为什么？长颈鹿为什么能成功？"（同样推理到其他几种动物）

3. 引导幼儿自己说出："我来帮您吧。"

4. 帮助幼儿理解重点词语的含义，一起模仿它的样子，激发幼儿兴趣。如气喘吁吁等。

三、提出问题，引发幼儿思考

师："你们快看波波的表情，它怎么了？它会想些什么？"鼓励幼儿大胆表达。教师引导幼儿观察画面细节，揣测故事主人公的心理变化。

"那我们一起来看看吧。"

四、师幼共读，教师梳理总结

"发生什么事啦？小象波波成功了吗？谁把它写到报纸上去啦？"

"看看波波的表情，这会儿它心里怎么想的？河马消防员对它说了什么？"

五、请幼儿猜测故事名字

小象波波帮助松鼠家灭了火，成为一名真正的消防员。我们的故事讲完了，请你们为这个故事取个名字吧。

教师揭晓故事名字。

六、利用表格，梳理故事内容

1. "我们一起看看波波都遇到了谁？它是做什么工作的？"教师利用图表进行总结，与幼儿充分互动。帮助幼儿理解动物的特点与它们职业间的关系。

2. 提醒幼儿用正确的坐姿和握笔姿势进行书写，身体各部位要和桌面保持一尺一拳一寸的距离。

七、师幼共同朗诵故事

教师和幼儿共同朗诵故事，了解要依据自身的特点寻找适合的职业。

活动延伸

活动后期，我们会开展不同种类的活动，帮助幼儿了解不同动物的特点，也会在生活中拓展经验，引导幼儿了解不同的职业类型，懂得尊重他人的劳动成果。

大班幼儿语言表达和社会交往能力增强，在游戏中有着更多自尊、自主的表现。我们要结合大班幼儿的年龄特点和兴趣需要，通过绘画、表演等方式引导幼儿结合自己经验，发挥想象力创编、续编故事，丰富区角游戏材料，帮助幼儿获得全面发展。

案例评析

绘本《小象消防员》情节紧凑、内容丰富，比较符合大班幼儿的特点。阅读方式主要分为师幼共读和自主阅读等方式。

师幼共读环节中，教师通过启发式的问题，引导幼儿主动表达，并不断丰富语言。在遇到不同小动物的场景时，教师的语言逐渐减少，鼓励幼儿发挥想象力，大胆表达。

教师还利用多种手段进行教学。比如，突出故事主人公的表情、对一些内容进行遮挡，引导幼儿猜测，以及用图片文字相对应的方式来呈现绘本内容等。

为了铺垫前书写的经验，在活动中教师也对细节方面进行了安排。比如，对幼儿阅读常规的要求以及坐姿、书写姿势的要求等。

《小象消防员》的故事内容非常适合续编、创编，这也符合大班幼儿的需求，后期可以继续加强。

项目一　选择早期阅读活动材料

岗位对接参考答案

1. 目标

（1）巩固幼儿早期阅读活动的特点以及阅读材料选择的理论知识。

（2）根据幼儿早期阅读材料选择的理论知识为幼儿选择合适的阅读材料。

2．内容和要求

（1）为各年龄阶段幼儿各选择一份合适的阅读材料。

（2）简介材料并分享选择的理由。

项目二　评价阅读方案或活动

1．目标：能够运用所学理论对幼儿园的早期阅读活动进行评析。

2．内容与要求：以下是一位老师设计的早期阅读活动"月亮的味道"的方案。请对整个活动设计进行分析与评价，重点评价此活动设计的目标和过程是否符合早期阅读活动的要求。评价标准可参考本书附录6。

大班早期阅读活动：月亮的味道

活动目标

1．能根据图片大胆猜想画面内容，会用完整、连贯的语句表达。

2．能理解故事内容，感受动物们齐心协力成功"吃到"月亮后的快乐心情。

3．喜欢欣赏文学作品，能对故事内容展开大胆的想象并表达。

活动准备

1．经验准备：已初步认识月亮的外形特点。

2．物质准备：图画书《月亮的味道》课件、音乐磁带、月亮图片以及小海龟、大象、长颈鹿、小老鼠、斑马、狮子、狐狸、猴子、老虎等动物的贴绒图片。

活动过程

1．提问导入，激发幼儿活动兴趣，引发想象。

师：小朋友们，请你们猜个谜语。"有时像圆盘，有时像镰刀，白天藏起来，晚上才出来。"（月亮）

师：（出示图书）我这里有一本书，是和月亮有关的，让我们一起来看看吧！书上的月亮像什么？这本书叫什么名字？（《月亮的味道》）

师：如果真的能吃到天上的月亮，你觉得月亮可能是什么味道呢？让我们来看看故事里的动物是怎么想的，我们一起来听故事。

2．引导幼儿完整阅读图画书。

（1）以提问的方式引导幼儿观察图画书课件第1页。

师：这是发生在什么时候的事情？黑夜里有多少双眼睛？请大家数一数？（九双眼睛）

师：有几只小动物呢？（九只小动物）

师：它们会是谁呢？为什么？

幼儿自由发言。

师：它们在黑夜里望着月亮在想些什么呢？

（引导幼儿猜测故事内容）

师：（小结）静静的夜晚，圆圆的月亮挂在夜空。动物们都仰着头，望着月亮，看得真专心。它们都在想月亮是什么味道呢？是甜的，还是咸的呢？真想尝一口啊！可是呢，不管怎么伸长脖子，伸长手，伸长腿，也够不着月亮。

（2）幼儿观察图画书课件第2~5页，了解小海龟下定决心要去摸月亮并请大象、长颈鹿帮忙。幼儿观看图画书课件第2~3页：一只小海龟下定决心，要一步一步爬到最高的山上够月亮。

师：小海龟能够到月亮吗？有什么办法能让小海龟够到月亮？它的好朋友是谁？那它会怎样邀请它的好朋友帮忙？

幼儿继续观看图画书课件第4页，教师引导：

"大象的鼻子往上一伸，月亮看见了会怎么想？会怎么做？月亮轻轻往上一跳，大象还是够不着，怎么办呢？会请谁来？它们会说些什么？"

幼儿继续观看图画书课件第5页，教师引导：

"长颈鹿是怎么做的？月亮又是怎么做的？还是够不着怎么办？"

（3）组织幼儿讨论。

幼儿观看图画书课件中出示的小动物，并分组讲述小动物、月亮之间的对话，了解图画书第6~9页的内容。

师：长颈鹿是怎么做的？够到了吗？它会请谁来？会说什么？

教师出示小动物图片，引导幼儿分组讲述。

幼儿扮演小动物邀请好朋友帮忙，并学说对话。

（4）幼儿观察图画书课件第10页，教师提问引导："小老鼠能够到月亮吗？为什么？""月亮在想什么？是什么样的表情？"

（5）幼儿观察图画书课件第11~12页，了解小动物够月亮采用"叠罗汉"的方式及其规律。

师：最后谁够到月亮了？为什么小老鼠这么小还能够到月亮？

师：小老鼠会怎样分享月亮？那月亮会怎样？

教师出示贴绒图片进一步引导幼儿理解小动物够月亮的方式。"够月亮的小动物都有谁？""小动物是怎样够到月亮的？""看到小动物们够到月亮，你感受到了什么？"

师：小动物们最后都怎么了？为什么？

幼儿自由表达自己的感想。

3. 引导幼儿完整欣赏故事内容，感受动物们齐心协力成功"吃到"月亮后的快乐心情。

教师组织幼儿讨论："动物们的愿望实现了吗？""那月亮到底是什么味道的？为什么？"引导幼儿思考相互帮助、相互合作的好处与价值，让幼儿感受分享后大家的快乐与惬意。

4. 引导幼儿欣赏故事的结尾，激发幼儿大胆想象和思考。

……

［案例来源：颜晓燕．大班早期阅读活动"月亮的味道"案例诊断分析［J］．福建教育，2017，（38）：56-59.］

项目三　设计与组织幼儿早期阅读活动

1. 目标

（1）巩固幼儿早期阅读活动设计的理论知识。

（2）能根据学前教育专业活动设计项目国赛标准和早期阅读活动设计要求设计幼儿早期阅读活动方案，遵循幼儿教育规律，严谨细致，追求卓越，弘扬精益求精的工匠精神。

（3）尝试模拟开展幼儿早期阅读活动的试讲或实践活动，重视幼儿教师的榜样作用，爱岗敬业，细致耐心，树立潜心培幼育人的理念。

2. 内容与要求

（1）阅读经典绘本《小猪变形计》，理解绘本内容。从幼儿早期阅读核心经验中选择一两个恰当的经验，以此为重点，设计一次中班早期阅读活动。

（2）根据学前教育专业学生国赛说课要求，开展幼儿阅读活动说课比赛。

（3）模拟幼儿园教师资格面试要求进行幼儿早期阅读活动试讲。

（4）教学活动方案、说课、试讲活动评价标准请见本书附录4～附录7。

阅读素材：绘本《小猪变形计》

国考
链接

一、单项选择题（笔试）

1. 教师在幼儿书写准备的指导中，不恰当的做法是（　　　）。【2016年上】

国考链接参考答案

A．用图画和符号表达自己的愿望和想法

B．书写自己的名字

C．养成正确的写画姿势

D．学习书写常见汉字

2．在小班的家长会上，有两个家长质问带班的李老师："为什么不教孩子写字和拼音？再不教的话，我们的孩子就转园。"对此，李老师恰当的做法是（　　　）。【2019年上】

A．接受建议，适当增加拼音和写字的内容

B．听取意见，耐心向家长分析不教的原因

C．尊重家长，推荐校外辅导机构

D．不予理会，尊重家长的转园自由

二、论述题（笔试）

有家长说："这家幼儿园天天让孩子玩，什么都没教，不教拼音，不教写字，孩子连字都认不了几个。"为什么说该家长的说法是错误的？请说明理由。【2021年下】

赛场
直击

赛场直击参
考答案

一、幼儿园教育活动设计（根据本单元学习内容设计早期阅读活动，可从前阅读、前识字、前书写中任选一）

1．题目：主题活动——中班"昆虫的世界"（相关素材见附件）。

2．基本要求

（1）根据主题素材与年龄阶段，设计一课时（30分钟左右）集体教学活动的教案。教案格式完整规范，语言清晰、简洁、明了，目标设计、内容选择、方法运用等符合幼儿年龄特点和领域特点。

（2）根据已设计的教案，就内容、目标、方法、过程设计等进行说课，说清楚"学什么、教什么""怎么学、怎么教"以及"为什么"等问题，语言规范，条理清楚，逻辑性强，表达流畅。说课时间在7分钟内完成。

附件：主题活动——中班"昆虫的世界"

1. 主题背景介绍

喜欢动物是孩子的天性，尤其是中班的孩子很喜欢接近小动物，和动物们交朋友。中班幼儿对动物有了一定的认知基础，对动物有着浓厚的探索欲望。选择主题活动"昆虫的世界"这一主题，可以让幼儿认识常见的昆虫，知道昆虫的本领，了解昆虫的生长环境，体验到制作昆虫标本的乐趣，感受到大自然中昆虫的美，激发幼儿探索动物世界的乐趣。

2. 主题素材

（1）小资料：昆虫简介

昆虫种类繁多、形态各异，是地球上数量最多的动物群体。

昆虫的种类很多，因此，它们的生活方式与生活场所必然是多种多样的，可以说，从天涯到海角，从高山到深渊，从赤道到两极，从海洋、河流到沙漠，从草地到森林，从野外到室内，从天空到土壤，它们的踪迹几乎遍布世界的每一个角落。

昆虫的身体分为头、胸、腹三部分，通常有两对翅和三对足（六条腿），翅和足都位于胸部，身体由一系列体节构成。

昆虫在生物圈中扮演着很重要的角色。虫媒花需要得到昆虫的帮助，才能传播花粉。而蜜蜂采集的蜂蜜，也是人们喜欢的食品之一。在东南亚和南美的一些地方，昆虫本身就是当地人的食品。但昆虫也可能对人类产生威胁，如蝗虫和白蚁。而有一些昆虫，例如蚊子，还是疾病的传播者。

昆虫有害虫和益虫之分。危害人类生活的昆虫有蟑螂、苍蝇、蚊子等；有益于生产和生活的昆虫有蜜蜂、螳螂、蜻蜓等。

（2）故事：萤火虫找朋友

在一个夏天的夜晚，萤火虫提着绿色的小灯笼，飞来飞去找朋友。

萤火虫飞呀飞，飞到灯光下，看见几只小飞蛾，就说："小飞蛾，你愿意做我的好朋友吗？"小飞蛾说："好吧！待会儿再跟你玩儿，我们要找小妹妹，你帮我们找找，好吗？"萤火虫说："不，不，我要找朋友。"说完便飞走了。

萤火虫飞呀飞，飞到池塘边，看见了小青蛙，就说："小青蛙，你愿意做我的好朋友吗？"小青蛙说："好吧！待会儿再跟你玩儿，我要找我的小弟弟，你帮我找找，好吗？"萤火虫说："不，不，我要找朋友。"说完便飞走了。

萤火虫飞呀飞，飞到大树下，看见了一只小蚂蚁，就对小蚂蚁说："小蚂蚁，你愿意做我的好朋友吗？"小蚂蚁说："好吧！待会儿再跟你玩儿，我迷路了，帮我照亮回家的路，好吗？"萤火虫说："不，不，我要找朋友。"说完便飞走了。

萤火虫到处找朋友，可是，它一个朋友也找不到。于是，它停在树枝上，伤心地哭了。

大树公公听见了，就问萤火虫："萤火虫，你为什么哭得这么伤心呀？"萤火虫一边哭一边说："我要找朋友，可是，一个朋友也没找着。"说完，它便对大树公公讲起了事情的前前后后。

大树公公听后，对萤火虫说："萤火虫，你不帮助人家，人家当然不会做你的朋友。"

萤火虫听后，脸红了。

（3）故事：小瓢虫点点

小瓢虫点点自从知道它们瓢虫家族被列入益虫榜后，激动极了，走路时头翘得高高的，飞行时翅膀振得响响的，嘴里还常常哼哼着："我是益虫，谁不怕我？"

瓢虫爸爸要去外地出差一周，让点点代它到菜园巡逻。

第一天，点点神气地到菜园里走了一圈，发现几只蝽虫正趴在菜叶上吮吸菜汁，点点跑过去大喝一声："该死的害虫，益虫来了，还不快滚！"蝽虫们赶紧灰溜溜地爬了下来。

第二天，点点更加神气地在菜园里走了两圈，边走边喊："这里有害虫吗？益虫来了。"几条躺着啃菜叶的青虫马上躲到了菜叶背后。

第三天，点点在菜园里走了三圈，看到菜叶上一只害虫也没有，得意地回去了。

一星期后，瓢虫爸爸出差回来，在菜地转了一圈后，生气地把点点带到菜园。点点一看，傻眼了，什么时候菜叶上破了这么多大大小小的洞？"爸爸，害虫们知道我们是益虫，早跑了，为什么还会……"点点的声音越来越小。瓢虫爸爸掀开一片菜叶，夹起一只青虫，在菜心里翻出一窝蝽虫，几口把它们吞进肚子里，说："点点，记住，你只有真正去消灭害虫，才是真正的益虫。"羞得点点恨不得在脚底挖个洞藏起来。

二、案例分析题

怎样让幼儿图书阅读更有效果

案例材料：

开学以来，大一班越来越多的孩子选择看书了，但李老师发现孩子们大多选择自己熟悉的内容，对生疏的故事书要么请老师讲，要么随便翻翻就放回书架。于是，李老师决定组织一次集体阅读活动。李老师先选择了几本科学童话书《绿色王国吃大王》并摆在图书架上，活动开始时，她先介绍书名，并提出问题：《绿色王国吃大王》中的吃大王是谁？为什么说它是吃大王？然后请孩子们选择自己看或者是两人合看，去寻找答案，并把看不懂的地方用画画的方式记下来。在阅读了20分钟后，孩子们基本上看完了手中的图画书，在接下来的集体讨论交流中，孩子们纷纷提出问题，没等老师说话，就互相争着回答当起了小老师。阅读活动结束了，孩子们还意犹未尽……接下来的日子，李老师陆续投放了新书《快乐宝宝》《逃家小兔》……孩子们阅读新书的热情空前高涨。

问题：请分析案例中李老师指导幼儿阅读的策略。结合案例，谈谈你对幼儿早期阅读的认识。

单元
测试

一、单项选择题

1. 在《指南》中，"反复看自己喜欢的图书"这一目标要求适合于（　　）。

A. 托班幼儿　　　　　　　　　B. 小班幼儿

C. 中班幼儿　　　　　　　　　D. 大班幼儿

2. 早期阅读活动的材料涉及（　　）。

A. 变化的色彩　　　　　　　　B. 图像

C. 文字　　　　　　　　　　　D. 以上都对

3. 在早期阅读活动中，最能体现教师主导作用的环节是（　　）。

A. 亲子阅读　　　　　　　　　B. 幼儿自主阅读

C. 师幼共同阅读　　　　　　　D. 阅读区活动

4. 某幼儿园将识字作为基本活动，该园的做法（　　）。

A. 正确，有助于幼儿学习知识

B. 正确，有助于提高学习质量

C. 不正确，幼儿园不能组织该教学活动

D. 不正确，幼儿园以游戏为基本活动

5. 下列选项中不属于书面语言活动的是（　　）。

A. 写作　　　　　　　　　　　B. 默读

C. 辩论　　　　　　　　　　　D. 朗读

6. 幼儿阅读的主要材料是（　　）。

A. 动画片　　　　　　　　　　B. 图画书

C. 图画　　　　　　　　　　　D. 玩具

单元测试参考答案

二、判断题

1. 亲子阅读时，家长只需要每天坚持读故事给幼儿听即可，不需要关注幼儿的情绪。（　　）

2. 在集体阅读活动中，教师既要让幼儿有机会自主阅读，也要发挥教师主导作用对幼儿进行阅读指导。（　　）

三、案例分析题

大班的李老师在阅读区投放了绘本、广告、文字拼图还有纸和笔等。洋洋经常光顾阅读区，一天洋洋说："我要做一本自己的书。"他在纸上画了些线条和圆圈，李老师走过去问需不需要帮他在上面写一些字，洋洋用手指着他画的圆圈说："就写在这里，这个是写给妈妈的话。"李老师就帮他在画圆圈的地方写了字。

（1）结合材料，简述洋洋掌握了早期阅读核心经验中的哪些经验？

（2）评价李老师的支持行为对幼儿阅读与书写准备的意义。

参 考 文 献

［1］中华人民共和国教育部．幼儿园教育指导纲要（试行）［M］．北京：北京师范大学出版社，2001.

［2］中华人民共和国教育部．3—6岁儿童学习与发展指南［M］．北京：首都师范大学出版社，2012.

［3］中华人民共和国教育部考试中心．幼儿园教师资格考试大纲：保教知识与能力考试大纲．中小学教师资格考试网．

［4］全国职业院校技能大赛执行委员会．2022年全国职业院校技能大赛拟设赛项规程：GZ-2022059学前教育专业赛项规程．全国职业院校技能大赛官方网站．

［5］中公教育教师资格考试研究院．保教知识与能力历年真题与预测试卷［M］．北京：世界图书出版公司，2021.

［6］教育部基础教育司.《幼儿园教育指导纲要（试行）》解读［M］．南京：江苏凤凰教育出版社，2017.

［7］李季湄，冯晓霞.《3—6岁儿童学习与发展指南》解读［M］．北京：人民教育出版社，2013.

［8］李秉德．教学论［M］．北京：人民教育出版社，2001.

［9］祝士媛．学前儿童语言教育［M］．3版．北京：北京师范大学出版社，2019.

［10］张晓梅，高谨，宋占美．幼儿语言教育与活动指导［M］．北京：中国人民大学出版社，2018.

［11］胡楠．幼儿语言教育与活动指导［M］．北京：北京师范大学出版社，2014.

［12］郭咏梅．幼儿语言教育［M］．北京：北京师范大学出版社，2012.

［13］张明红．学前儿童语言教育与活动指导［M］．4版．上海：华东师范大学出版社，2021.

［14］宋苗境．学前儿童语言教育与活动指导［M］．南京：南京大学出版社，2019.

［15］杨枫．幼儿园教师专业技能训练考核手册［M］．南京：南京大学出版社，

2018.

〔16〕程序. 幼儿园教师资格面试指南〔M〕. 北京：北京师范大学出版社，2018.

〔17〕姜晓燕，郭咏梅. 学前儿童语言教育〔M〕. 3版. 北京：高等教育出版社，2019.

〔18〕李玉峰，李志行，侯红霞. 幼儿园语言教育与活动指导〔M〕. 北京：北京师范大学出版社，2017.

〔19〕Jeanne M. Machado. 幼儿语言教育〔M〕. 7版. 王懿颖，张诞，罗晶，等译. 北京：北京师范大学出版社，2012.

〔20〕鄢超云. 学前教育评价〔M〕. 北京：高等教育出版社，2010.

〔21〕康素洁，李欢欢，陈梦明. 学前儿童语言教育与活动指导〔M〕. 长沙：湖南师范大学出版社，2020.

〔22〕吴志勤，王文乔. 幼儿园教育活动设计与组织〔M〕. 重庆：西南师范大学出版社，2019.

〔23〕田金长，马晓琴，赵燕. 学前儿童语言教育〔M〕. 上海：华东师范大学出版社，2018.

〔24〕夏巍. 学前儿童语言教育〔M〕. 重庆：西南师范大学出版社，2018.

〔25〕崔璨. 学前儿童语言教育与活动指导〔M〕. 武汉：华中师范大学出版社，2017.

〔26〕张天军. 学前儿童语言教育〔M〕. 上海：复旦大学出版社，2017.

〔27〕杨荣辉. 幼儿园语言教育活动设计与指导〔M〕. 北京：中国劳动社会保障出版社，2016.

〔28〕周兢. 幼儿语言教育与活动指导〔M〕. 北京：高等教育出版社，2015.

〔29〕邹敏. 幼儿园语言教育理论与实践〔M〕. 北京：化学工业出版社，2014.

〔30〕韩冰，常征. 学前儿童语言教育与活动指导〔M〕. 成都：西南财经大学出版社，2014.

〔31〕高俊霞. 学前儿童语言教育〔M〕. 北京：北京出版社，2014.

〔32〕郭咏梅. 幼儿园语言活动创新设计〔M〕. 北京：中国轻工业出版社，2013.

〔33〕李香娥，李宪勇. 学前儿童语言教育〔M〕. 沈阳：辽宁大学出版社，2013.

〔34〕高敬. 幼儿园教育活动设计与实施〔M〕. 上海：上海交通大学出版社，2013.

〔35〕杭梅. 幼儿语言教育与活动指导〔M〕. 北京：北京师范大学出版社，

2012.

［36］卢长娥. 学前儿童语言教育［M］. 合肥：安徽大学出版社，2020.

［37］麦融冰，李妹. 学前儿童语言教育［M］. 天津：天津大学出版社，2018.

［38］李忠红. 幼儿语言教育与活动指导［M］. 天津：南开大学出版社，2016.

［39］刘新宇. 幼儿园语言教育活动设计与指导［M］. 沈阳：东北师范大学出版社，2016.

［40］陈莉莎. 学前儿童语言教育［M］. 北京：高等教育出版社，2014.

［41］刘宝根. 学前儿童语言教育［M］. 上海：华东师范大学出版社，2014.

［42］张俊燕，杨莹. 幼儿语言教育［M］. 西安：陕西师范大学出版总社，2014.

［43］舒阳花，李振江. 幼儿语言活动指导［M］. 北京：北京师范大学出版社，2013.

［44］冯旭华，范华. 早期阅读研究——基于家庭的阅读指南［M］. 南京：河海大学出版社，2020.

［45］周兢，刘宝根. 汉语儿童早期阅读与读写能力发展研究［M］. 上海：华东师范大学出版社，2020.

［46］王静. 幼儿语言教育活动指导［M］. 北京：高等教育出版社，2020.

［47］马玲. 孩子的早期阅读课——新教育实验儿童课程"读写绘"项目用书［M］. 桂林：漓江出版社，2019.

［48］翟云. 0—3岁婴幼儿早期阅读指导［M］. 上海：复旦大学出版社，2019.

［49］黄瑞琴. 幼儿园读写萌发课程［M］. 上海：华东师范大学出版社，2018.

［50］颜晓燕. 学前儿童语言教育与活动指导［M］. 2版. 北京：教育科学出版社，2017.

［51］王燕兰，朱敏主. 自由环境下的幼儿园早期阅读指导［M］. 南京：南京师范大学出版社，2017.

［52］秦振飙. 幼儿语言教育与活动指导［M］. 武汉：武汉大学出版社，2016.

［53］张加蓉，卢伟. 学前儿童语言教育活动指导［M］. 上海：复旦大学出版社，2015.

［54］周兢. 幼儿园语言教育资源［M］. 北京：人民教育出版社，2015.

［55］施晓梅. 语言整合活动：提升幼儿关键经验的有效途径［J］. 学前教育研究，2021（11）：91-94.

［56］聂晶卉. 关于幼儿园戏剧活动促进幼儿语言发展的思考［J］. 新课程，2020（50）：42-43.

［57］夏赛元. 静静的水　长长地流——全国教书育人楷模、上海杨浦区本溪路

幼儿园应彩云老师访谈录［J］. 幼儿教育（教育教学），2019（3）：4-9.

［58］鲍爱丽. 大班语言活动：彩虹色的花［J］. 教育导刊（下半月），2018（06）：40-42.

［59］章丽. 集体教学活动为何不可或缺［J］. 幼儿教育导读（教师教学）. 2018，（07）.

［60］杨新亚. 小班语言活动：有趣的点点点［J］. 教育导刊，2017（4）：28-30.

［61］马丽. 大班语言活动：蘑菇风筝［J］. 教育导刊（下半月），2017（3）：38-40.

［62］祝晓燕，王翠萍. 中班语言活动：风铃朋友［J］. 教育导刊（下半月），2017（1）：30-32.

［63］周兢，李传江，张义宾. 早期儿童语言发展与脑发育研究的进展［J］. 教育生物学杂志，2016（4）：159-168.

［64］牟映雪. 重庆市幼儿园整合课程实施现状及相关研究［J］. 当代学前教育，2007（4）：15-19.

［65］张文洁，周荣洁，余芷寒，等. 电子绘本阅读中伴读方式对大班幼儿视觉注视的影响［J］. 幼儿教育（教育科学），2021（6）：17-20.

［66］张春颖，张明红. 多元化早期阅读活动对中班幼儿阅读水平影响的实证研究——以绘本阅读材料为例［J］. 早期教育（教育科研），2021（5）：34-39.

［67］刘畅，刘晓晔. 优秀传统文化与幼儿园课程的结合——对幼儿园开展甲骨文活动的观察与思考［J］. 早期教育（教育教学），2021（2）：48-50.

［68］刘晓晔，李叶兰. 幼儿园儿童读物推荐的基本原则［J］. 学前教育（幼教），2021（Z1）：8-11.

［69］安妮. 开展"前识字"活动激发幼儿对汉字兴趣［J］. 贵州教育，2021（1）：14-17.

［70］陈艺媚. 支持幼儿自主习得前识字经验的区域设置及材料投放［J］. 早期教育（教育教学），2019（1）：43-44.

［71］闫凤然. 浅谈幼儿早期阅读的日常渗透教育［J］. 读写算，2018（19）：31.

［72］张福华. 多元的早期阅读融入幼儿园非语言领域中的有效策略［J］. 小学教学研究（理论版），2017（4）：95-96.

［73］颜晓燕. 实施整合的早期阅读教育的必然性与途径［J］. 学前教育研究，2011（12）：61-63.

［74］余珍有. 日常生活中的早期阅读指导［J］. 学前教育研究，2005（1）：31-34.

［75］温燕. 以幼儿发展评价助推教师专业自主发展［J］. 学前教育研究，2021（10）：87-90.

［76］蒋冬妹，张皎红. 有效使用评估量表，提升图书区游戏质量［J］. 幼儿100（教师版），2021（10）：28-31.

［77］刘巧茹. 幼儿园区域活动中教师的观察与指导［J］. 学前教育研究，2021（5）：93-96.

［78］尚燕红. 3—6岁幼儿语言发展特点及其影响因素［J］. 基础教育参考，2020（11）：63-64.

［79］钱文琴. 幼儿教师观察能力现状调查与分析［J］. 广西教育（义务教育），2020（7）：12-13.

［80］王赛. 小班语言发育迟缓幼儿发展评估及教育干预的个案研究［J］. 课程教育研究，2019（13）：16-17.

［81］吕凤清. 激励性教师评价与幼儿学习品质发展［J］. 学前教育研究，2019（7）：89-92.

［82］吴志煌. 多元化的幼儿语言发展评价［J］. 教育教学论坛，2018（39）：241-242.

［83］赵婧，王喜海. 3—6岁儿童学习品质观察评价量表的研制［J］. 学前教育研究，2018（6）：44-59.

［84］张厚粲. 韦氏儿童智力量表第四版（WIS C-IV）中文版的修订［J］. 心理科学，2009，32（5）：1177-1179.

［85］蔡淑兰. 学前儿童语言教育评价指标体系的构建［J］. 内蒙古师范大学学报（哲学社会科学版），1999，（S1）：72-74.

［86］王晓平，张厚粲，林传鼎. 韦氏儿童智力量表中美两种版本的因素分析：两国样本的年龄组间比较［J］. 心理科学，1992（5）：11-16，29.

［87］戴晓阳，林传鼎，张厚粲. 韦氏儿童智力量表中国修订本（WISC-CR）的因素分析［J］. 心理学报，1990（4）：43-48.

［88］翟琳琳. 中班幼儿晨间谈话的课程价值研究［J］. 教育观察，2021（5）：47-48.

［89］马晓红. 幼儿园谈话活动的教育价值及组织策略——儿童节目《潮童天下》的启示［J］. 陕西学前师范学院学报. 2017（04）：94-98.

［90］鞠珣. "我的姓名"——大班语言活动设计方案［J］. 教育观察（下旬刊）. 2014（7）：30-31，50.

［91］李军静. 以古诗为载体的幼儿文学与艺术整合活动［J］. 福建基础教育研究，2021（9）：135-137.

［92］王修萍. 秋天的颜色——中班语言活动［J］. 山东教育（幼教园地），2021（9）：44-45.

［93］王丽. 中班系列活动：大象住哪儿呢［J］. 东方娃娃（保育与教育），2020（6）：81-82.

［94］汪娟. 大班语言活动：彩色的雨［J］. 今日教育（幼教金刊），2020（12）：29-31.

附　　录

附录一　《幼儿园教育指导纲要（试行）》（语言）

附录二　《3—6岁儿童学习与发展指南》（语言）

附录三　《中小学和幼儿园教师资格考试大纲（试行）》（《保教知识与能力》部分）

附录四　《中小学和幼儿园教师资格考试大纲（试行）》（面试部分）

附录五　《幼儿园教师资格考试面试评分细则（试行）》

附录六　全国职业院校技能大赛（高职组）"学前教育专业教育技能"幼儿园教育活动设计赛项评分标准

附录七　全国职业院校技能大赛（高职组）"学前教育专业教育技能"片段教学赛项评分标准